卓越人才的培养

ZHUOYUE RENCAI DE PEIYANG

杨霞／编著

中国财经出版传媒集团
经济科学出版社

图书在版编目（CIP）数据

卓越人才的培养/杨霞主编 . —北京：经济科学出版社，2017.12

ISBN 978 - 7 - 5141 - 8892 - 9

Ⅰ.①卓… Ⅱ.①杨… Ⅲ.①高等学校 - 人才培养 - 研究 - 中国 Ⅳ.①G649.2

中国版本图书馆 CIP 数据核字（2017）第 321917 号

责任编辑：张　蕾　刘　莎
责任校对：靳玉环
责任印制：邱　天

卓越人才的培养
杨　霞　主编
经济科学出版社出版、发行　新华书店经销
社址：北京市海淀区阜成路甲 28 号　邮编：100142
总编部电话：010 - 88191217　发行部电话：010 - 88191522
网址：www.esp.com.cn
电子邮件：esp@esp.com.cn
天猫网店：经济科学出版社旗舰店
网址：http://jjkxcbs.tmall.com
北京财经印刷厂印装
710 × 1000　16 开　23.25 印张　420000 字
2017 年 12 月第 1 版　2017 年 12 月第 1 次印刷
ISBN 978 - 7 - 5141 - 8892 - 9　定价：85.00 元
（图书出现印装问题，本社负责调换．电话：010 - 88191510）
（版权所有　侵权必究　举报电话：010 - 88191586
电子邮箱：dbts@esp.com.cn）

序　扬帆起航正当时

教育是中华民族伟大复兴的基石，我国社会经济的发展始终伴随着教育教学的不断改革创新。面对全面提升高等教育质量、建设高等教育强国的重大历史机遇和挑战，湖北工业大学作为湖北省属重点建设高校前瞻性地提出了"721"人才培养模式改革的战略构想，将"因材施教、分类培养、人人成才"的核心教育理念贯穿教育教学的全过程。

经济与管理学院始终秉承湖北工业大学"厚德博学，求实创新"的校训精神，深入推进"721"人才培养模式改革，以"办社会满意教育，育卓越经管人才"为目标，深化教育教学改革，责无旁贷地承担起了培养经管创新人才、促进区域经济发展的重要任务。"十三五"以来，经济与管理学院根据经管类人才的培养特点，积极推进教育教学改革，着力提升学生的创新创业意识，将培养卓越经管人才作为学院发展的重要内容，通过"政策引领、先进示范、校企合作、校地共建、资源共享"五位一体的方式，使得学院的人才培养模式改革取得显著的成效。

《卓越人才的培养》一书汇集了经济与管理学院的改革成果和典型案例共46篇，分为人才培养、课程改革、教学创新三个部分，从学分制推行、创新创业教育、专业内涵建设、课程体系构建、教学方法改革等方面全面介绍总结了学院在经管类人才培养改革过程中的心路历程和丰硕成果。从改革实践的角度回答了当今现实社会在人才培养模式改革过程中面临的困惑和问题，相信会给广大读者带来启发和借鉴。

龚发云　教授

湖北工业大学副校长

2017年12月26日于巡司河畔

目 录

基于创新人才培养的课程教学改革探讨
  ——以统计学教学为例 ………………………………… 曹　娟（ 1 ）
美国高校学分制及对我国学分制改革的启示研究 …………… 陈　氢（ 10 ）
《微观经济学》课程教学研究 ……………………… 崔　兵　尹华阳（ 19 ）
"双法"优化计量经济学教学效果分析
  ——以 R 语言为例 ……………………………… 丁文斌　李　君（ 27 ）
"721"人才培养模式下经管类复合型人才培养路径研究
  ——以湖北工业大学保险专业为例 ……………………… 付　钢（ 35 ）
大学趣味课堂点名系统的设计与实现 ………………………… 郭　峘（ 44 ）
跨文化背景下高校来华留学生教学管理的探讨 ……… 何　艳　胡　渊（ 54 ）
基于社会网络的数据结构算法知识可视化
  教学探索 ……………………………………… 胡昌龙　谢本合（ 63 ）
物流管理专业学科体系建设研究 ……………………………… 胡　娟（ 75 ）
图片教学法在国际贸易专业学科概论课程中的
  应用 …………………………………………… 李　平　白孝忠（ 81 ）
数理金融双专业复合型人才培养模式探索 …………………… 李　琼（ 88 ）
基于课程目标导向的经管类专业《统计学原理》教学
  改革探讨 ……………………………………………… 李文新（ 97 ）
我国"一页开卷"考试模式分析 ……………………… 刘　洋　王德发（105）
借助在线课堂实现翻转课堂模式在留学生教学中的
  应用研究 ……………………………………………… 彭　廷（112）

微信公共平台在《审计学》课程中的应用研究 …………………… 宋迎春（125）
基于应用型人才培养的高校审计课堂教学研究 …………………… 孙德芝（133）
面向第三次工业革命的高等教育变革探析 ………………… 刘晓珂　孙　浩（140）
问题导向式教学在大学本科教学中的应用研究 …………………… 王利军（145）
基于云计算的PBL教学法在《会计制度设计》课程中的
　　应用探讨 ………………………………………………………… 王艳华（152）
研究生工作站对提升校企协同创新能力的
　　作用研究 …………………………………………… 王宇波　张　铮（157）
湖北省轻工高等院校中外合作办学探析 …………………………… 吴丹红（166）
从案例探讨高校工程人才"订单式"培养 ………………………… 夏　露（175）
论大学生非专业素质的培养
　　——以《能源金融》课程教学为例 …………………………… 向碧华（185）
运用"不完全讲授法"帮助学生构建完全的能力体系
　　——以《政治经济学》课堂教学为例 ………………………… 徐　彬（191）
讨论式教学法在公共管理专业课程中的应用 ……………… 杨爱葵　刘耀东（203）
高校教师教学时间投入情况相关研究 ……………………… 杨　丽　王海波（209）
高校产学研协同创新生态系统构建研究 …………………………… 杨　瑶（218）
证券价值投资的概念逻辑框架 ……………………………… 尹华阳　崔　兵（225）
基于创新型人才培养的习明纳教学法在《会计学原理》双语
　　课程中的应用研究 ………………………………… 游　怡　杨　霞（236）
成果导向的《可视化编程》课程教学模式探讨 …………………… 余　凌（245）
研究生参与校企合作项目的知识学习与创新
　　——以企业管理咨询项目为例 ………………………………… 喻红阳（250）
面向战略规划的高校平衡计分卡实施过程 ………………………… 张冀新（259）
本科经济学课程教学改革探讨 ……………………………………… 张健威（267）
认知学习理论对高校会计教学的启示 ……………………………… 张旺峰（275）
普通高校财经类专业实践教学问题研究 …………………………… 张　英（282）
对分课堂大班教学初步实践 ………………………………………… 周　颉（287）
基于ERP沙盘模拟的管理会计实践教学设计 ……………………… 周　频（294）
行为导向教学法在《培训与开发》课程中的应用 ………………… 朱平利（304）

中国高等教育对区域经济增长的空间溢出效应研究
　　——基于中国省际面板数据的实证分析 …………… 张甜迪（311）
校企"双导师制"国际贸易创新创业型人才培养
　　模式研究 ……………………………………………… 白孝忠（324）
基于微课的翻转课堂在财务报表分析教学中的
　　应用 ………………………………… 韩忠雪　夏文蕾（330）
美国、印度高校拔尖人才培养模式对我国的
　　启示 ………………………………… 黄　涛　胡　渊（337）
工商管理课程教学中红色管理案例的功能分析 …… 李克勤（346）
与累加式考核相结合的翻转课堂研究 ……………… 张玉华（352）
《国际商务》课程教学设计与优化途径研究 ……… 田　野（358）

基于创新人才培养的课程教学改革探讨

——以统计学教学为例

曹 娟

(湖北工业大学经济与管理学院,湖北 武汉 430068)

【摘 要】 创新是一个民族进步的灵魂,是国家兴旺发达的不竭动力。统计学作为一门各学科研究的有效工具,其本身的生命力在于实践,更在于创新,实践与创新为统计学的发展赋予活力。本文基于对武汉地区部分高校非统计专业学生的《统计学》课程调查,结合自己的教学实践提出了在统计学教学中如何培养学生创新能力的一些建议。

【关键词】 创新;人才培养;课程改革

一、统计学教学在创新型人才培养中的作用

近些年来,随着我国普通高等院校专业人才培养规模的扩大,"大众创业、万众创新"背景下要求高等院校除了培养大众化人才外,培养创新型人才是目前国家对高等学校的迫切要求。

1. 创新型人才含义

创新型人才就是具有强烈创新精神、创新意识和创新能力的人才,善于将创造能力转化为创造性成果和产品。自强不息的进取精神,百折不挠的意志品质,服务社会的价值取向,团结奋斗的合作意识是创新精神的具体体现。而创

[作者简介] 曹娟,女,1965年出生,湖北工业大学经济与管理学院教授。

新能力的培养是以创新精神为支撑,创新精神是创新能力形成的思想基础。创新意识是一种用新思路、新方法去解决问题的态度和思想。学生的创新意识具有很大的潜在性,活跃于学生的奇思怪想中,成就于教师的关怀鼓励下。培养学生的创新意识就要大胆鼓励学生敢思、敢想、敢疑、敢问、敢说、敢做。

创新能力是创新型人才的一个重要的指标,其内涵是指在前人发现或发明的基础上,经过对事物观察、分析、综合、推理、想象,冲出原有的知识范畴,激发出新的灵感,做出新发现,创造新事物,提出新观点,开拓新领域,运用新方法解决新问题。

2. 统计学对新型人才培养中的作用

学生的创新能力,不是通过某一两门课程就可以培养的,更不是通过教师单纯的知识传授直接得来的,由于创新能力在空间上是多侧面、多方位、多层次的,在时间上是多时段、多环节的,所以学生的创新能力培养,需要利用各科教学平台,去充分挖掘学生的创新意识、启迪学生创新思维。

随着信息经济时代的快速发展,人们对信息的需求和处理量日益增加,统计的重要性也就越来越被社会各界所认识,作为定量认识问题的工具的统计学也就越来越广泛地应用于经济生活的各个领域,特别是统计学课程被教育部列为全国经管类核心课程之后,统计教育也受到了高度的重视。

尽管创新型人才培养不是一个学科或一门课程的教学所能完成的。然而,大量的中外教育实践说明,统计教育在创新型人才培养中具有其他学科不可替代的重要作用,因为统计学是一门研究如何搜集、整理、分析数据的学科,是多学科相交叉的边缘学科,与大学其他定量分析课程不同,它独特的思维方法、多种基础数学知识的交融、灵活而广泛的应用,是其他学科在创新能力培养上所不能比拟的,并且统计学的显著特点就是与整个自然科学、社会科学相结合,并且在结合的过程中能得以完善与发展,它是人类在长期认识自然和改造自然的实践中不断总结、创造和发展起来的,历史上一些著名的统计学家都来源于在自然科学或社会科学领域研究中对统计方法进行创新与改进的,我们可以从统计学的发展历史就可以看出,统计学中的统计方法就是来自于一些实质性学科的研究活动,例如:最小平方法与正态分布理论源于天文观察误差分析,相关与回归源于生物学研究,抽样调查方法源于政府统计调查资料的搜集，正由于统计学是来源于实践又服务于实践的与现实经济生活密切相关的独有特点，使得统计学的学习过程蕴含着极其丰富的创新教育的内容，也为培养创新型人才提供了极好的载体。高校教师需要充分认识到利用这门课程的教学平台去培养学生的创新能力的重要性，特别是高校在招生规模扩大，而学校的教育资源却没有相应增加的情况下如何利用《统计学》这门课程的教学平台对学生进行创新能力的培养，将知识传授和培养学生的创新能力结合起来，不仅可以传授学生专业知识，还可培养学生的创新意识和创新能力，去培养更多的富有创新能力的大学生，这也是统计学教学的根本目标，同时它对完成本科教育的任务和实现大学教育的目标具有重要意义。

二、目前统计学教学面临的问题

高校教育机构是国家创新型人才培养的重要基地，全面培养高素质的具有创新精神和创新能力的人才是时代发展的呼唤，是当今教育改革的根本目标，是高等院校责无旁贷的任务。传统的统计学课程教学往往只注重专业知识的讲授，而忽视了学生科研创新能力的培养。

我们曾对武汉地区部分高校非统计专业学生的《统计学》课程教学情况进行了调查，发现本科统计学的教学除了计划学时较少、教学任务重、学生基础知识参差不齐、学习价值取向差异大外，还对启迪学生创新思维上存在着严重不足的问题，具体表现在：

1. 案例教学重形式不重内容

调查显示有 82.3% 的学生认为课堂授课方式虽说较以前有所改变，但案例教学仍然不足。案例教学不仅是教学方式的变化，更重要的是教师角色和责任的转换。在传统的统计教学中，教师其角色定位是把书本知识传授给学生，只要教材熟悉，表述清楚，就算尽到了教师的职责，学生完全处于被动的地位，而教学效果达不到预期的目标。案例教学应在教师指导下，学生通过阅读教学案例，运用所学统计理论知识和方法对案例中待定问题进行思考、分析研究和辩论，并对计算过程和结果进行分析和评价从而选择一个比较好的解决问题方案的整个过程。教师应是从单向的"讲授"转变为"导演"，而学生则应从"听众"转变为"参与者"。教师通过对案例的归纳、整理引导学生提炼和掌握具体的统计分析方法，这样既锻炼了学生的学习能力，同时又启迪了学生的思维能力、分析和解决实际问题的能力。因此，案例教学既是一种教学方法，又是一种实践性教学活动，而目前这方面在统计课的教学环节中比较薄弱，迫切需要加强。

2. 缺乏创新性实践

创新能力的培养除了教学创新，更重要的是实践的创新上。就一般性实践而言，本次调查显示仅有 2 所学校（25%）在教学计划中有专门的实践、实习教学课时，更多的是计划中没有安排的，更别谈创新性的实践上。而已有的实践从形式上讲过于单一，57.6% 的学生进行的是由任课老师组织的课外调查活动，22.5% 的学生进行的是统计软件教学等；而 18.9% 的学生从未做过一些统计调查。也就是说实践形式主要是课外的调查活动或者统计软件教学等，这样导致即使有实践也没有从发挥统计学应有的作用出发去培养学生的独立分析与解决实际问题的能力。究其原因，主要表现在传统的统计课程教学模式所带来的纯理论性、课堂性和描述性统计教学。这使学生成为被动的接受者，教学内容完全由教师设计，教学效果主要取决于教师的组织能力与语言表达能力。学生疲于应付考试，"上课时抄笔记（不上课或上课时不做笔记的则考前临时复印别人笔记）、考试前背笔记、考试后全忘记"的现象十分普遍。

因此，高等学校要实现从传统知识型向创新型培养目标的转变，课程的教学也应由以前教师单方面地讲授知识，转变为启迪学生创造性思维以及培养学生运用知识、解决问题的能力。

3. 课程内容复杂制约着学生创新能力的发展

本次调查中，有 52.5% 的学生认为统计学课程很难（其中大部分是文科学生），其难点主要有：第一是公式多。调查显示，认为公式繁多的学生人数占总体的 40%。统计学课程中的指标、抽样推断、动态数列、相关回归、指数均有大量的公式，公式多且计算有一定难度等。而且，统计有许多特定的符号，这些符号多数学生还没有接触到，要在短时间内记住，并灵活运用的确有难度。

第二是抽象的概念多。本次调查中，认为统计难在概念多的学生人数占总体的 40%。应该说，统计学是一门比较抽象的学科，统计学课程中总体、个体、指标、标志、变量、参数等基本概念的掌握是统计学学习的基础，概念多而且概念之间的关系十分复杂，如果学生不做必要的课外阅读、练习和实践活动，是很难理解和掌握的。

第三是运算复杂及数学基础差。本次调查中，该两项合计比例为35%，在授课时数大为减少情况下，学生反映统计学推导过程较难理解，加上自身数学基础较差，导致学生学习兴趣下降，严重制约学生创新能力的发展上。调查结果也表明97.6%的学生认为统计学课程没有达到培养学生创新能力的目标，这一数据充分说明统计学还远没有发挥其应有的作用。鉴于此，本课题的提出对培养学生的创新能力具有重要的意义。

三、培养创新能力的统计学教学改革与创新

目前，以大数据时代对统计理论与方法提出了更高的要求，统计学教学也要求学生必须掌握适合各种复杂类型数据的统计方法，并在实践中不断创新，才能适应社会的需要。而统计学的教学中要将创新贯穿到本课程的整个体系中，并通过在课堂教学和实践教学中去体现出来，其中教学方式主要内容包括：

1. 确立三个"转变"，做好创新人才培养的"引入"准备

教学观念的三个转变是指在统计学课堂教学中应由知识传授型教学向知识开拓型教学观念转变，由应试型教学向创新型教学观念转变，由统一型教学向存异型教学观念转变。这三个转变是培养创新人才，使教学与科研和实践能有机融合的关键。统计学不仅是方法和手段，也是一种意识和观念，统计学教学不仅仅是向学生传授前人已建立的相对稳定的知识，更为重要的是应启发学生思考，善于发现问题，动手搜集资料并联系实际展开研究，以掌握和发展统计学中的知识。任何课程中的知识都是发展的，统计学也不例外。在统计学中有许多问题尚需联系实际进一步研究完善。如在讲解统计学的应用领域问题上，传统的教学形式中大多是"老师讲、学生听；老师写、学生抄"。老师拘泥于"统一的考试"的约束，在有限的课堂教学时间里按部就班地讲解可以应用到的社会科学和自然科学的各领域，学生则机械地抄笔记，背笔记，从中捕捉重点等考试信息。对老师的授课内容则很少或根本提不出问题。有的甚至把听课笔记视为金科玉律，不敢越雷池一步。为了进一步激发同学们的积极性和创新

性，我在讲授这个问题时以统计学除了可以应用到数量型领域研究以外，重点在非数量领域的研究应用上，例如如何通过对唐诗宋词进行抽样统计，并通过这些统计数据帮助大家快速写出一首诗词和如何利用统计去帮助鉴别《红楼梦》的真实作者等，这样创造性的统计方法一来可以大大地激发学生的潜能，更能激发了同学们的对统计学的学习积极性，同时还培养出学生除了会背概念、公式、应付考试以外，对现有的统计理论和方法进行反思和变革，使得同学们在思想宽松、气氛活跃的课堂教学中，激发学生的灵感、想象力和创造力，促进师生之间的学术交流和思想的碰撞。另外，在教学中还要允许差异的存在，能使我们的课堂教学真实而有活力，使我们培养的学生有思想、有主见、有创造性。

可见，教学观念的转变，会促使老师注重课堂教学中的科研引入、案例引入和实验引入，关注本课程中的科研问题研究，关注实际案例的搜集，关注如何带领学生运用实际资料和计算机做模拟实验分析。

2. 实现"三个提高"，为创新人才培养奠定坚实基础

教师教学能力的三个提高是指从事统计学教学的老师科研能力的提高，案例教学能力的提高和计算机实验能力的提高。实现这三个提高就需要老师有更多的投入，广泛阅读国内外文献资料，了解学术前沿动态，积极从事科研，承担科研课题，撰写科研论文专著。如果一个老师对本课程领域的学术问题一无所知或知而不研，又怎能实现课堂教学中的科研引入呢？又怎能把最新科研成果引入并反映到课堂教学中呢？因此，只有老师本身具有创新能力，才能使培养的学生具有创新能力。老师要具有创新能力，必须将科研引入教学，倡导科研型教学。在教学中引科研，必然需要引入案例，这要求老师具备一定的案例教学能力。因为在教学中引入的案例是有限的，精心挑选少数能与教学中的问题密切相关且又典型的案例，并在教学中运用自如，并非易事，它要求老师必须广泛阅读和搜集现实中有关社会统计中成功或失败的实际资料，联系教学，进行精心筛选。通过这些案例的引入，一方面能在教学中论证统计学中某一理论和方法的有用性，缩短理论与实践之间的距离；另一方面要引导学生讨论研究这种应用有何条件，条件变化以后可否改变以及如何改变这些方法，启发学生思考应用的方法是否解决了实际问题，应怎样改进方法，提高解决问题的能力等。因此，案例的精心挑选以及在讲课中怎么把握提出问题和案例的时间，

对引导学生思考参与教学，吸引学生注意力，调动学生的创新兴奋点都十分重要。如在统计学中讲授统计资料分析章节时，我将美国黄石公园天然喷泉喷发时间的预测案例先通过引例给学生，一来喷泉喷发时间的预测跟我们生活密切相关，二来这个案例又具有挑战性，使得学生对本章节乃至本课程怀有强烈的好奇心将相关内容学透，这样通过本章节学习引导学生讨论教材上介绍的分析方法应用到本例中有何长处和不足，可以从什么角度进一步研究和发展完善，使学生在与老师的课堂讨论交流中掌握本科课程的知识点和科研问题，学习研究问题、思考问题的方式方法。同时在统计学的课堂讲授中，常常要引用大量的统计数据和表格作分析，这要求老师采用多媒体教学和计算机实验教学方式，模拟和实验统计学中要讲授的有关分析内容。当然，这就要求教师必须掌握计算机的基本知识，较熟练地操作使用计算机，否则无法在统计教学中引入案例和实验教学，就难以实现提高学生动手实践能力和创新能力之目的。

3. 把握四个"善于"，以顺利实现创新人才培养

统计教学要体现创新精神和实践能力的培养要求，在教学方法的改革上就应当遵循现代教育思想即以学生为主体，教师为主导，强调把教师的主导作用和学生的主体作用结合起来。

（1）善于针对统计学中的经典问题和热点问题积累资料。

资料的积累是实现科研型教学、案例教学、实验教学的基本保证。而资料的积累一是要舍得花时间，二是要有足够的经费，要善于从国内外的书籍杂志、报纸、内部资料和光盘、网络上搜集资料，归类整理。资料的积累要有目的性，根据统计学中的经典问题（如时间序列趋势预测问题，国民经济总量指标设计问题），或者根据统计学中的热点问题（如绿色GDP问题、幸福指数编制问题）搜集各种研究文献和成果资料。这样才能为进一步的科研型教学和案例型教学提供素材。

（2）善于针对统计学课程中的重点选择材料。

材料的选择是使研型教学、案例教学、实验教学都能取得实际效果的基础。由于课堂的教学时间很短，如何在有限的时间里达到培养学生创新能力之目的，从积累的丰富资料中精心选择典型材料，就显得十分重要。材料的选择要有研讨价值，材料所反映的各种学术观点要有代表性，要有能激发学生思想火花的摩擦点，要对推进本课程理论与方法发展有开源铺路作用。如国内生产

卓越人才的培养

总值作为一个反映一国最终产品总量的指标，是以什么理论为基础能使工农业产品和军队警察服务相加呢？各种流派观点都有，但目前的教材回避了这个问题。其实，这个问题不能回避，特别在大学教学中不能回避。在国内生产总值核算的讲课中，如果缺乏基本的指标理论说明，单纯讲概念和计算，只会强化学生的应考能力，忽略学生思考问题能力的培养。因此，要选择历史上在此问题上各种有代表性的观点材料，供学生学习参考和讨论研究，这样才有利于培养学生的创新思维能力。

（3）善于在课堂教学中引导学生思考问题，动手搜集资料，实验操作，解决问题。

在统计学教学中实现研型教学、案例教学、实验教学，老师的角色定位在"引"。要放得开、收得拢，循循善诱、留有余地，而且要使学生感到有兴趣，有刨根究底想识庐山真面目之动力。切忌包办代替一切，一览无余地把问题、资料、结论交给学生。如统计指数分析中，在统计学教材中一般介绍的是综合指数和平均指数的编制方法等。学生掌握这些方法的计算并不是难事，关键在于引导学生思考：如在编制目前较为热点的各地幸福指数时，用什么方法较合适？用哪些指标来反映？大家非常注重的收入和住房情况这些指标如何量化、能占多大比重等，各有什么利弊？让学生去查找文献资料，让学生去讨论，让学生动手去写文章，去搜集不同资料作模拟实验分析，对比不同结果，提出自己的看法。老师在课堂上只是讲解了三五分钟，但留给了学生思维动手的大量时间。学生在老师的这种引导下，启动了思维和动手创新能力，可以尝到有效运用统计知识的乐趣和甜头。

（4）善于在课堂教学中"点"出关键，讲评学生的讨论、动手、思维、创新结果。

在学生参与统计学教学过程中，如果老师不善于"点"和讲评，对于学生思维创新能力的开发也是无益的。在统计学知识的学习与研究中，"先生"毕竟比学生先走一步。在学生讨论过程中，老师适时地点拨，点出问题所在，把学生的思维点要往研究的关键问题上靠，可以避免学生走太多的弯路。讲评是指老师应对学生的讨论研究成果及时归纳总结评述，积极地将学生的研究成果推荐发表。这可以使学生在参与教学后，有一种成就感；可以维系学生创新思维，开展科研的兴趣和热情。

综上所述，将科研、案例、实验引入统计学教学，推广科研型教学、案例型教学和实验型教学，有利于提高学生对统计学中理论与方法的思维创新能力，使学生在学习中由被动地接受知识转为主动地学习和研究知识，通过思考、观察、判断、分析参与教学，展现自己的科研能力和动手实践能力。

参考文献

[1] 杨宜平，徐洁.关于高校《统计学》课程教改的调查报告[J].教育教学论坛.2016（1）：125-126.

[2] 李庆海，李鹏.财经类高校本科生统计学教学改革研究[J].大学教育.2016（12）：77-78.

[3] 胡小文.经管类专业统计学教学改革的探讨[J].教育教学论坛，2015（43）：79-80.

[4] 李雪莲.关于统计学教学改革的一些思考[J].高等教育，2015（11）：86-87.

[5] 王汝印.统计学课程教学方法初探[J].长江大学学报：自然科学版，2009（6）：166-168.

美国高校学分制及对我国学分制改革的启示研究

陈 氢

（湖北工业大学经济与管理学院，湖北 武汉 430068）

【摘 要】 随着教学改革的不断深入发展，学分制逐渐在高校中推广。本文首先探讨了美国高校学分制的类型及特点，并在此基础上指出了美国高校学分制存在的问题，进而分析了我国高校学分制改革的瓶颈，总结了美国高校学分制对我国学分制改革的启示，最后提出了我国高校学分制改革的对策。

【关键词】 学分制；学分制管理；改革；启示

学分制是为了尊重学生学习自由而采取的一种教学管理制度，它以选课为核心，教师指导为辅助，通过绩点和学分，衡量学生学习的质和量。学分制是与学年制相对应的教学管理制度，学年制以学年为计量单位衡量学生学业完成情况，而学分制则把规定的毕业最低总学分作为衡量学生学习量和毕业的标准。

一、美国高校学分制的类型及特点

（一）美国高校学分制的类型

美国高校学分制根据选课形式可分为以下四种类型。

［基金项目］湖北省高等学校省级教学研究项目（项目编号：省2011266）研究成果。
［作者简介］陈氢，女，湖北武汉人，湖北工业大学经济与管理学院，教授，博士。

1. 全开放选修学分制

全开放选修也称自由选修,是美国在初期实行学分制时的一种选课形式,目前只有少数高校保留。这种形式一般除了只规定英语和现代外语为必修课外,其余均为选修课。

2. 半开放式选修学分制

半开放式选修一般实施于美国工科院校,通常规定选修课比例在20%~40%,选课比例比自由选修学分制小很多。

3. 主辅修课程并行式学分制

主辅修课程并行式学分制将学生应选修的课程划分为主修课与辅修课,且主修课所占比例较大。例如,加州大学规定的主修课比例为70%~75%,辅修课则为25%~30%。

4. 分组选修学分制

分组选修学分制同时强调专业课与基础课,要求低年级学生要通选不同系、专业的基础课程,广泛涉猎,其目的在于开阔学生的思维,并使之受到锻炼。目前,美国大多数高校都实行这种选课方式,反映了其重视基础知识及培养通才的教育理念。

(二) 美国高校学分制的特点

1. 采用"集中分配"的选课形式

"集中"强调对基础教育的重视,就是要求学生必须在自己所修的专业领域内选择规定的学分数;"分配"就是在普通基础教育必修课中,学生可以按照自己喜好及能力,在不同的学科领域中自主选择课程,这样使学生在自由选修的同时满足个性化的发展。美国的高校非常重视基础教育,学生在一、二年级时,课程不分专业,即使到了三、四年级学生在选择专业课程的同时也要选择为三、四年级安排的通识教育课程。不但培养了学生的专业知识,也提高了学生的综合能力。

2. 弹性化的学习和灵活的修业年限

在大学学习期间,学生可自主安排个人的学习计划,既允许学生提前完成学业,也允许有特殊情况的学生延长完成学业的年限。学生可以全日制地在学校学习,也可自主安排学习与工作时间,只要学生修够了学位要求的最低学分数就能拿到学位，但对学生的修业年限未加规定。学生在学校学习期间可以根据自己的发展灵活选择、更改自己的专业领域，只要完成专业方向规定的课程和学分，就可以毕业。学生也可以选择双主修，在完成第一门专业的同时，也可完成另一门同领域或跨学科的主修课程。一般情况下，完成第一个学士学位的时间为4年，而获得双学位的时间为5年。

3. 完备的学习评价——绩点制

在学分制的实施过程中，美国人发现采用学分制来管理教学，以学分来衡量学生学业完成情况，虽然能有效地掌握学生学习量的多少，但无法判断学习质量。因此，美国的一些大学开始采用绩点制来考评学生的学习情况，以绩点制来丰富学分制，绩点成为学生获得奖学金、助学金、毕业以及保送升入高一层次学习的参考条件。在美国的大学里，绩点被用来参考学生之前所学专业方向来确定是否接收该生，以及该生之前所获得的学分中有多少能够在新专业中得到承认。

4. 完备的导师制度

美国学分制尊重学生的个性化发展，同时又对学生进行有效的管理。为了帮助学生了解相关专业特点，整合各门课程之间的联系，掌握正确的学习方法，养成良好的学习习惯，充分调动学生的学习积极性，最大限度地发挥学生的学习潜能，美国各高校都采用导师制来进行指导。每位导师指导 10~20 个学生，这种指导通常是一对一的或者分小组进行的。学生进校后就会被分派给一个导师，在学生进行选课的时候，导师会就课程选择给学生建议，让学生了解课程的特性以及课程与课程之间的关系，根据学生的自身条件协助学生确定课程的总量。如果学生在试听所选课程后，对该课程不满意或者想调整课程数量，也可与导师商量。通常情况下学生与导师每周或每两周见一次面，汇报学习近况，并提出相关问题进行讨论，导师则帮助学生把所学科目串联起来形成知识体系，鼓励学生独立阅读、思考问题，开阔学生的视野。

二、美国高校学分制存在的问题

学分制作为一种新型的教学管理制度在美国产生、推动着美国高等教育的发展，它的实施体现了美国高校所追求的学术自由精神，尊重学生的个性化发展，注重提高教学效率并优化利用学校教学资源。学分制的优势是有目共睹的，但任何一种制度都不可能是完美无缺的，学分制也是如此，有很多问题有待进一步解决。

1. 学分——衡量标准

学分是用于衡量学生学业还是衡量学习的时间，这一问题在学分制产生的初期就存在争议，批评者认为学分对于学生学习时间的衡量不能判断学习质量，而且学分所衡量时间的标准也不是统一的。有些学院，即便学生很少参与课堂学习，但只要完成了学期末的学术论文，都将视为达到学习量；还有些学院不管课程所修时间的长短，把所有课程设定为统一的学分。

2. 学分量的自由选择

美国高校虽然对学生应获得的最低学分做出了限制，但未对高出的学分进行要求，大部分学生进校后对所学专业不满意，转专业或转校后，所选取的学分量都会超过学位最低要求量，这使得各州对教育的投入量大大增加。

3. 美国教育机构对学分的认证

所有地方的认证机构都要求美国各高校的学生要获得学士学位所取得的最低学分数为 120 个学分，但对这 120 个学分的累积具体情况却不作要求。通常情况下，人们认为学士学位的获得需要修满一定量的通识教育课程和专业课程的学分，但就怎样在通识教育的课程和专业课程中进行选择、选择的比例是多少，任何地方认证机构既未对此做出统一的规定，也未对课程之间的延续性和关联性做出规定。学分所反映的只是学习的量，但反映不出学生所学知识的连贯性。

4. 大学间的学分转换

学生在申请转学的时候需要提供书面的申请，学院根据学生的申请和对学生学籍档案的审查来评判是否接受该学生。学生之前在其他高校所获得的学分并不能完全地转换成现在的学分，学分的转换不但要看之前和现在修读的两个学院所开设的课程是否有相似性和可比性（包括课程内容、课程计划、课程要求等）；要看学生该门课程所取得的绩点数是多少，如果绩点数低于 3，该课程所获得的学分是不被承认的；还要看学生之前就读学院的资质、学院的整体水平。学分的设定没有统一的标准，学分所体现的价值也不尽相同，一般在美国比较出名的大学都不承认学生在社区学院或者一般大学所获得的学分。

5. 学分与教师的工作量

通过学分来计算教师的工作量，不利于教学的改进和质量的提高。在学分制管理下，教师的工作量是通过课堂时间转化为学分来计算的。在美国，许多研究型大学或有博士授予权的大学里，教师平均每学期承担两门课程。但这些大学更重视科学研究，教师的科研成果直接与教师收入、聘用，以及晋升职称相关联。学校为吸引外部的科研经费，教师通常致力于科学研究，教学任务则分配给兼职教师完成。学分仅能衡量教师的工作量，工作量的高低又直接影响到教师薪酬，这样的标准易造成教师在教授过程中重量而不重质。

三、我国高校学分制改革的瓶颈

1. 课程资源缺乏

学分制以选课制为基础，学分制下的课程资源必然需要十分丰富，除必要的必修课外，还须为学生提供大量的选修课。但是，目前即使在学分制改革比较成功的大学里，课程资源中选修课的比例也不大。选修课比例小，限制了学生选课的范围，使学生个性的培养受到影响。

2. 教师资源缺乏

学分制的选课制度极易造成教学资源的分散利用，大量的选修课程也对优质师资的数量提出了高要求。随着近年的扩招，学生人数成倍增加，很多教师的课时增多，用于科研和扩充知识的时间减少。教师长期只能专注于一个专业，使得学校授课科目的供应量明显不足，无法满足选课制的需求。

3. 教学设备、图书资料等教学资源紧张

学分制的实施，要求高校提供更多的教学资源。课内学时缩短，则学生自学的要求提高，学生对于图书资料、教学仪器设备等的利用更为频繁。我国高校普遍存在经费紧张、教育经费投入不足的问题，教学资源不足的矛盾更加突出。

4. 现行专业设置与学分制内在要求不协调

目前许多高校未改变传统的学科设置体系，学科之间缺少交叉、综合。有的高校仍然采用专业方向的形式培养学生，这种"窄口径"培养学生的方式使学生无法自主在较大的范围内选择课程，也影响了学分制的实施。

5. 教学管理制度滞后

学分制中的选课制度使得教学管理工作更加复杂。学生的自主选课、退选和改选，使教学管理工作量增加；学生跨专业、跨系选课，使课程时间不易安排；选修科目较多，学生的流动性大，使教学秩序难以维持；遇到以班为单位集中进行生产实习、课程设计或社会调查等活动时，学生就无法在这段时间内选学其他课程。

6. 传统管理方式与学生个体"自由人"状态之间的矛盾突出

传统观念强调班级学生的组织性和行动的一致性，教育管理采用的是班级管理，而学分制实行选课制和弹性学制，原来意义上的班集体不再拥有共同的教师、课程、课堂和教学时间。班级概念的模糊化，使集体活动难以开展，学生个体的作用突出，给学生管理工作带来了一定困难。

四、美国高校学分制的启示

1. 增加选修课程资源

没有选修课程就没有学分制，充足的选修课程是学分制实施的前提条件。美国高校学分制模式之所以呈现出选课形式的多样性特征，与其学分制实施中大量选修课程的开设密切相关。相比之下，我国目前大多数高校选修课程在总课程中所占比例则明显偏小。相关资料表明，当前我国不少高校学生自由选修课程的比例都徘徊在15%左右，国外许多高校的选修课程不仅基本上都属于自由选修课程，而且一般都占到总课程比例的40%左右，有的甚至更高。由于我国国情和高校本身的资源有限，我们无法完全模仿美国学分制下的人才培养模式，但增加选修课比例，打破必修课一统天下的局面则是学分制的本质要求。

2. 建立科学的学业评价体系

建立科学的学业评价体系是实行学分制的关键环节，美国高校学分制中的绩点制，对我国高校学分制改革有着借鉴意义。因此我国高校若要实施绩点制，应当遵循以下原则：一是量与质相结合的原则，学分制是以学分作为衡量学生学习数量与质量的，但是学分无法完全反应学习质量的好坏，因此，需要结合学分绩点来衡量学生学习情况。二是统一性和灵活性相结合的原则，统一性指学生需参与课程的正常教学及考试方可获得学分，考试不合格者有一次补考机会，补考合格方可获得学分；灵活性是指若学生在校期间获得省级以上专业比赛的名次，可折算成相应学分。

3. 不断改善导师制

高校学分制实施的一个很重要的目的在于调动学习积极性，但这并不否定教师发挥的作用，相反，教师的指导对于学生的学习有着重要的影响；美国高校学分制就是以导师制的方式充分发挥出教师对学生学习过程的指导作用。这一方式不仅对教师的工作数量与质量等有着明确具体的规定，而且将其作为教师业绩考核的一个重要的指标。

4. 逐步完善与学分制改革配套的教学内部管理体制

学分制改革是一个漫长的过程，需要确立具体而配套的教学内部管理体制，美国大学学分制模式主要特征表明，美国大学已经建立了一种与其学分制相适应的教学内部管理体制，无论选课形式、学制，还是学业评价、学分转换等，均围绕着有利于学分制实施的基本原则予以设计。相比之下，我国大学的学分制改革仍保留着一部分学年制形式，无论弹性学制实施，还是学生学籍管理，都与学分制要求下的教学内部管理体制不完全配套，使我国高校的学分制改革受到限制，因此，目前我国高校学分制改革，必须加大教学内部管理体制改革的步伐，加快学籍管理制度的完善。

5. 改革学分认定制度

学分是学分制实施中的核心要素，反映的是学生修读课程所花费的时间，美国高校学分制在采用学期绩点平均值（GPA）衡量学生学业状况的同时，还实行相互认可的学分转换方式。这不仅便于学生在不同高校之间的流动、选择，而且也在不同高校之间确立了一种值得信赖的评价学术工作的普遍标准。这是美国高校学分制成功的原因之一。有所不同的是，我国高校正在进行的学分制改革则尚未建立这种学分认定制度。这种情况出现尽管有其客观原因，与我国高校层次、规模、类型的多样性和地区之间高等教育发展水平不平衡等因素密切相关，但却不利于为学生提供更多的学习机会和更加灵活的学习途径，进而妨碍着我国高校学分制改革的深入。

五、我国高校学分制改革对策

1. 切实落实导师制的实施

设立优秀生导师制，尝试组织高素质的高年级学生对低年级学生进行指导，对于已进入大三的高素质学生进行挑选，进行专业"对口"，并采用"一对多"的模式，一位高年级同学辅导多位低年级同学，可有效提高学习质量与效率。"导师制"在地方高校实施不力的很重要的原因是学生较多而师资较少，在教师无法普遍指导学生的情况下产生的不作为行为，建议地方高校在导师数量不足、负担过重的情况下，尝试实行低年级班主任制和高年级导师制相结合的办法。

2. 积极为"大口径"招生创造条件，并采取不分专业的招生制度

按大类或不分专业招生，新生进入大学后，学校按大类对其进行统一的分班，学生可在入学一年后，通过对基础课程的学习，自主选择专业，学校将按其基础课程考试成绩的高低顺序满足学生对专业的选择。通过这种方法，学生能理性地思考自己的发展方向，同时学校也可以提高管理工作效率。

3. 实行主辅修、双学位制，为部分学有余力的学生创造条件

学生在完成自身专业课程的学习后，可自行选择一门感兴趣的学科及专业，该学科的学分额外计算。为有能力的学生创造条件，结合实际情况，构建个人的知识、能力和素质结构，成为复合型人才，发挥学分制的灵活性。

4. 制定考核标准，加强考试改革

将考试合格定为获得该课程学分的标准，考试合格方可按照规定比例计算学分，对于学生的考试成绩记为"通过"与"不通过"，具体成绩另作标明；采用无纸化考试模式，使考试尽量在电脑上完成，提高考试效率；采用论文、调查报告、实践活动等多种方式丰富考试形式，拓展学生多方面素质。考试的方法内容以及方式，直接决定了学分制改革的方向，由于学分制在一定程度上削弱了日常课堂管理，考试的重要性便被凸显出来。学分制重在要求学生的学习积极性，如果考试影响了学生的学习积极性，那么学分制以及教育改革的推进便无很大的效果。积极推动考试改革，发挥并实现考试应有的作用，使考试不仅能检测学生的知识掌握情况与学习能力，也能激发学生学习积极性、树立

卓越人才的培养

信心、认识自我，同时使考试推动教学改革的步伐与教学质量的提高，必将对学分制实施产生积极意义。

美国是实行学分制最早的国家，实行以来，经过不断改革与完善，现已形成较为完善的学分制体系，它有效地适应了美国的教育、学术和社会发展的需要，并逐渐为世界各国所效仿。学分制首先在美国产生并得以推广，是与美国实行市场经济、多元政治等体制的国情分不开的。同时美国文化强调发扬个性，倡导"个人本位"思想，学校不规定固定的学习年限，教师可以开设各种各样的课程，学生随心所欲地加以选择，毕业后自主择业。美国高校的学分制模式给了我们很多启示，我国高校学分制改革在借鉴美国学分制模式的同时应整体把握、立足实际、优化组合，做到形神兼备、创新发展、变通运用，使具有自身特色的学分制走得更远、更好。

参考文献

[1] 俞盈. 影响美国大学学分制发展因素及对我国学分制改革的启示 [J]. 科技通报，2016 (6)：240 -244.

[2] 陈涛. 再探学分制——学分制的形成、发展、问题及展望 [J]. 现代教育管理，2013 (9)：58 -62.

[3] 厉志红，李海峰，王培光. 地方性普通高校学分制改革的瓶颈约束分析 [J]. 教育与职业，2013 (15)：31 -32.

[4] 夏春明，范圣法. 国内高校学分制绩点度量模式的比较与研究 [J]. 江苏高教，2014 (2)：84 -86，89.

[5] 李晓丽. 国外学分制的经验及启示 [J]. 教育与职业，2012 (4)：101 -102.

[6] 孙意远，等. 大众化背景下地方高校深化学分制改革之探索 [J]. 湖南师范大学教育科学学报，2013 (1)：82 -86.

[7] 姚军. 我国普通高校实施学分制的障碍与对策 [J]. 江苏高教，2011 (1)：84 -85.

《微观经济学》课程教学研究

崔 兵 尹华阳

(湖北工业大学经济与管理学院，湖北 武汉 430068)

【摘 要】《微观经济学》作为经济管理类专业学科基础课应该制定科学的课程教学目标。课程教学目标设计要遵循整体性、共性和相对稳定性的基本原则，在满足国家课程质量标准"下限"的前提下，体现开课单位的个性化特点。《微观经济学》教学内容具有相对稳定性和一致性，教学内容处理中需要结合中国现实，讲好"中国故事"。教学方法是实现教学目标的手段，课程教学实践中要科学处理课程教学目标和教学方法手段之间的关系，避免"手段异化为目标"，在此基础上通过教学手段的更新及合理的教学激励促进课程教学质量和教学水平的提高。

【关键词】微观经济学；课程教学目标；课程教学内容；课程教学方法

《微观经济学》作为高等学校经济管理类本科专业共同的学科基础课程，课程目的在于让学生在进入专业基础课和专业核心课程学习之前，对学科专业涉及的知识领域有框架性的理解和探索，培养后续专业学习必须具备的经济学基础理论和思维方式。近年来，《微观经济学》课程教学改革开始探索建立课程国家质量标准，以明确该课程的课程定位、教学目的、教学内容及教学方法和教学手段，促进全国范围内该课程教学质量的提高。如何既遵循国家标准，又结合学校学生实际，做到"共性"和"个性"的协调融合，最大幅度提升课

[作者简介] 崔兵（1974~ ），男，湖北工业大学经济与管理学院教授，经济学博士；尹华阳，博士，湖北工业大学教授。

程教学效果，是各课程开设单位和主讲教师理应思考的现实问题。基于此背景，本文拟从《微观经济学》课程教学目标（为什么教？）、课程教学内容（教什么？）及教学方法手段（怎样教？）三个方面对《微观经济学》课程教学进行研究，探讨提升课程教学质量，改善教学效果的相关对策建议。

一、《微观经济学》课程教学目标

课程教学目标作为教学实践活动的第一要素，具有为教学双方指明活动方向、预定发展结果的目标导向、有效实施教学控制以及为教学评价提供依据的重要功能。课程教学目标的明确性是高等教育教学过程中极为重要的因素，拟定教学目标是对教学过程的前馈控制。遵循课程教学目标制定的整体性原则，课程教学目标必须服从和服务于人才培养目标，因而任课教师确定课程教学目标时，应该对授课对象所属各专业人才培养目标的素质要求和知识、技能、能力结构的规格有充分的了解和认知，并以此为出发点，结合受众的知识存量和思维状态，对具体的课程教学内容进行系统的分析，从而建立各课程教学的目标；遵循课程教学目标制定的共性原则，即满足国家培养人才的基本质量标准，按照国家教指委确定的课程的统一目标，确定课程教学目标的"下限"；遵循课程教学目标相对稳定性原则，制定教学大纲时确定的课程教学目标应该是顺应了学科发展规律和人才培养目标的抽象性概括，因而必然具有相对稳定性，能在较长时间内指导课程建设和教学实践活动。

《微观经济学》作为经济管理类专业的学科基础课，需要为进一步学习该学科其他课程提供基础知识背景与框架。而在具体的教学实践中，该课程彰显不同于专业基础课及专业课的学科基础课的固有属性：一是作为学科专业的先导型课程，《微观经济学》是该学科所有专业的学生都必须学习的课程，学生受众面广；二是由于课程教学任务量大，需要大量教师担任该课程教学任务，导致授课教师人数多；三是在特定学科的课程体系中，学科基础课是该领域学生首先需要学习的基础理论课程，不仅承担为后续的专业课学习奠定坚实基础的任务，也在激发学生专业学习兴趣，培养良好的学科专业直觉和思维范式中发挥"首位效应"。

课程教学目标设计的基本原则以及《微观经济学》作为经济管理类专业

学科基础课程的固有属性是合理确定该课程教学目标的基础。按照目标"共性"原则，课程教学目标设计需要全面体现人才培养目标的知识、素质和能力要求。《微观经济学》课程教学需要让学生通晓经济学学术语言，掌握主流经济学研究方法、形成系统的经济学思维方式，并努力在此基础上提升认识现实世界的观察能力，促成认知理念更新和思维视野拓展，使学生具备从学科本质和发展规律高度总体把握学科知识的素质。具体而言，《微观经济学》教学目标可以表述为：向学生介绍现代经济学的基本概念、基本构架和分析逻辑，培养学生对现实经济世界的观察和分析能力，培养经济学直觉和经济学思维方式，使学生能够运用经济学的基本理论逻辑和分析框架去观察、发现、解释真实世界的典型经济现象和经济问题，进而用于指导日常学习、生活和经济决策，能够像"经济学家一样思考问题"。将经济学思维方式和理性精神融入对己、对人、对自然及其相互关系的情感、态度、价值判断以及做事应具有的科学态度和科学精神，进而升华到情感态度和价值观层面。

二、《微观经济学》课程教学内容

国内外经济类管理类本科专业开设的《微观经济学》课程的教学内容基本是统一的，并不存在显著的差异性。由于现阶段《微观经济学》课程主要是介绍马歇尔新古典经济学的理论体系和分析框架，因而逻辑体系相对成熟，课程教学内容构成相对稳定。本质而言，《微观经济学》是研究市场机制运行的理论，是研究价格现象的理论，因而也被称为《价格理论》。具体教学内容包括供求理论、消费者行为理论、厂商生产和成本理论、市场结构理论、要素价格理论、一般均衡和福利经济学及市场失灵理论。需要明确的是《微观经济学》不是上述各个独立知识的集合，而是一个逻辑严密、自成系统的知识体系。

《微观经济学》课程教学内容自始至终围绕"价格"现象这一逻辑主线展开。由于观点分歧的经济学家在价格决定机制这一问题上存在"供求关系决定价格"的大致共识，因而课程开篇即从需求理论、供给理论及均衡价格理论三个维度介绍供求理论，奠定整个《微观经济学》甚至《经济学》分析的基础，因为"掌握供求理论就掌握了大部分的经济学，教会鹦鹉供求理论，鹦鹉也能成为经济学家。"供求理论确定价格分析的基本框架后,对消费者行为进行分析的效用理论探讨作为微观经济主体之一的居民如何实现约束条件下的最优消费选择,通过引入边际效用递减规律从理论上证明需求法则,实际上仍然是需求理论的延续和深化。对作为微观经济主体之二的厂商行为的分析,基于新古典经济学厂商作为一种将投入转化为产出的生产函数的假设,研究厂商的最优产量决策和成本理论,其本质是供给理论的延续和深化。完成对单个消费者和单个厂商行为的分析以后,微观经济理论进入市场结构理论分析厂商在不同市场结构条件下的产量和价格决策。市场结构理论遵循哈佛学派的产业结构分析方法,运用SCP(结构—行为—绩效)分析范式对包括完全竞争、完全垄断、垄断竞争和寡头垄断在内的四种不同类型市场结构进行研究,以期分析厂商及行业在短期均衡、长期均衡时的行为选择以及与此相关的市场绩效。在完成对产品市场的结构分析后,课程进入对要素价格市场的分析,介绍完全竞争和非完全竞争的要素市场价格决定机制,研究家庭收入分配理论。一般均衡理论和福利经济学是在对消费者和生产者、产品市场和要素市场进行局部均衡分析之后的必然拓展。至此,新古典经济学的整个"价格理论"的理论大厦已然形成并完美地阐释了亚当·斯密"看不见的手"决定价格的理论洞见。然而,市场并非万能,"看不见的手"并非总能担当资源有效配置的功能,市场失灵便应然而生,市场失灵理论也成为《微观经济学》课程教学内容的压轴之作,为"价格分析"画上完美的句号。

三、《微观经济学》课程教学方法

如果说《微观经济学》课程教学目标和教学内容具有相对统一性,则实现教学目标的教学方法更加具有个性化特征,并且随着教学手段的不断更新进步,授课对象群体特征的不断改变,教学方法展现出多样化、多元化、与时俱进的特点。但与此同时,教学方法如何服务于课程教学目标,如何合理处理教学方法与教学目标之间的"手段"与"目的"的关系,防止片面追究教学方法更新,片面强调教学手段先进的舍本逐末之举,仍是当前《微观经济学》课程教学中必须重视的问题。课程教学目标设计与教学目标实现之间的差距,很大程度上源于缺乏真正围绕课程教学目标实现的教学方法和教学手段创新,或者基于教师个人偏好和"比较优势",偏重课程教学目标的某些层次,忽视教学目标的整体性和体系性;或者盲目迎合学生畏难厌学情绪,避重就轻、避难从易,导致教学内容简化,课程平均成绩泡沫化,进而难以实现国家质量标准确定的课程教学目标的"下限",形成"教学效果"逐年改善,"教学质量"逐年下降的教学异象;或者片面追求教学手段创新、课程评价方法改变,缺乏对课程教学目标的精心设计和前瞻性思考,偏爱教学技巧,淡化更为根本的教学理念的转变和创新。《微观经济学》课程教学中存在的这些现象,很大程度上归咎于对课程教学目标的认知偏差以及对教学目标、教学内容和教学方法之间关系的不当处理。

(一)先进的教学理念是科学教学方法的根本前提

美国心理学家斯金纳(B. F. Skinner)认为:"当我们将学过的东西忘得一干二净时,最后剩下来的就是教育的本质了。"教育是为了求知,但不仅仅是为了求知,伴随课程的学习和记忆,形成的精神、人格、能力、态度、主体意识和价值观念的沉淀,才是教育的本质。由于《微观经济学》作为学科基础课的根本属性,具有很强的理论性和抽象特征,教学过程中经常碰到的学生问题就是"这门课与我的专业学习和就业有什么关系,学完这门课我能干什么?"对于长期浸染在应试教育的大学新生,习惯性地将课程学习目标与考试、就业相联系,这种手段目的的异化长期存在。对此类问题的反馈,需要《微观经济学》任课教师给出清晰有力的答案,"教育的目的不是学会知识,而是习得一种思维方式——在烦琐无聊的生活中,时刻保持清醒的自我意识,不是'我'被杂乱无意识的生活拖着走,而是生活由'我'掌控"。《微观经济学》这门课程教学目标就是培养学生经济学思维方式和思维直觉,在潜移默化中用经济学思维认识真实世界,看清纷繁世界的本质,识破似是而非的诡辩。如果"在中学里,他伏案学习;在大学里,他应该站起来,四面瞭望"。(怀海特,Whitehead)"无用之用是为大用",良好的经济学思维不是某项具体的职业技能,但是能让人信服地胜任不同的职业岗位。《微观经济学》教授的基础理论和思维范式,也是进入后续学科专业学习未知领域,穿越知识荒漠的坚定支撑。当任课教师对高等教育功能和人才培养目标具有清晰准确的自我认知后,才能拥有秉承正确的教育教学理念理直气壮地矫正受众对课程教学目标的错误或片面理解，并通过自身的坚守感染教化学生，最终达成课程教学目标。只有当先进的教学理念内化为科学教学方法后，教学方法的创新才不会异化为"目标置换"，真正承担起实现课程教学目标的有力手段。

（二）精要的教学内容是科学教学方法的具体载体

前文已经述及，国内外《微观经济学》教学内容具有相对的一致性和稳定性，对于任课教师而言，关键是如何精要地安排教学内容，切中教学内容中各部分之间内在的逻辑体系，让学生明白微观经济理论是一个自成体系、逻辑自洽的理论构架。教学内容的处理中，需要特别重视对"导论"这一章节的讲述。"导论"作为任何课程的第一章，是课程的纲，纲举目张，因而是整个课程的先导和前提。"导论"章节的处理能直接彰显任课教师对该课程教学目标、教学内容及教学方法的认知，也能对学生建立起课程的"首位效应"，直接关乎后续教学进程和教学效果。《微观经济学》的"导论"部分必须明确告知学生该门课程的性质、目标及教学要求；整个经济理论的发展历史、现状与未来趋势；该课程与前置课程的联系和区别；课程的学习方法；考核考试方法和要求，甚至往届学生对该课程和教师的认识评价。如此"导论"才能帮助学生建立起课程的总体框架，明确自身的学习目标，方便后续课程学习中"按图索骥"，真正从总体上把握微观经济理论各部分之间的内在联系；《微观经济学》的内容讲述必须注意与中国现实的结合。由于微观经济理论体系属于西方的"舶来品"，因而理论分析主要基于西方发达市场经济的实践，现有教材的诸多案例也主要来源于发达市场经济国家。作为面向中国学生的《微观经济学》课程，要实现引导学生建立经济学思维方式，观察解释中国现实问题的思维能力，必须不断讲好"中国故事"。这一方面要求主讲教师洞悉明了当下中国的经济现象和经济问题，对中国国情社情有充分的认知和把握；另一方面主讲教师要善于将微观经济理论与现实问题相结合，与时俱进地运用理论逻辑去分析解释客观现象，真正实现"学以致用"。此外，对不同专业的学生讲述该课程时，应该引用与各自专业联系更为密切的经济现象，这样不仅能更好激发学生学习兴趣，也更有利于后续专业理论课和专业基础课的学习；《微观经济学》教学内容讲述中要善于运用"比较法"。由于经济学的根本任务在于解释经济现象，而微观经济理论致力于解释的"价格"现象存在意见分歧的理论框架。教学过程中,任课教师要综合比较不同理论解释框架对同一经济现象的结构方法,明确不同理论的研究目的、假设条件、推理过程及理论结论之间的差别。让学生学会从多角度、多视角、多层次去思考观察现实的经济问题,更好认识各种理论解释的局限性和"比较优势",培养学生科学的学术品质和学术精神。

(三)适宜的教学手段是科学教学方法的实现工具

伴随教育技术的不断改进和教育国际化水平的不断提高,近年来先进的教学手段和教学方式不断被引入《微观经济学》课程教学中,丰富了课程教学目标的实现形式。双语教学、多媒体教学、教育信息化等多种方式和手段在《微观经济学》课程教学中得到广泛使用。双语教学是教育国际化背景下对高等教育课程教学提出的要求之一,也在全国范围内《微观经济学》课程教学中得到普遍推广使用。由于《微观经济学》属于"西方"经济学的特殊背景,引入双语教学方式能够让学生品尝到"原汁原味"的学术语言和专业化的学术表述,并提高学生阅读外文文献,把握学科前沿发展的能力。但在教学实践中,需处理双语教学作为一种课程教学方式与课程教学目标的关系,始终将"双语教学"作为实现教学目标的手段,而不是作为课程本身的"教学目标"。"双语教学"必须致力于更好地帮助学生建立经济学的思维方式和培养经济学直觉这一课程教学目标;因应信息技术的发展,教育信息化成为推动教育变革,构建网络化、数字化、个性化、终身化的个人教育体系的重要手段。《微观经济学》课程教学中尝试利用互联网推动教学,充分利用飞信、QQ、微信、BBS、微信群、微信公众号、MSN等有效的交流平台,实现课上课下、网上网下的全方位沟通,有助于密切师生之间、学生之间的沟通交流,改善教学效果。互联网手段的应用,让任课教师及时收集授课对象反馈意见并能对课程教学目标的实现程度进行自评估,方便教师及时掌控教学进程,塑造"处处能学、时时可学"的全方位学习环境,促进教学效果的改善。

参考文献

[1] 刘刚,程熙镕,刘静. 学科基础课课程组建设的组织与实施 [J]. 中国高教研究,2016 (8):45–50.

卓越人才的培养

[2] 张树永. 以培养目标为导向推进课程建设 [J]. 中国大学教学, 2015 (3): 55 -61.

[3] 唐文. 以学生为本精品课程评建机制探析 [J]. 中国大学教学, 2008 (12): 32 -37.

[4] 席剑辉, 卢艳军, 刘洋. 高校学科基础课的个性化教学研究 [J]. 沈阳航空工业学院学报, 2009 (8): 85 -87.

"双法"优化计量经济学教学效果分析

——以 R 语言为例

丁文斌　李　君

（湖北工业大学经济与管理学院，湖北　武汉　430068）

【摘　要】计量经济学是经济管理专业核心课之一，由于涉及经济学、数学、统计学等学科知识，教学有一定难度。面对经济管理数据量迅猛增长，新的计量技术手段不断发现，计量软件更新迭代，计量经济网络学习资源层出不穷的多变环境，引导学生掌握学习计量经济学的学习方法成为教学最核心的目标。结合 R 语言，引入模糊教学法、研究型教学法，破解计量经济学方法学的学习难点，探讨提升计量经济学教学效果的有效途径，具有重要的理论与现实意义。

【关键词】计量经济学；R 语言；模糊教学法；研究型教学法

　　计量经济学是现代经济学的重要组成部分，1998 年 7 月，教育部高等学校经济学学科教学指导委员会讨论并确定"计量经济学"为高等学校经济学门类各专业的 8 门共同核心课程之一。计量经济学的教学目标在于使学生掌握基本的经典计量经济学理论与方法，并对计量经济学理论与方法的扩展和新发展有概念性了解；能够建立并应用简单的计量经济学模型，对现实经济现象中的数量关系进行实际分析；具有进一步学习与应用计量经济学理论、方法与模型的基础与能力。

［基金项目］湖北工业大学教研项目"能源经济专业建设战略性新兴（支柱）产业人才培养计划研究"（校 2014087）；湖北循环经济发展研究中心开放基金项目（HXFKY1401，HXFKY1531）。

［作者简介］丁文斌，湖北工业大学经济与管理学院讲师，博士。

卓越人才的培养

一、计量经济学当前教学难点

（一）教学目标导向需要知识传授与问题解决并重

从教学现状来看，计量经济学的教学远远滞后于其他核心课程如宏观经济学，微观经济学等课程的教学，造成这种缘由主要是计量经济学的教学，以知识传授为主，而应用知识解决问题和进行实证研究的能力没有跟上来。计量经济学的教学，不能是单一的演绎推导，形如数学、统计学。计量经济学需要经结合经济学、统计学，以计量经济技术，处理加工过的数据，以科学严谨的框架分析问题。在实践教学中，计量经济学的理论是建立在数据的基础上，以实验的方式，让学生掌握计量经济学研究思想实现的过程。因此，教学中，需要加强从现实问题和实际数据入手，培养学生分析问题和解决问题的能力。

（二）普通高校本科生源质量决定需要加强先修课程知识回顾

作为培养应用型人才为目标的普通本科学校，在讲授计量经济学过程中，发现学生在计量经济学学习过程中普遍感觉学习难度较大，关键问题在于数学、统计学基础的掌握上存在一起困难。面对招生的文理兼收，理论的分析和推导对于经济类专业的学生来讲过于烦琐，会让学生对学习计量经济学产生恐惧和厌烦，在学习中，先修课程不足，更会增加学习的难度。

（三）教学方法创新需要破解数理恐惧症

在教学方法上，理论与实践的平衡与衔接也影响到教学质量。面对高校教学学时的压缩，计量经济学总学时通常是 40 理论 + 8 学时上机操作，在如此短的课时内，要让学生掌握足够的计量经济学理论和方法非常困难。若学生先修课程不足，理论与实践的权衡问题将更明显。在教学实践中，教学既不能重理论讲授，轻能力培养和实际应用，也不能过度重视实践操作，忽视基本理论基础教学。偏重于参数估计和各种检验的理论和方法的讲授，会增加学习的理解难度，尤其是对数学、统计有先天畏难情绪的学生，此外，学习在实现参数估计及检验上，不能操作，会降低学生学习的成就感。而较多课时在案例分析和软件操作上，容易导致学生学习知其然，不知其所以然，难以在后续学习上拓展，也不容易对既有问题的深入探讨。

（四）实践操作需要激发学生自主创新激情

在计量方法的应用上，若要达到学生掌握计量经济研究框架范式，运用计量手段分析实际问题，则需要撰写规范化的计量研究课程论文。而学生通常能够依据某种软件进行操作，但难以形成规范化的课程论文。难点无外乎经济理论的依据、计量结果的理论支撑。这两个方面的内涵均需要学生花相当工夫才能有一定的认识，实现有价值的分析过程。

二、双法优化的引入

计量经济学的教学方法在实践中，有研究型教学法、实验教学法、问题导向型（PBL）教学方法、案例教学法等。面对普通本科高校的学生，其自学能力有限，文理兼收导致学生数学、统计学基础差异明显。引导学生，激发学习热情，产生对计量经济学的学习兴趣，并掌握计量经济学研究框架，形成系统化的计量经济学学习方法是教学的核心。

以此为导向，必然需要处理好以下制约条件：一是学时压缩的限制，以湖北工业大学为例，目前是48学时，包括8学时的上机实践，学时难以增加；二是部分学生对计量经济课程数学、统计学特征的天然畏惧感，尤其是文科生。

要解决好有限学时下，前期先导课程学习不足，且部分学生畏惧情形下的计量经济学教学问题，就必须对理论公式推导有所弱化，增加课程的趣味性，引起学生的学习兴趣。而理论知识过分弱化，势必导致学生学习知其然不知其所以然。教学中要处理好这些矛盾，就需要实行分层模块化教育，让学习的过程中既充满趣味，有所成就，又能抽丝剥茧，形成规范化的洞察能力。一个有效的方法便是分层引入不同的方法，实现多元化教学。对此，本文正对计量经济学的教学难点与教学目标，引入"双法"来优化教学效果。

模糊教学法是指教师有意识地将模糊理论运用于教学并以其独特的艺术魅

卓越人才的培养

力在学生心领神会中提高教学艺术效果和水平的活动，它破除了"非此即彼"二值逻辑的思维定式，使学生对于教学内容在语言、情感、意义层面上有多种理解方式。研究型教学模式是将学生置于教学过程的中心，以教师的研究性教学和学生的研究性学习结合为平台，注重在教学过程中融合学科知识与研究方法。"双法"优化指的是使用"模糊教学法"通过趣味性教学来实现计量经济学的整体观，使用"研究型教学法"通过模仿实践实现计量经济学的规范化实证过程。

课程的趣味性不仅在于研究主题、教学方法的趣味，更在于学习的成就感。理论知识的掌握更在于学生的自主学习。为了将两者有效的结合，在实践中，可以模糊教学法为指导，先让学生形成一个大概的框架，能分析实际问题，但对理论知识掌握不深，只有一个粗略的印象，却不妨碍学生将实际问题依据书本步骤分析出来，还能给出软件计算的结果，有成就感。但要进步分析，必然需要对理论知识有所掌握，不然分析问题不严谨，计量的细节过程不精致。处理这个问题，非学生自主学习不可，对此，引入 R 语言，让学生在实践过程中，完善计量分析的细节过程而主动去复习、推导理论公式。最终为让学生体系化地掌握计量经济分析框架，结合研究型教学法进行完善。对此，本文提出双法优化的方法，即指模糊教学法与研究型教学法。

三、R 语言与双法优化的结合

在计量经济学数据分析实践中，涉及大量的数据处理和计算。常用的软件很多，包括 EViews、Stata、SPSS、R（S-PLUS）、PcGive、PcFiml、RATS、Hummer、LIMDEP、Microfit、SHAZAM、Mathematica、Matlab、GAUSS、SAS等。在众多软件中，R 具有开源、免费、通用性、全面性、强大的在线帮助系统、众多学习资料见长，能提高学生学习的灵活性与自主性。当然，R 语言也有其局限，比如非点击的用户界面、不一致的句法结构，处理同一问题时不同的软件包提供的方法处理结果会有所不同等，要学好 R 语言，学习曲线通常较长，但基本的计量实践过程，则容易得多，掌握基本的语法，基本不需要编程。

（一）R语言与模糊教学法的结合

模糊教学法思想法源自20世纪60年代美国加州伯克莱大学电子工程和计算机科学教授Zaden首创的模糊数学理论，其后人们将模糊逻辑、模糊思维的研究日益深入，运用于各个方面。糊教学法是指教师有意识地将模糊思维方式运用于教学过程中，帮助学生感悟、体验，以此激发学生联想，进而在学生心领神会中巩固教学效果的方法，它不仅仅是一个简单的教学方式转换的问题，更是一场深刻的教学观念的改革，它打破了传统教学中"非此即彼"二值逻辑的思维定式。

模糊教学是培养创造性思维的方式之一，以充分发挥学生主动学习精神为目的。在学习中，创造性思维的培养，难以靠具体化的知识灌输、标准化的流程讲解来形成，需要学生自我认识、自我实践、自我融会贯通。在教学中，有必要提供适当的模糊信息，留下必要的教学空白，让学生有自主研究、设计的空间。

以单方程分析为例，计量经济分析框架的严谨性要求以一定的理论为支撑，收集数据，运用多元回归分析，对分析进行参数估计，统计检验。然而学生对参数估计、统计检验存在一定的困难。尤其是文理兼收，前期先导课程学习难度偏低时，碰到的困难更大。这时，详细的理论推导与证明既影响课程进度，回头复习先导知识，又增加了课程认识的难度，难免增加学生学习的畏难情绪。但不深入讲解，又影响计量经济分析框的完整性。在此两难情形下，结合模糊教学法，能提升教学效果。这是因为模糊教学法是提高关键技术环节教学效益的有效方法之一，它的最大特点就是通过简化技术细节教学过程，降低技术细节的规范性要求，集中精力和时间确保关键技术环节教学，使学生在有限的课时内快速掌握计量经济学关键技术，能进行规范的计量经济分析，做出实证结果，获得成功感，有利于调动学生学习积极性与培养学生兴趣和自信心。

在这个过程中，可结合R语言具有免费、开源，具有很多学习资料，许多包，能计算本科生阶段计量经济分析过程中的各种模型、统计检验，帮助文档有现成的案例，各种网页、博客有详细的学习笔记，引导学生善用搜索，在不求甚解的情况下，基本上只用更换数据，就能依葫芦画瓢，获得计算结果。

此阶段主要对应教学的前 2/3 时间，在教学中，粗略讲解理论过程，给予学生参考资料，让学生模仿着做出结果，进行相应的分析。对研究过程的背后理论，则放到后 1/3 的教学时间中，从与学生的讨论中去深化。在此教学过程中，实现理论教学与实践教学的平衡，无论是理论导向还是实践导向，最终需要形成学生能掌握系统化地自主学习下去的可能性，不仅是授人以鱼，更是授人以渔。达到本科阶段计量经济学课程结束后，学生形成"本学期计量经济学课程即将结束，这是计量经济方向学习的开始，我已明白该课程基本研究框架"这一概念，让学生掌握系统化的计量经济学学习方法，则是成功的教学方法。

（二）R 语言与研究型教学法的结合

研究型教学法，也称研讨式教学，是指教师以课程内容和学生的学识积累为基础，引导学生创造性地运用知识和能力，自主地发现问题、研究问题和解决问题，在研讨中积累知识、培养能力和锻炼思维的新型教学模式。

为让学生较好地掌握计量经济学研究模型，可使用研究型教学模式，通常，将该模型总结为五个步骤：选题，搜集资料，小组讨论，全班交流，总结提高。为促使学生提升自己的研究成果以及操作能力，可在此基础上增加一步，自我突破，自我完善，挑战新的高点。R 语言要学习好曲线较长，但灵活，能运用多种计量方法。本科生阶段，对经济问题使用多种计量方法进行分析，若仅使用现有的方法去验证，从语法操作上看，却并不难，很多时候，只是更换数据集而已。

如果在教学中能够较好地将计量经济学与经济学理论相结合，给予学生以空间，实现理论与实践教学的结合，以计量经济学模型解决现实中学生自主设定的主题，并且，能形成正向的情景激励，将能有效地改善学生对学习计量经济理论，运用计量软件解决实际问题的畏难情绪。在此过程中，让学生重点掌握计量经济研究框架，从选题、搜集资料、完善计量过程等步骤中具体化。对于选题，将所学课堂，让学生自由组合，依据课堂大小，形成若干小组。以小组自主选题为主。这样的做法能够最大激发学生学习热情。另外，为了让学生能够将所学知识运用到计量经济分析中，要求学生的选题是小组平时关注的，感兴趣的。有兴趣的、平时关注了的主题，在研究之初会有一定的感性认识，容易找到理论假设、形成预判。此过程能让学生在研究过程中，明白自己在做什么，不容易迷失，否则一味地跑模型，容易忘记自己最初做计量模型时目的，忘记自己在证实或证伪的是什么。

搜集资料是学生做研究过程中需要掌握的必备条件之一，计量研究过程中，学生搜集数据渠道多样，既有年鉴、网络数据库，也有网页、自主调研。搜集的数据既有规范的数据集，也有不规范的，需要自己清洗数据集。R 具有极强的数据处理能力，结合 R 语言的处理能力，能够将原始数据清洗好，形成学生自己要研究的标准数据集，以便进行计量分析。数据收集与 R 结合，能有效提升学生处理实际问题的能力。在学生学习过程中，能够实现教学不再是简单传授知识，而是积累知识和发展能力并进。在此过程中，还可实现精练教学内容，将理论性强的原理证明、公式推导等内容让学生自学，而将教学重点放到概念、理论和方法的理解和运用上。

四、结束语

计量经济学作为经济管理专业的核心课程之一，在新时代之下，尤其是互联网快速发展，计量软件不断丰富，数据量不断丰富，网络资源不断丰富，新的计量技术手段不断丰富的背景下，如何有效提升学生学习效能，完善学习方法的系统性，增强学习领域的可扩展性，需要教师与学生互动，顺应时代发展，选择合适的途径，以最大化提升学习时间的效能。R 语言作为开源软件，具有诸多优势，结合计量经济学在经管专业教学中具有一定的难度，将模糊教学法、研究型教学法引入到课堂教学之中，并以 R 语言为实践操作手段，能有效地提升学生学习效果。相关支撑的实践计量分析证据，将在后续研究中给出。

参考文献

[1] 曹文献. 应用型本科院校计量经济学课程教学问题与对策 [J]. 当代经济，2011，7 (14)：104 - 105.

[2] 洪永淼. 计量经济学的地位、作用和局限 [J]. 经济研究，2007，5 (5)：139 - 153.

卓越人才的培养

［3］熊彦．基于能力培养的计量经济学实验教学［J］．统计与管理，2015，12（12）：185－186．

［4］姚寿福，刘泽仁，袁春梅．本科计量经济学课程教学改革探讨［J］．高等教育研究，2010，2（2）：45－48．

［5］谭砚文，陈珊妮．中美计量经济学课程设置的比较研究［J］．高等农业教育，2011，5（5）：82－84，87．

［6］李如密，李宝庆．模糊教学艺术探论［J］．中国教育学刊，2002，10（5）：40－43．

［7］叶国荣，陈达强，吴碧艳．高校本科生教育中研究型教学模式探讨［J］．中国高教研究，2009，3（3）：90－91．

［8］李锐．运用 r 进行计量经济学教学［J］．湖北成人教育学院学报，2009，8（4）：111－113．

［9］刘本善．模糊教学法在培养学生创造性思维中的运用［J］．江西教育科研，1988，5（5）：38－40，49．

［10］高艳霞．模糊教学法的理论含义及其实践意义［J］．才智，2014，1（2）：149．

［11］时立新，熊焰，李林．对体育教学中运用模糊教学法若干问题的探讨［J］．体育学刊，2000，1（1）：13－14，17．

［12］王锋．本科《计量经济学》课程研究型教学模式改革［J］．江西金融职工大学学报，2008，4（2）：101－103．

［13］胡旭东，曹义，易俊理，刘丹．研究型教学的模式与实践探讨［J］．教育教学论坛，2015，1（1）：129－130．

"721"人才培养模式下经管类复合型人才培养路径研究

——以湖北工业大学保险专业为例

付 钢

（湖北工业大学经济与管理学院，湖北 武汉 430068）

【摘 要】 经济越向纵深发展，市场对经管类复合型人才需求越旺盛。然而我国目前的经管类专业人才培养还存在着人才供需结构不匹配、学科交叉不明显、人才培养的复合性不够等一系列问题。湖北工业大学在培养经管类复合型技术人才方面具有一定优势。依托"721"人才培养模式通过主辅修结合实现知识复合、校企联合实现能力复合、反转型教学实现思维复合是提升经管类复合型人才培养质量的有效途径。

【关键词】 "721"人才培养模式；复合型人才；保险专业

一、引言

改革开放近40年来，我国经济取得了飞速发展。以保险行业为例，我国保险业自1980年恢复业务以来，经过30多年的高速增长，保险业发展突飞猛进。2015年全国原保险保费收入2.43万亿元，同比增长20%；保险业总资产12.36万亿元，较年初增长21.66%；保险资金运用余额11.18万亿元，较年初

[基金项目] 该文是校级教研项目提升经管类大学生创新创业能力的实践教学改革研究的阶段性成果（项目编号：校201737）。

[作者简介] 付钢（1968~ ），女，湖北罗田人，湖北工业大学经济与管理学院副教授，管理学硕士，研究方向：金融保险理论与实务。

卓越人才的培养

增长 19.81%。2014 年保险资金运用实现收益 5358.8 亿元，同比增长 46.5%，创历史新高；保险资金投资收益率 6.3%，综合收益率 9.2%，比上年分别提高 1.3 个和 5.1 个百分点，均创 5 年来最好水平。与此相适应，市场对人才需求增加，尤其是高端人才、复合型人才受到企业的青睐。对于高校经管类本科专业的教育教学来说，如何针对业界的需求，培养出适销对路的复合型人才成为经管类高等教育的当务之急。

二、我国经管类复合型人才培养存在的问题

经管类专业人才在国家经济社会发展过程中起着重要的智力支持作用，同时用人企业更欢迎复合型人才。所谓复合型人才就是一专多能人才，其特点是多才多艺，能够在很多领域大显身手。复合型人才包括知识复合、能力复合、思维复合等多方面。当今社会的重大特征是学科交叉，知识融合，技术集成。但是目前我国经管类复合型人才培养存在的问题制约着复合型人才的培养。

1. 人才供需结构不匹配

改革开放后我国经管类本科教育经历 30 多年的发展，为经济社会建设输送了大量的专业人才。但是，不可否认的是，当前经管类人才的供需矛盾仍然突出，人才的供给与需求不匹配的现象依然严重，人才的供给不能很好地满足现实的需求。来自中国人力资源市场的数据显示，2014～2015 年经管类专业供需状况在数量上大体保持平衡，但在结构上仍存在进一步完善的空间。

表 1　　　　2014～2015 年经管类专业供需情况一览表　　　　单位：%

专业类型	2015 年 2 季度所占比例 用人单位专业需求占比	2015 年 2 季度所占比例 求职人员专业占比	2015 年 1 季度所占比例 用人单位专业需求占比	2015 年 1 季度所占比例 求职人员专业占比	2014 年 2 季度所占比例 用人单位专业需求占比	2014 年 2 季度所占比例 求职人员专业占比	2014 年 1 季度所占比例 用人单位专业需求占比	2014 年 1 季度所占比例 求职人员专业占比
工商管理类	7.69	10.28	7.99	7.2	8.43	7.33	9.11	8.37
经济学类	6.71	7.84	6.81	6.44	6.53	6.35	6.85	6.57
管理科学与工程类	3.48	3.31	4.27	3.17	5.08	4.02	4.84	3.46

资料来源：根据中国人力资源市场网站 2014～2015 年全国部分省市人才服务机构市场供求情况分析报告整理。

数据显示 2014 年、2015 年 1 季度、2 季度经管类专业供需数量基本保持平衡，供给能够满足市场需求。但供需结构上并不平衡，以学历结构为例，2014 年、2015 年 1 季度、2 季度用人单位所需学历与求职人员学历分布的情况如表 2 的数据所示。

表 2　　　　　　　　2015 年用人单位所需学历情况　　　　　　　单位：%

学历层次	2014 年 1 季度所占比例 用人单位所需学历	2014 年 1 季度所占比例 求职人员学历分布	2014 年 2 季度所占比例 用人单位所需学历	2014 年 2 季度所占比例 求职人员学历分布	2015 年 1 季度所占比例 用人单位所需学历	2015 年 1 季度所占比例 求职人员学历分布	2015 年 2 季度所占比例 用人单位所需学历	2015 年 2 季度所占比例 求职人员学历分布
大专	38.91	74.77	37.58	42.48	40.29	42.47	40.07	42.72
本科	18.44	14.72	16.06	31.87	21.21	34.13	18.59	29.63

资料来源：根据中国人力资源市场网站 2014~2015 年全国部分省市人才服务机构市场供求情况分析报告整理。

数据表明，大专学历的供需渐趋平衡，2014 年 1 季度大专学历的供给远远超过需求，到了 2015 年 2 季度大专学历的供需占比基本持平。相反，本科学历的供需却不匹配，2014 年 1 季度需求略大于供给，但随后本科学历的供给不断增加，供需差距加大，本科生的就业压力增加，就业形势渐趋严峻。经管类专业供求比更是高于市场平均水平（详见图 1）。

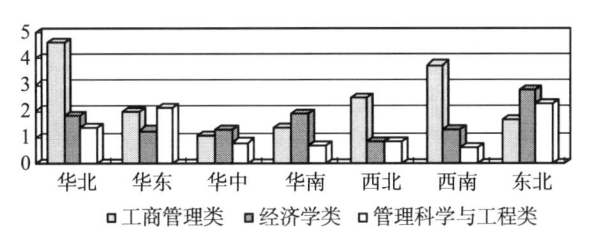

图 1　2015 年 2 季度求职人员所学专业和用人单位需求专业分地区供求比

2015 年 2 季度排名前十的专业供求比在 1.48 与 2.24 之间，经管类专业中管理科学与工程专业的供求比为 1.69，低于市场平均水平（1.99）；工商管理

卓越人才的培养

类和经济学类专业的供求比分别为 2.24 和 2.16，高于市场水平很多。分地区来看，华北、西南、西北等地区的工商管理类专业的供求比普遍偏高，不难看出这些地区的就业压力较大，人才市场竞争相对激烈。

2. 学科交叉不深入

以保险专业为例，保险学是经济学的分支，高校在制定保险专业人才培养计划时，一般将其纳入经济学科，在科研与教学方面也主要注重与经济学、金融学等学科的交叉。事实上，保险学科涉及的领域是多元化的，包括金融学、管理学、社会学、法学、医学、数学、经济学以及自然科学。因此，在培养保险专业人才时应该注重学科交叉，尤其是在培养复合型人才方面更需要保险学与相关学科的深度交叉和融合。但是，目前国内各高校保险专业在学科建设方面不太注重与经济学、金融学以外的学科进行交叉融合，即使有也是浅尝辄止，因此也不容易培养出真正的符合实践需要的复合型人才。

3. 校企合作深度不够，学生综合能力得不到全面深入训练

当今经济社会保险业发展日新月异，新技术手段的运用也极大地挑战保险业传统的经营管理模式和保险从业人员。保险学历教育培养的人才是今后保险业的从业大军，但是目前我国保险高等教育中理论与实践脱节的现象比较普遍，教材陈旧、教学方法传统、校企合作不深入，这些都影响着保险复合型人才的培养。

4. 教学方法比较传统，教学内容和人才培养方案不能满足复合型人才培养的需要

通过对一些高校的保险专业人才培养计划的比较研究，可以看出各高校的人才培养方案并不利于复合型保险专业人才的培养，这主要表现在以下几个方面：

（1）培养目标方面，各高校的培养计划一般都以保险应用型人才培养为目标，较少以复合型人才培养为目标。

（2）课程体系方面，目前全国保险专业高校所开设的课程可划分为四类：一是基础知识和基本技能，如数学、外语、计算机及其应用、应用统计、会计等；二是基本理论，如宏观和微观经济学、政治经济学、哲学、法学等；三是专业基础理论，如保险学、货币银行学、财政学、风险管理学、国际金融学等；四是保险专业课，如财产保险、人身保险、海上保险、再保险、寿险精算、利息理论、健康保险等。这四类课程主要属于经济学这个大类框架内，与

管理学、法学、医学、自然科学等学科交叉不明显。

（3）培养环节方面，各高校比较注重夯实理论基础，同时在应用型人才培养目标下，对实践教学环节加大了教学力度。但是，对实践教学环节创新不够，仅仅停留在保险专业核心课的实验、课程设计环节，还不能突破专业本身进行"1+X"的专业实训演练。

（4）教学方法方面，目前保险专业教学方法仍然是以老师的理论教学为主，体验式、情景式、翻转式教学方法还没有得到广泛应用。而传统的教学方法在锻炼学生的动手能力、训练学生的复合型思维方面还存在一定距离，不利于复合型人才的培养。

三、湖北工业大学经管类复合型人才培养的优势

以分层分类人才培养理念为指引，湖北工业大学创造性地提出"721"人才培养计划，该计划是湖北工业大学（以下简称学校）为了倡导"以生为本、因材施教、分类培养、自由发展"的教育理念，在学校第二次党代会上提出的梯级、分类、多元的人才培养模式。具体来说，在本科生中针对70%左右的学生，以提高学生综合素质和就业竞争力为宗旨，培养具有创新创业精神和实践能力强的高素质应用型人才；针对20%左右的学生，通过"1+X"的专业拓展学习，培养复合型中坚人才；针对10%左右的学生，通过实施精英教育，培养拔尖创新人才和卓越后备人才。

目前，学校针对这10%的学生创办了创新学院，它是学校响应国家、湖北省中长期教育改革和发展规划纲要精神，实施"721"人才培养模式改革的重要举措，目的在于因材施教，培养学术精英。但针对70%和20%这两个部分的学生的特色举措还有待于进一步完善。在针对培养这20%复合型中坚人才方面，还需要不断探索复合型人才培养路径和方法。

保险专业是湖北工业大学在2006年申办的新专业，2007年正式招生，目前已有四届毕业生。在"721"人才培养理念下，通过学科交叉和"1+X"专业拓展学习，可以为保险业界培养下列各类复合型专业人才：

卓越人才的培养

保险专业复合型人才
- 经营管理类人才
  - 保险会计专业人才：保险专业+会计专业
  - 保险精算专业人才：保险专业+数理统计专业
  - 产险核保专业人才：保险专业+土木工程专业（+机械、建筑等专业）
  - 寿险核保专业人才：保险专业+医学专业
- 市场拓展类人才
  - 保险市场营销专业人才：保险专业+市场营销专业
  - 海上保险专业人才：保险专业+国际贸易专业（+英语专业）
  - 车辆保险专业人才：保险专业+机械专业

以"721"人才培养模式为指引，湖北工业大学保险专业在培养复合型人才方面具有以下优势：

（1）先进的教育理念。"721"人才培养模式遵循的是一种分层、梯度、多元的现代教育理念，打破了传统的"一刀切"式的人才培养做法。事实上，学生作为被教育对象是千差万别、千人千面的，如何针对学生的特性因材施教一直是教育理论界永恒的主题。因材施教是一种重要的教学方法，将学生进行分类培养，既可以节约教育资源，又可以最大限度地激发学生学习兴趣，树立学生自信心，促进学生全面发展。

（2）丰富的专业资源。湖北工业大学作为一所以工学为主，覆盖工学、文学、理学、艺术学、经济学、管理学、法学和教育学8个学科门类的地方多科性大学，共有56个本科专业，其中不乏国家特色专业、省级品牌专业。培养上面列举的保险复合型人才具有得天独厚的优势。比如市场营销专业是省级品牌专业，土木工程一级学科为湖北省重点学科，除了医学专业之外，可以培养上述各类复合型保险专业人才。

（3）良好的实践平台。以"721"人才培养模式改革为契机，各学科、各专业都在着力搭建完善学科平台，完善修订培养计划，深化改革教学方法。而经管教学实验中心、经管仿真实验室的建设，学校还被评为湖北省大学生创业孵化示范基地，为保险复合型人才培养提供了良好的实践平台。

培养保险专业复合型人才是以保险专业为基础，以第二专业为辅助来运行，而不是要求培养出来的人才对两个专业的知识一样精通。培养上述复合型保险专业人才既可以通过学校的双学位人才培养机制来实现，也可以在学校范围内通过对现有专业资源的整合、灵活选课方式，实现人才培养模式的创新。

四、加快经管类复合型人才培养的实现路径

复合型人才包括知识复合、思维复合、能力复合等多方面，体现当前学科交叉、知识融合、技术集成等特点。湖北工业大学在培养经管类复合型人才方面迈出了可喜的一步，开设了数理金融班、国英班等双专业的复合型人才实验班，取得了宝贵的办学经验。同时我国经济的飞速发展变化的新形势也要求高等院校经管类本科教育必须进一步解放思想，开阔眼界，不断探索依托分类培养模式加快经管类复合型人才培养的方法与路径。

1. 主辅修结合实现知识复合

复合型人才的一个重要特征就是一专多能，这就要求在人才培养过程中打破专业限制，促进学科交叉，通过"1＋X"的专业拓展学习来真正达到一专多能的要求。具体来说，保险专业可以与学校管理类、语言类、建筑机械土建类专业进行深入合作，在课程设置、实践教学等方面进行广泛的融合，需要保险专业的老师"走出去"与相关专业进行沟通交流。这样，可以合理配置专业资源，实现专业资源的校内共享。另外，尝试设立保险辅修专业，通过辅修，拓展保险专业的覆盖面，逆向培养保险复合型人才。

主辅修结合重点需要完善培养计划。人才培养计划是在一定的现代教育理论、教育思想指导下，按照特定的人才规格和培养目标，以相对稳定的教学内容和课程体系、管理制度和评估方式，实施人才培养过程的总和，它是人才培养的总纲领。目前各高校保险专业培养计划中主要包括通识课、学科基础课、专业核心课、专业选修课四个课程模块，主要还是围绕专业本身进行课程体系的设置，没有设置"1＋X"专业拓展的课程体系。因此，可以在分类培养理念指导下修订完善人才培养计划，通过设置不同专业方向来实现不同类型的保险复合型人才培养目标。

2. 校企联合实现能力复合

复合型人才是当前企业急需的人才，高校在服务地方经济发展中需要不断拓宽校企合作的渠道，通过校企合作使得学生的实践能力得到锻炼，理论知识

卓越人才的培养

得到运用，认识世界、改造世界的能力得到提升。加强对合作企业的选择，尝试复合型人才的"订单式"培养，加大订单企业参与人才培养的力度，实现学校、企业、学生三方共赢，培养学生复合型能力。

（1）综合分析能力。校企联合培养可以对接市场最新资讯，增强学生对总体经济形势的把握能力和归纳分析能力。通过鲜活的市场资讯，将理论课堂上所学知识灵活运用于实践，从而用实例锻炼学生的综合分析能力。

（2）实践动手能力。校企联合培养落脚于企业的经济效益，要求学生将理论与实践紧密联系起来解决相关实际问题，这一过程中，学生的实践动手能力、理论联系实际能力都可以得到锻炼和提高。

（3）沟通协调能力。校企联合培养对人才的要求不仅仅局限于理论知识，更多地会培养学生协同作战的团队精神，这样培养出来的人才才能适销对路。所以，通过校企联合培养应不断提升学生的沟通协调能力。

3. 反转型教学实现思维复合

高等教育过程中思维的训练是重点也是难点，需要不断进行教学内容和方法的改革和探索，其中反转型教学是实现思维复合的有效途径。反转型教学是将课上的基础学习留给课下，将课下的操练提升放至课上，实现课上、课下之间的"反转"，从而提高课堂效率，保证教学效果。反转型教学对学生的学习过程进行了重构，使学生学习的自我管理意识大大提高，教师更多的是对学生进行思维的训练和引导。借助互联网技术通过开发慕课、微课等形式实行反转型教学，学生在这一过程中需要充分调动学习的自觉性和主动性，从而培养学生复合型的思维，包括逻辑推理思维、发散性思维、逆向思维等创新思维。

复合型人才培养中无论是知识复合、能力复合还是思维复合都需要在培养过程中进行创新，包括教学内容和教学方法的创新。其中教学内容既包括理论教学内容，也包括实践教学内容，理论教学内容可以通过突破专业壁垒可以实现学科交叉和融合，实践教学内容可以通过综合实习平台进行。难点在于教学方法的创新。体验式教学、情景教学、课外教学以及案例教学等方法对于拓展学生的思维、锻炼学生的能力、丰富学生的专业知识都是很好的尝试，需要我们在教学方法上大胆改革、锐意创新。

参考文献

[1] 中国保监会官方网站统计数据报告 [EB/OL]. http://www.circ.gov.cn/web/site0/tab5179/info3889206.htm, 2015-1-26.

[2] 陈海霞. 论高校复合型人才培养模式 [J]. 中国科教创新导刊, 2013 (9): 46-48.

[3] 学校召开"721"人才培养模式改革研讨暨组建创新学院动员会 [EB/OL]. http://www.hbut.edu.cn/contents/38/14196.html, 2013-01-04.

[4] 刘鹏飞. 培养复合型人才的辅修专业教育 [J]. 职业时空, 2013 (8): 67-69.

[5] 黎修良, 沈言锦, 张坤. "中国制造2025"背景下校企深度融合的订单式人才培养模式创新研究 [J]. 中国职业技术教育, 2016 (10): 78-80.

[6] 刘艳丽. 翻转课堂：应如何实现有效翻转 [J]. 高等教育研究, 2015 (10): 57-59.

大学趣味课堂点名系统的设计与实现

郭 岠

（湖北工业大学经济与管理学院，湖北 武汉 430068）

【摘 要】 大学课堂考勤制度是教学管理的基础，课堂点名是巩固考勤制度的手段。建立完善的课堂点名方式，可以有效推动教学管理的发展。在信息化快速发展的现在，传统的课堂点名方式已经不能满足当今教学管理的需求。通过分析现有信息化点名方式的利弊，设计和开发了一套趣味课堂点名系统，系统包括三大功能模块，通过模块之间的配合使用，使课堂点名不再是以制度强制约束学生被动达到考勤效果，而是通过趣味性的课堂点名方式充分调动学生学习的主动性，营造和谐课堂氛围，提高课堂教学质量。

【关键词】 考勤制度；课堂点名；和谐课堂

一、前言

大学课堂考勤制度是学校教学管理正常运行的基础，人才培养计划落实的保障，规范学生学习行为的重要手段。随着社会信息化的不断增强，学生个性化发展的需求越来越高，传统的教学管理模式以及课堂考勤方式已不能适应发展的需求，大学课堂考勤制度需要新的改革手段。课堂点名作为大学课堂考勤制度的具体表现形式，其变革模式将为推动课堂考勤制度的改革发挥积极的作用。

［基金项目］ 经国家创新创业训练计划项目（201610500038）经费资助。
［作者简介］ 郭岠（1982~ ），女，湖北武汉人，实验师，研究方向为管理信息系统。

本文通过分析目前现有的信息化课堂点名方式在课堂考勤中的作用以及其存在的问题，提出趣味课堂点名系统的设计方案和应用方法，适应当前大学课堂教学和学生发展的需求，成为教师和学生之间互动的桥梁，有效促进大学课堂考勤制度的不断完善。

二、课堂考勤现状

课堂考勤管理是教学管理中的一个重要环节，其所实施的效果直接影响着学校的规范管理和制度创新发展。传统的课堂考勤方式是教师使用纸质花名册，通过纯人工点名的方式完成的，不仅耗费大量的人力、物力，还往往无法达到预期的效果，其存在模式已经无法满足大学教学管理的需求。随着计算机和互联网技术的快速发展，课堂考勤模式也在发生着变化，信息化的考勤方式被越来越多地投入到课堂考勤管理中，由此在大学课堂中产生了多种类别的点名方式。

（一）手机蓝牙点名

使用手机内置的蓝牙功能模块实现课堂考勤点名，学生以个人学号命名手机蓝牙名称，教师通过打开计算机上的蓝牙适配器对学生的手机蓝牙信息进行搜索，得到学生的学号信息，与登录到数据库内的学生名单进行信息比对，未被搜索到学号的学生，即为缺席。

（二）微信"摇一摇"点名

使用微信结合 iBeacon 蓝牙设备实现课堂考勤点名。学校注册微信公众号并且开通"摇一摇周边"权限，与记录考勤用的 iBeacon 设备进行绑定，将设备放置在教室内，上课后，学生必须进入到放置 iBeacon 设备的教室中，启用微信的"摇一摇周边"功能才能完成点名签到。该方法可以有效防止不到场代点名签到现象的发生。

（三）指纹识别点名

采用指纹识别设备实现课堂考勤点名。前期，对学生进行统一指纹录入，将该指纹信息与相应的学生学号进行关联，以此为基础建立班级指纹库。上课前，学生通过指纹签到器进行指纹识别，与指纹库中的数据进行对照，匹配成功，即完成指纹签到。指纹不匹配或无指纹匹配记录的均视为缺席。该方法能够有效地防止课堂考勤冒认身份点名签到的现象。

(四) 人脸识别点名

采用人脸识别设备实现课堂考勤点名。前期，在设备内输入学生的照片信息，与学生学号进行关联，建立班级面部信息库。上课前，将人脸识别设备放置到指定位置，学生只需站于设备前稍作停留，设备便能迅速采集学生现场照片，与前期存储的学生照片信息进行比对，完成点名签到流程。该方法同样可以有效防止冒认身份点名签到的现象，其不可仿冒性，甚至比指纹识别点名更加可靠。

上述课堂点名方式在增强教学管理，提高课堂出勤率方面都取得了一定的成效。但这些成效的表现形式更偏向于制度下的强制约束，通过借助信息化的手段进一步强化课堂考勤制度，在高压制度下使学生被动的参与到课堂学习过程中，无益于让学生产生学习的积极性，甚至容易引发学生的抵触情绪。因此，本文提出课堂点名系统新的应用方式，基于建立能够充分调动课堂气氛，使学生主动参与到课堂活动中的趣味课堂点名方式，为完善课堂考勤制度提供新的思路。

三、系统设计方案

教师与学生在课堂教学中分别扮演着不可替代的角色。因此，创造和谐的课堂氛围，融洽的师生关系，才能从真正意义上提高课堂教学质量，使教师享受于课堂授课，学生得益于课堂学习，形成真正良性循环的教学过程。基于该理念，本文提出了趣味课堂点名系统的设计思路和设计内容，为实现更加人性化的教学环境创造条件。

(一) 系统设计思路

大学课堂上一旦提到点名，就是与考勤相关，对于被点名的学生或多或少都有些许抵触情绪。特别是在大学课堂中常见的人数众多的大班课堂，教师如果依次对每位学生点名，不仅会占用宝贵的课堂时间还容易使学生对课程产生负面情绪，造成不和谐的课堂氛围，不利于课堂教学的开展。于是，为了使课堂点名也成为一种"乐趣"，不再使学生觉得沉闷无聊，充分调动学生的积极性，提出趣味课堂点名系统的设计方案，思路如下：

将系统命名为"善学课堂助手软件"。"善学"，释义为善于学习，取自《礼记·学记》："善学者，师逸而功倍，又从而庸之。"意在让学生成为善于学习的人，在学习中获益匪浅。

系统创建师生互动的点名模式，使课堂点名不再是教师刻板地对着花名册点名，学生在课堂上应声喊到，使学生从被动的被点名者成为点名的主动参与者。采用随机抽取点名的方式，给予课堂中每位学生平等的学习机会，使点名结果变得更加公平、公正，宜于营造师生之间的和谐课堂氛围。课堂点名形式与课程教学内容充分融合，在完成点名的同时使学生充分参与到课堂教学的活动中。

（二）系统设计内容

"善学课堂助手软件"具有"有奖答题""点名签到""演讲计时"三大模块。

系统启动后，默认只开启"演讲计时"的模块，如果需要激活"有奖答题"及"点名签到"模块，必须以管理员身份登录管理界面，进行班级名单的导入。如图1所示。

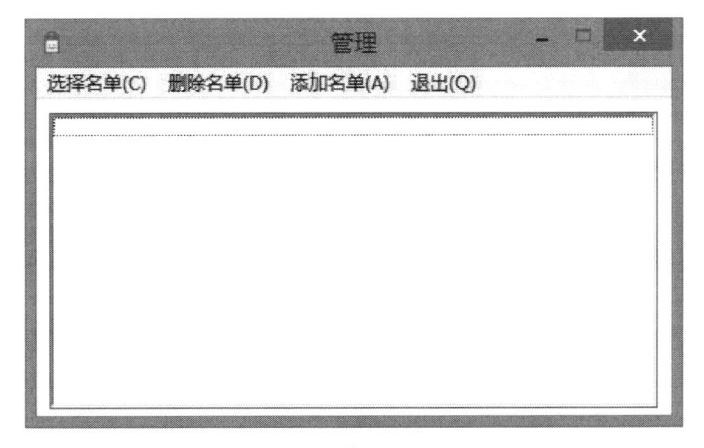

图1 管理界面

卓越人才的培养

点击"添加名单"选项，在系统路径下选择班级名单文件所在位置，即可完成班级名单的添加。添加成功的班级名单将显示在管理界面下方的信息框中。在信息框中选择需要使用的班级名单，点击"选择名单"选项，即可在主界面中激活与该班级相关的"有奖答题"及"点名签到"功能模块。如图2所示。

图 2　主界面

1."有奖答题"模块

启动该功能模块之后，显示"名单已准备好"的初始界面。如图3所示。

图 3　"有奖答题"初始界面

教师点击"开始滚动"按钮后，每位学生的学号和姓名会在屏幕上依次滚动显示，当点击暂停按钮时，会随机抽取一位学生的学号和姓名显示在屏幕

·48·

上，教师可安排该生进行课堂答题，可重复使用开始和暂停的功能，每次随机抽取显示的学生信息将不会重复，直到全班每位学生都被抽取到一次为止，此时，可使用"复位"按钮重新对该班级进行新的一轮名单抽取。

该功能可以有效地实现进行课堂点名的同时让班级每位学生都参与到课堂答题的环节中。随机抽取的模式也可避免因教师主观意识选择学生回答问题，使学生产生"不公允"的感觉，无论抽取结果如何，对每位学生都是公平的。

在实际应用中可以由教师操作软件，学生选择名单开始和暂停的时机，这样不仅可以使学生成为点名的主动参与者，类似抽奖的模式还增添了娱乐的成分。实际情况中可见，与传统点名答题反应不同，学生不再是一个个低头躲避教师的目光，逃避回答问题，而是有些许期待的观察屏幕上名单滚动的迹象。不仅增强了师生之间的互动，还充分活跃了课堂提问环节的气氛。

对于被抽取到的学生，教师可以安排其进行课堂答题，并遵循"有奖答题"的原则，以奖励为主，对于答题正确的学生给予平时成绩的分数奖励，而对于答题错误或者回答不出问题的学生也不给予惩罚，而是继续抽取其他学生答题，直到有学生回答正确为止，并且同样给予最终回答正确的学生平时成绩的分数奖励。这样不仅可以消除答题错误和回答不出问题学生的尴尬，还可以充分调动每位学生的学习积极性。实际情况证明，答题错误和回答不出问题的学生，再次被抽取到时，可以更好地回答问题。

2."点名签到"模块

启动该功能模块之后，与"有奖答题"模块类似，同样显示"名单已准备好"的初始界面。如图 4 所示。

图 4 "点名签到"初始界面

卓越人才的培养

教师点击"开始滚动"按钮后，每位学生的学号和姓名会在屏幕上依次滚动显示，当点击暂停按钮时，会随机抽取一位学生的学号和姓名显示在屏幕上。如图5所示。

图5 "点名签到"界面

教师可选择点取学生的考勤状态，如果该生出席课堂，点击"出席"按钮；如果该生缺席课堂，单击"缺席"按钮，同时该生会被记录到"缺席名单"中，后期可以通过点击"缺席名单"选项导出缺席学生名单。

教师可重复使用开始和暂停的功能，每次随机抽取显示的学生信息将不会重复，直到全班每位学生都被抽取到一次为止，此时，可使用"复位"按钮重新对该班级进行新的一轮名单抽取。

该功能可以有效地促进教师课堂点名签到的灵活性。教师可以使用随机抽取部分学生进行点名签到的方式代替依照纸质花名册从头到尾依次点名的方式，不仅可以缩短课堂考勤时间，随机抽取的公平性还可以减轻学生的抵触情绪。

实际应用中，教师可以在课堂的任意时间段开启"点名签到"功能。实践证明，将其使用在课堂环节变换时效果更佳，不仅能够充分调动起学生的学习情绪，还可以起到调节课堂气氛的作用，令严肃的点名签到过程成为一个放松心情的过程。

该功能另一个主要作用是增进师生之间的情感交流。不重复抽取的模式可以保证班级中每名学生都会被点到。大学课堂没有固定座位，大班课堂更是学生数量众多，这种随点随签的模式，可以让教师有机会认识每位学生，学生被教师记住可以有效增强学生被认可的感觉，学生一旦被认可将会更加积极地投入课堂学习中，这种良性循环有助于建立师生之间的和谐课堂关系。

3."演讲计时"模块

启动该模块后，显示计时的初始界面。如图6所示。

图6 "演讲计时"初始界面

教师点击"时间设定"选项，设置演讲规定的分钟数，完成演讲时间的设定。点击"演讲人设定"选项，设置演讲人的姓名。设定好演讲时间，演讲人之后，点击"开始"按钮，对当前演讲人的演讲进行计时。当演讲人演讲时间超过所设定的演讲时间，计时器数字变红，并且在计数的右下角会显示"超时"的警告。提示演讲人演讲已超时。如图7所示。

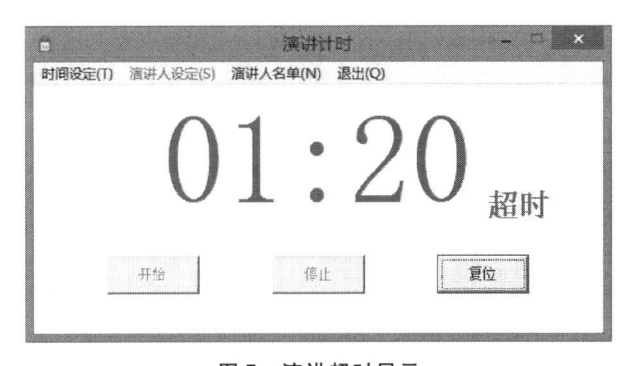

图7 演讲超时显示

卓越人才的培养

演讲结束后，点击"复位"按钮，即可以开始对下一位学生进行演讲计时。全部学生演讲完后，点击"演讲人名单"选项，可以导出每位演讲人的演讲计时信息。

该功能主要是用于辅助"有奖答题"功能。教师使用"有奖答题"功能随机抽取学生完成点名签到的同时，可以安排一定时间，邀请学生到讲台上对知识点进行讲解，根据其演讲完成度给予平时成绩的奖励。引导学生从被动学习变为主动学习，学生在得到锻炼的同时，使课堂学习变得更加有趣。

实际应用中教师可以在前一节课布置下节课需要学生演讲的内容。演讲内容一般是下节课的知识点，或者是与知识点相关的主题。学生如果想要在下节课的演讲过程中取得较好的平时成绩，就必须要提前预习下节课的知识点，通过上网查找资料以及相互交流的方式进行学习，完成演讲内容的准备。这种方式可以很好地推动学生的主动学习性，使学生更加全面、透彻地理解所学知识点。

四、结语

大学课堂趣味点名系统实现的功能基本达到预期的效果。通过一段时间在课堂上的实际应用，教师普遍反映在点名环节上课堂气氛变得更加活跃，学生对于课堂学习的参与有所提高。学生普遍反映比起传统的花名册点名，他们更加接受这种新颖的点名方式，并且从中寻找到了课堂学习的乐趣。此外，还有教师和学生对系统提出了改进的建议，如在停止滚动名单时增加音频效果，学生名单滚动时添加有趣的头像等，可以使点名过程在视觉上和听觉上都变得更加"有趣"。

基于大学课堂趣味课堂点名系统的设计与实现，提出新的考勤理念，不以制度模式强制约束学生达到考勤标准，而以趣味性的点名模式建立师生关系的和谐课堂，引导学生主动参与课堂学习，获得学习的乐趣，对课堂教学的顺利开展，取得良好的教学效果起到积极的作用。

参考文献

[1] 林年添，陈淼，赵俐红，等. 以生为本设计课堂点名系统 [J]. 现代教育技术，

2015, 25 (7): 113-119.

[2] 叶冬连, 万昆, 曾婷, 等. 基于翻转课堂的参与式教学模式师生互动效果研究 [J]. 现代教育技术, 2014 (12): 77-83.

[3] 蓝凌. 加强信息技术课堂管理, 提高教学有效性 [J]. 中国教育信息化, 2010 (18): 27-29.

[4] 钱莹晶. 便携式指纹识别考勤系统设计与实现 [J]. 河南科技, 2015 (555): 34-37.

[5] 王静. 基于人脸识别的图像考勤系统设计与实现 [J]. 无线互联科技, 2015 (10): 52-53.

[6] 常俊红. 从校园文化建设分析大学生课堂考勤制度改革 [J]. 河南教育, 2012 (8): 27-28.

跨文化背景下高校来华留学生教学管理的探讨

何 艳 胡 渊

（湖北工业大学经济与管理学院，武汉 430068）

【摘 要】 来华留学生是文化交流的使者，也可能是厌华情绪的传播者。但他们普遍存在跨文化沟通的困难，再加上学科基础、学习习惯和思维方式的差异，使现有的管理制度、教学模式、教学方法和师资队伍等受到了极大挑战。为提高留学生教育质量，从学校行政管理和教学管理两个层面上提出了建议。

【关键词】 留学生；教学管理；跨文化

近年来在华留学生数量越来越多，特别是在"一带一路"倡议的推进下，留学生来源国家更加多样化，东南亚与非洲学生迅速增加。2015年来自于202个国家和地区的留学生达到39.8万人，其中亚洲和非洲学生人数分别比上年增加6.5%和19.5%；学历教育的比例达到46.47%，本科教育占87%左右。来华留学生呈现出文化、宗教等多元化特点，再加上学科基础参差不齐、年龄趋于年轻化等，使他们面临沟通不畅、生活不适、学习迷茫等问题。如何在日常管理中从文化差异角度来理解并解决这些问题，需要高校进行教学管理方面的创新。

[基金项目] 本文是湖北工业大学教研项目《校企"双导师制"：国际贸易创新型人才培养模式及实践研究》（2013035）和《Seminar教学模式在经管类创新性人才培养中的应用研究》（2014089）的阶段性成果。

[作者简介] 何艳（1979~ ），女，湖北工业大学经济与管理学院副教授，博士，研究方向为区域经济；胡渊（1980~ ），女，湖北工业大学经济与管理学院副教授，博士，研究方向为国际贸易。

一、来华留学生的跨文化障碍分析

（一）跨文化沟通的困难

中国是高语境文化国家，而大部分留学生来自于低语境国家。因此，留学生在华学习过程中，语言是最基础也是最难克服的一关。特别是在世界不同地区的留学生中，非洲地区留学生语言方面的困难最为严重，有多达78.68%的非洲区域留学生在语言交流方面面临着一系列的困难（杨军红，2005）。其后果使得许多留学生被局限在同语种圈子里，很少与中国人进行交流，无法深入了解中国文化。由于文化差异的因素，难免产生认识和理解的偏差，产生不必要的误会，尤其是在理解和执行学校规章制度方面。

（二）中国文化适应与融入的困难

一般来讲，留学生进入到中国文化中的初期都会遇到文化休克。例如，中国人勤劳节俭，生活节奏快；而非洲学生安于现状、生活节奏慢。当遇到文体冲击时，部分留学生主动与中国同学交流，结交中国朋友，努力适应中国文化。但仍有相当一部分留学生会由此产生沮丧或挫败感，尽量避开当地人。有些国家的留学生在本民族文化的影响下，容易产生随性散漫、无视纪律等行为习惯，通常表现为时间观念差；上课迟到、旷课；自控能力薄弱；不遵守纪律；不参与教学活动等，这些问题成为留学生教学管理无法顺利实施的阻碍。

（三）学科基础存在较大差异

来源国家不同，留学生们在学习能力上表现出较大差异。有的留学生所在国家基础教育水平低，导致留学生学科基础相对薄弱，无法适应国内高校教学内容，造成学习成绩相对较差。例如，经济学、投资学和金融学等课程的学习，需要一定的数学基础，部分留学生学习吃力，课程进度总体慢于中国学生。再加上语言、文化等障碍，留学生一旦在开始不能跟上学习进度，在后续学习中将感觉无所适从，甚至会放弃学习。

（四）学习习惯和思维方式的差异大

首先，相比中国学生对权威观点的注重，来华留学生更加强调人格方面的独立。其次，中国学生学习目的是满足他人的希望，而来华留学生往往更加重视自我发展的需要和社会价值的实现。另外，中外学生思维方式也有比较大的差异，中国学生思路比较全局化，重视理论方法，多谈定义和概念；而来华留学生更偏重分析和实证，习惯用数据说话。学习习惯和思维方式方面的差异使来华留学生在学业上面临比较大的困难。

二、加强来华留学生教学管理的必要性

（一）留学生是文化交流的使者

进入21世纪以来，国家间软实力的竞争愈发激烈，其中文化传播已然成为争取世界舞台更多话语权的手段之一。来自于全球各地的留学生，就是一个个文化使者。一方面，他们将自己的文化带到中国。例如，非洲学生阳光、热情；欧美学生自信、热爱生活。相比于中国学生，他们在课堂上喜欢发问，自由争论，勇于表达自己的观点。另一方面，他们了解到的中国印象，也会随之传播到自己的国家。部分学生曾在来华前对中国有一些不全面的认识，例如中国人会吃狗、没有礼貌等，到华后认为中国人友好、好客等。

（二）留学生是中外合作的先头兵

作为发展中国家之一，中国对中外经济、文化、教育等方面的交流提出了迫切要求。特别是立足于"推动共建丝绸之路经济带"背景下，中国与诸多国家开展了多层次的合作。其中在教育层次上，中国扩大留学生规模，与沿线国家开展合作办学，深化人才交流项目等。可以说，留学生群体构成非常符合国家战略的要求，他们作为先头兵，关系到今后中外全方位合作。

（三）留学生也可能是厌华情绪的传播者

留学生将来很有可能成长为各国经济和社会的重要力量，成为促进中国和

这些国家合作的纽带。高校在传授知识的同时，承担着文化传播的使命。留学生要面对文化差异带来的各种困境和难题，再加上学业压力，如果高校的教学管理理念和方法未与时俱进地适应留学生的新常态，非但不能消除留学生的跨文化适应性困难，反而会加剧留学生的厌学情绪，甚至会影响他们回国后对中国国际形象的评价。

三、在华留学生教学管理中存在的问题

（一）行政管理方面的问题

1. 缺乏创新的教育管理方法

长期以来，高校教育的主要对象是中国学生，而非留学生。因此，许多高校缺乏管理留学生的经验，仍处于"摸着石头过河"的阶段，从而引发诸多问题。例如，不关注留学生的生活习惯、不了解他们对学校的要求、忽视他们的心理差异等。在与留学生相处时，采用行政的、高压式的方式；在遇到问题时，经常采用解决中国学生问题的方法进行应对。此外，为了便于管理，大部分高校用同一标准、统一化管理、统一教学评价等来教育中国学生和外国留学生，而学习、住宿时又将留学生与中国学生分开，使得留学生出现许多不适应，甚至不满的情绪。创新教育管理方法的缺乏，将直接影响到留学生教学质量。

2. 留学生教育与大学本部教育游离

学历留学生，特别是英语授课的学历留学生教育目前存在"孤岛"现象，也就是说，许多的英文授课学历留学生教育都是另起炉灶、自成一体，这样一来就自然而然地与本部教育脱钩，被孤立起来，丧失了学历留学生与本部学生在教学、实习与实践、大学生活动等多方面的密切联系。在办学实际过程中，由于没有把留学生教育纳入到学校的正规化、常态化的管理体系之中，导致从教学管理部门、教学质量监控职能处室、教学设计与实施的二级学院，到具体执行讲授的教师，大家对学历留学生教育的重视程度不够，觉得留学生教育是国际学院的业务，而非大学的事业；再有就是教师的热情不高与投入不足。

(二) 教学质量管理方面的问题

1. 教学模式单一

留学生本科学历教育集中在语言、经贸、管理等文科专业。在课堂上，中国老师一般习惯于灌输式，而留学生更青睐于开放式、探讨式的教学方式。在课后，留学生由于英语解题练习机会少，也没有掌握一些基本的习题分析能力，因此普遍存在解题困难的问题（陈潇，2016）。在考核上，内容以填空、选择和简答等题型为主，方式为考勤和考试相结合，留学生在短时间之内难以适应这种传统模式。经管专业实践课主要有两类，一是仿真模拟，二是企业实习。而这两类均需要教师、学生和企业这三方无障碍的高度配合。考虑到现实困难，许多学校减少了留学生实践课或参与实践课的机会，这将影响教学效果，很难达到预定的教学目的。

2. 师资队伍建设不足

虽然近年来，教师在国外学习或访学的比例越来越多，但能全英文授课的老师在师资中的比重仍然偏少。这使得这些老师的教学任务重，甚至存在一个老师多次给同一个班学生上课的现象。很多留学生由此对教学存在一定不满，并最终造成厌学情绪。留学生经管类课程大部分由专职教师完成，而对于专职教师，学校一般有教学和科研两方面的考核。在留学生教学中更强调师生之间的互动，需要大量专业素质高、英语表达能力高的教师去实施。毫无疑问，全英文教学在时间投入上远远多于其他课程。因此，大部分教师科研能力不足，无法做到"以教促研"。

3. 教学方法陈旧

留学生教育具有独特性，它既是本土化文化的传播路径，也是学校国际化的必然趋势。这要求我们引进国际教育的办学思路与培养目标，制订切实可行的教学计划，采用有效的教学方法和教学内容，这样培养出来的人才才能符合市场的要求。而目前留学生教育仍受到传统教育的影响，保留旧的教育理念。在教学方法上，以教室的黑板+投影的授课为主，翻转课堂、线上线下结合课堂等现代化教学方法均没有很好地运用到留学生教育上。在教学内容上，一般会结合留学生的基础在中国学生教学内容的进行删减，虽然学生可以听懂，但对内容的提炼、整理所做的努力仍不够，重难点不突出。

四、针对来华留学生教学管理的建议

随着中国对外开放的深入,将会有越来越多的留学生来华学习。针对上述情况,从学校管理手段和教师教学方法两个层面提出建议,以期提高留学生教学质量,使留学生真正成为"知华友华"的使者。

(一)学校行政管理方面的改革

1. 树立跨文化管理服务意识

高校管理者应首先做好角色定位自己,树立正确的管理理念和服务意识。对于中国学者,管理仰视权威,敬重师长;而外国学生更重视个性的发挥。来华留学生管理者不仅作为管理者,也应该是服务者;既要坚持"以人为本",也要摒弃"保姆式"的管理理念。面对来华留学生在语言、文化、生活习惯等方面遇到的困难,管理者应坚持"以人为本",热情服务,这不仅要树立职业的服务理念,更需要奉献精神和人性关爱。同时,也要认识到,来华留学生作为独立的个体,首先是学生,其次才是外国人。来华留学生因学习问题或者违反校规校纪的时候,应该和中国学生受到一样的对待,而不应搞"特殊化",或受到"特殊照顾"。

2. 完善教育管理制度

借鉴国内外留学生教育管理的先进理念和方法,定期参加高校间开展的来华留学管理经验交流。高校应根据实际工作情况,完善并落实相关的管理规章制度,包括招生、教学管理、出入境管理、奖学金管理等各个方面,做到管理有法可依、有章可循。利用有效的手段,如网站、手册等形式,使来华留学生了解这些管理规章制度。除了严格按照规章制度约束和要求学生外,还要经常听取学生的意见和建议,建立良好的沟通和交流渠道,提高留学生管理的服务水平,改进和完善留学生教育管理规章制度。

3. 实行学历留学生的趋同化管理

实现对学历留学生的管理的趋同化与非学历留学生管理的市场化。学历留学生适宜采取在国际教育界中十分流行的趋同化管理模式,将学历留学生全部纳入到本国学生的管理体系当中促进本国学生与学历留学生的交流。高校可以

卓越人才的培养

根据留学生的规模，在学校成立留学生学生会，加强不同留学生之间的相关交流，在确保来华留学生能够更快地融入我国高等教育的环境的同时，有效降低我国高校在进行留学生管理时面临的压力。我国高校在进行留学生管理的工作时，建立起系统的留学生管理机构是提高管理效率的有效方法，分化学历留学生管理工作与学历留学生管理工作，针对性管理。

4. 深入了解留学生

留学生不远万里来到中国，除为了学习更多知识技能外，他们还为了一种中国生活经历与体验。在教学管理中，无论是行政部门还是教学岗位上的教师，都应真正了解留学生的需求。例如，能否适应中国的教学及生活模式，能否与其他留学生和中国学生进行沟通交流等。通过了解留学生的国籍和文化背景，在理解他们差异性基础上，鼓励他们，让他们用更加严肃认真的态度对待学习生活。此外，提高行政效率和教学质量，切实帮助解决留学生的困难，让他们成为中外友好交流的使者。设立留学生认可和接受的奖学金、助学金体系，才能有效调动他们的学习主动性和上进心，从而激发荣誉感。

5. 提高师资队伍素质

为留学生配备专门的教师团队，并积极开展教师交流工作会，使教师针对留学生管理工作中遇到的各类问题进行交流和沟通，从而共同制定有效的解决方案。针对现在全英文授课教师短缺的问题，学校可以从两个方面着手。一是增加对现有教师的专业培养和英语培训。完善教学科研绩效的考核标准，提高教师科研水平，鼓励教师申报省级和国家级科研项目，形成"以研促教"和"以教促研"的良性循环。增加对留学生授课教师的培训，包括教学观摩、教学方法等的培训；增加教师出国学习和英语培训的机会，并提供专项经费支持。二是引进高水平人才，在严把教师入口关的前提下，扩大英语表达能力强、专业素质高的专职老师规模。

（二）教师教学方面的改革

1. 小班单独与中外合班相结合

所谓小班单独上课是指，留学生单独成班，由教师全英文授课。这更有利于教师实施有效教学，提高留学生听课效果。中外合班是指中国学生和留学生合并成一个班，由教师以双语讲解。中外合班的课程主要是给高年级学生开设的专业基础课、通识课及其他互动性强的课程，中国学生一般不能超过留学生的 5 倍；小班单独授课的课程是给高年级留学生开设的核心课和专业课等。这种模式，既考虑到了留学生基础，又可以让中外学生互相交流、开阔眼界。

2. 课堂学习与课后习题相结合

根据留学生的基础，有针对性讲解专业知识。对于重难点内容，放慢速度精讲，甚至反复讲解；对于通俗易懂的内容，放快速度泛讲。经管类课程可以结合跨国公司案例讲解，以提高学生观察和分析的能力。相对于中国学生，留学生习题练习的频率需更高，如"一课一练"或"一周一练"。习题范围必须围绕精讲和泛讲的内容展开。针对精讲内容，精选一至两道习题，以利于留学生课后复习课堂重点内容；针对泛讲内容，以一个案例或习题的方式，让学生锻炼独立思考的能力。

3. 理论讲述与实践探讨相结合

留学生普遍具有较高的课堂互动能力和较强的实践动手能力。结合这个特点，授课过程应增加师生互动环节和仿真实践环节。例如，以课程的重点问题或热门话题为主题，鼓励留学生通过互联网、课外书籍等了解更多知识，然后组织讨论，各抒己见。在理论学习中，尽量将抽象知识形象化、实践化。例如，部分课程中可以将学生分组以代表不同公司，模拟公司运营，重现课堂上讲述的理论问题。

4. 随堂测验与期末测试相结合

中国学生成绩一般会采用平时成绩＋期末考试来评价，而留学生应采用随堂小测验与期末考试结合的方式。小测验的形式可以是提问、辩论、演示或试卷等。一方面，教师可以很及时了解学生对上堂内容的掌握情况和授课效果；另一方面能激发学生的学习热情，鞭策他们紧跟教学内容。这种模式有利于教师适度调整教学内容及方法，以更好适应留学生的学习能力和水平，最大限度地提高留学生教学质量。

5. 运用现代化的教学模式

依靠现代化技术，将各类多媒体教学软件和先进教学方式引入教学中，实现课堂上"文字＋图像＋影像＋声音＋动画"的结合，增加留学生的感性和理性认识，提高学习的积极性。经管类课程涉及诸多来自不同企业的案例，它们既是中国改革开放的成就，也是中国文化教学的一部分。在课堂教学的同

卓越人才的培养

时，通过语言介绍企业文化，还可以加入特色教学内容，如试用企业产品、体验茶道等，激发学生的主动性。当然，这种模式的实现有赖于传统教学条件和教学设施的改善。例如，开放的教室，自由活动的桌椅，投影、音响和幻灯设施等。

参考文献

[1] 陈潇. 面向留学生的计算机专业课程教学探讨 [J]. 科教文汇，2016（9）：59 - 60.

[2] 李宇明. 转变来华留学生教育的观念 [J]. 社会科学报，2016，8（5）.

[3] 王志会，韩巧珍. 来华留学生本科基础课大学化学的教学模式探索 [J]. 教育教学论坛，2016（8）：158 - 159.

[4] 王丹，李林，吉晓光. 高校来华留学生教育培养模式研究 [J]. 高教探索，2016（S1）：160 - 161.

[5] 吴志伦. 来华留学生教育管理的若干问题研究——以重庆大学为例 [J]. 重庆大学学位论文，2010.

[6] 杨军红. 来华留学生跨文化适应问题研究 [J]. 华东师范大学学位论文，2005.

[7] 张玉环，孙传月，郑毅. 文化差异对留学生教学管理的影响及对策研究 [J]. 长春师范大学学报（人文社会科学版），2014（5）：139 - 140.

[8] 张袁月，栾凤池. 高校留学生教育的文化传播价值与策略 [J]. 中国石油大学学报（社会科学版），2016（8）：104 - 108.

基于社会网络的数据结构算法知识可视化教学探索

胡昌龙　谢本合

（湖北工业大学管理学院，武汉　430068）

【摘　要】可视化技术是跟随着计算机技术的发展而发展起来的，它是一种易于学习与使用的新兴技术。大学知识学习过程中需要高效、易懂的方法让学生充分的理解和学习课程内容。本演讲在可视化理论的基础上，设计实现一项基于隐性知识管理与转移的探索，并提供相应的教学环境下的辅助教学系统利于数据结构当中算法和排序等学习教学。

【关键词】可视化技术；知识转移；数据结构；算法排序可视化

一、绪论

（一）研究的背景

在科学与技术高速发展的时代中，随着信息化技术与网络技术的不断创新与发展，人们对于信息数据以及知识的需求也变得越来越高。而随着互联网的发展，如何将其与可视化技术相互连接起来，对于我们生活学习是很重要的。高等教育受益于网络的感性认知、物质与社交行为、主观性与理想化的争议中，从中可以得到，特别是在网络关系中，知识的产生会受到阐述的对象、知

[作者简介] 胡昌龙，男，湖北工业大学经济与管理学院讲师。

识或者其他的影响。在高等教育的过程当中,我们的密集知识的研发活动很少是从社会网络角度来进行分析,有关知识的产生与传播、转移的过程,特别是在有些方面缺乏对知识转移问题的研究以及如何将这些过程用可视化等相关工具与技术进行表示出来。通过使用社会网络分析,可以解决隐性知识在不同组织群体、网络中有关知识转移贫瘠的认识与差距,分析并确定了在不同组织中组织内部知识转移结构与过程。组织内部知识转移能被定义为"一个组织从另一个组织经验中学习的活动"(Easterby – Smith et al., 2008)。组织内部知识转移描述了在某些领域当中,知识在两个或者是在更多知识密集型组织中来进行运动。实质上所谓的知识的转移是在本质上为非正式的,它能显示不同水平之间相互影响程度,知识转移的过程是依赖于描述双向知识转移的相互性。而从社会网络这一角度来分析时,社会网络其实就是社交实体的集合,例如个体、团体或组织,这些实体实际上都是通过链接来交换信息或者是资源的。将社会网络角度的分析应用到知识管理背景中,这有助于识别与分析组织中的知识转移(Anklam, 2002)。这种方式的目的是更好地理解在高等教育中现存的知识转移结构与过程,并因此分析他们的模式。从而将知识的实现过程与转移过程尽可能地通过一定的手段与可视化技术使其变得形象,易懂,有助于对具体知识的学习与传播。

(二) 知识转移可视化研究

无论是组织性较强的或者是链接的不是很紧密的关系的团体当中,隐性知识的研究与分类是由一些研究人员应用类似于"黑匣子"等工具将知识进行分类的。在不同的组织环境即不同的大学教育环境中,高等教育中的知识通过相互性进行产生与交流,那么对与知识转移的相关研究就显得尤为重要。

新西兰的研究部门分析,知识转移在社交网络中的作用,从而有助于在教学过程当中链接不同组织时来应用相应的网络关系。社会网络角度应用到知识管理背景中有助于识别与分析组织中的知识转移(Anklam, 2002)。目标是更好地理解现存的知识转移结构与过程,并因此分析他们的模式。支持机制能够用于干预创建、加强或改变知识转移模式(Anklam, 2002)。社交网络角度在对于正规网络影响方面更为显著(Liebowitz, 2005),如在比较正式网络组织结构中时,通常不能够反映实际的知识转移结构。知识管理的社交网络方面的应用可以被看作一种"推动知识管理新前沿"的手段(Chan & Liebowitz, 2006)。Liao(2011)在评估社会资本在学术研究表现的作用时,社会关系被认为是隐性知识扩散的主要机制之一,在对社会网络分析中,用来评估隐性知识在高校之间的流动。Bozeman和Mangematin(2004)将科研表现与社会资本连接起来,在高等学校,大部分人所认知的是在社会中应该需要更多的技能。Landry等人(2002)讨论了相关社会资本对于决定创新的可能性。

在交流、学习等过程中,不同的关系例如弱关系、中等关系以及强关系都能够对知识转移产生影响,关系强度描述一种关系的强烈程度。当两个行为者交换资源,他们之间便形成了一个能衡量接触频率、相互作用、情感强度与亲密性的一个弱或强关系的方法。相互性的形成是指两个行为者之间已经产生了的联系,这代表了一种牢固的关系,此外,在已证实的研究中也说明了社会网络中相关数据的可靠性,强调了关系强度与知识转移互惠的重要性。

表1　　　　　　　知识可视化与数据可视化信息可视化的比较

	数据可视化	信息可视化	知识可视化
可视化对象	空间数据	非空间数据	人类的知识
可视化目的	把抽象数据以直观的方式表示出来	从大量抽象数据中发现一些新的信息	促进群体知识的传播和创新
可视化方式	计算机图形学、图像	计算机图形学、图像	绘制的草图、知识图表、视觉隐喻等
交互类型	人—机交互	人—机交互	人—人交互

二、可视化技术在教学中应用

(一)可视化技术分类

可视化技术的发展为人们生活学习带来便利,而可视化技术简单来说,即是利用计算机的图形学,和图像处理的技术,它是将数据与信息都转换成为图形或者是图像显示在电子屏幕上,并且可以通过其方法,来进行交流与交互的

卓越人才的培养

技术与的相关理论。可视化技术涉及的领域有很多，例如：图像处理、视觉艺术、计算机的相关辅助设计等。这就是成为一种研究数据挖掘、数据表示、提供决策、教学研究等领域综合性的技术与手段。它可以成为人们用来学习与掌握更多更加复杂性知识的学习工具。将可视化的相关技术应用在各个领域方面，例如，从对原子分子的分析的相关性研究，再到对航天及导弹所发射运行的模拟，这些方面都将离不开可视化技术。在互联网的时代中，网络与可视化技术相互结合，则在互联网中将知识的可视化等技术，在不同的个体，团体，组织等之间传播，这不仅能使得知识得到更好的利用，同时也能够在不断地传播过程中，使知识内涵丰富，并且也能在不同使用者之间的交流中，让技术变得更加完善，使其能够适应不同的应用情景。

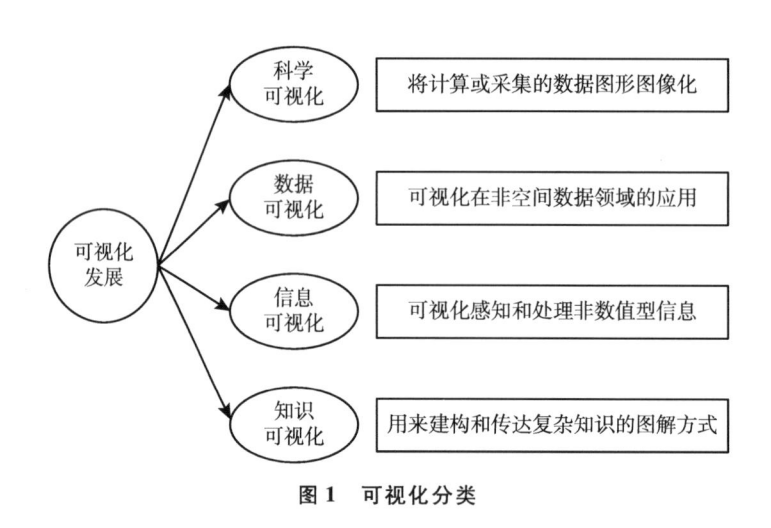

图 1　可视化分类

（二）可视化在算法教学中的应用

在大型的系统设计过程当中，对于数据结构的相关性的选择与设计都将是必不可少的，所设计的系统实现的质量好坏程度，将都是依赖于所选择的设计的相关的数据结构。数据是存储在计算机当中，数据结构是实现相关的数据的存储结构，它无论是用来根据数据结构，去实现算法，还是去根据特定算法，来实现相关的数据结构，从这些当中去选择最优最适合的数据结构都是很关键的。

在数据结构学习过程当中，其实最困难的应当是对于一些算法的学习。由于算法的这一概念事实上是很抽象的且是相当枯燥乏味的，那么在这些课程的教学过程当中，如何有效率地传授与学习算法的难点问题就是如何将那些复杂抽象的各种排序以及算法，使其的抽象与具体的动态变化，通过与之有关联的可视化技术演示出来，这不仅是学生在学习数据结构等课程的方法，也将会是教师在教学当中的方式。而大学是被称为一种知识密集型的组织环境，其中知识流动迅速广泛，所存在的知识的浪费与冗余也是阻碍教师与学生沟通的障碍。所以将课程核心内容用知识管理及隐性知识的传播与连接进行可视化技术来展现出来，所使用不同的技术与方法和分析过程，了解课程知识在教育与学习过程中转移的过程，突出了可视化等有关技术在教学方面的作用。提供学生不仅在学习相关的数据结构的算法排序研究中的基础上，同时利用一系列 HTML5 技术，利用图像动态演示算法过程的方式其具体实现，这实质上是一种用来教学或者学习的辅助工具，这一工作将会对以后的学习与教学过程，产生积极的影响。

三、数据结构算法可视化系统

（一）系统总体描述

在大学知识学习过程中，关于隐性知识管理与转移中各种关系因素的研究分析是大学学习过程中的关键问题，设计一个符合适用在大学教育教学过程中，数据结构有关的算法及排序等演示的教学辅助系统，使学生在学习数据结构等算法排序或者教师教学时能够高效率的理解与应用。在设计整个教学辅助系统的过程中，主要分为几个结构：可视化界面模块、数据处理模块、算法基本程序、动画演示模块及数据调度模块。如图2、图3所示。

在系统设计的过程当中，系统的模型与结构是很关键的一步，他们之间的层次结构，能够影响到系统的整个运行以及利用的效率及适用性。本系统中的五个结构模块，所形成的具体的模型结构层次如图3所示。

卓越人才的培养

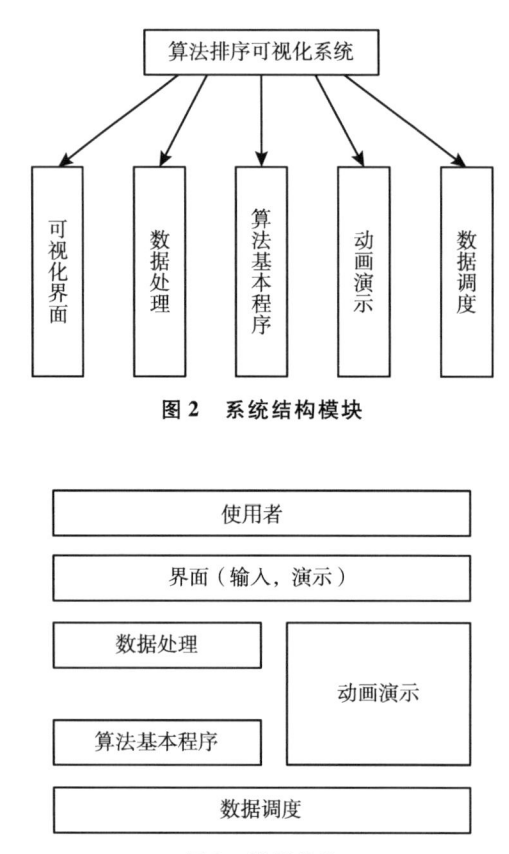

图 2 系统结构模块

图 3 模型结构

（二）可视化界面

可视化界面主要是用来显示算法排序过程中的动画演示，也是人机交互当中和重要的部分。当使用者在界面中选择了相应的演示算法后，通过输入初始的算法数据及选择相应的命令按钮，可视化界面就会生成该算法排序的过程演示动画，以及相应的算法语言解释说明。主要分为五个界面布局模块，使用者进行算法选择，在输入初始数据后进行数据处理，在界面上会出现算法解释，并且也可以根据需要对演示动画进行速度、大小等方面的调整，进行演示的控制。如图4所示。

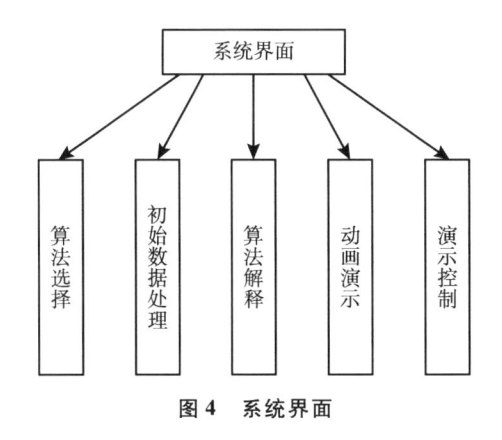

基于社会网络的数据结构算法知识可视化教学探索

图4 系统界面

（三）数据处理

在数据处理的这一结构当中，是作为本系统的一个核心的处理部分。该部分应该具有能对各种数据类型的处理的相关要求，分析不同的数据类型，将对系统中使用者可能使用的类型数据进行设计接口实现，将相关数据及算法等语言进行了封装，在使用算法基本程序的过程中，能够实现及时的调用。该过程如图5所示。

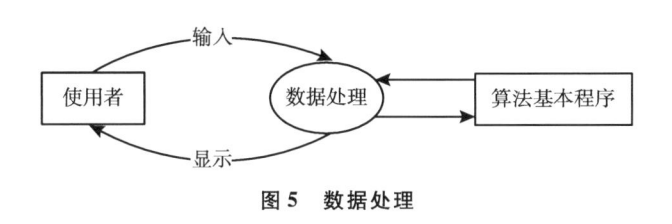

图5 数据处理

（四）算法可视化动画处理

动画处理层面接收核心层面传来的数据，将数据进行转换，将字符或数字等转换成图形图像，在可视化区域当中对使用者显示出来。在本设计中，动画主要是可以改变演示动画的速度、暂停、跳过以及图形图像大小形状。算法基本程序中包含了，在大学学习数据结构过程当中所出现的各种基本的算法与排序程序。该结构通过在数据处理过程中，通过分析使用者所选择的算法类型，调用了相应的算法程序，对数据进行了处理，并将消息传给动画演示接口，实现算法的可视化演示动画。如图6所示。

卓越人才的培养

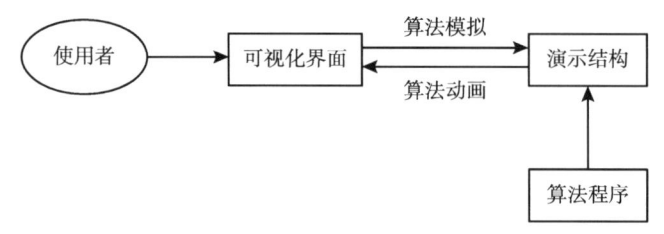

图 6 动画示意

(五) 数据结构可视化系统界面

整个系统的框架模块和功能有了一定设计与分析，采用 JS 等相关脚本语言，利用设计好的基本算法程序，添加相应网页动画演示算法，实现直接在浏览器等 HTML5 网页中，演示本数据结构与算法排序可视化学习的辅助软件。其中包括了常见算法，如链表/栈/队列、排序算法、树、堆/二进制队列、图算法、几何算法、动态规则等，并且在一定的算法功能模块中，会出现语句的解释与说明。通过本系统所提供的可视化平台教师能通过该教学辅助系统，在教学过程中，使难以理解的算法生动形象地展示出来，让学生可以十分清晰地了解到每一个步骤的运算过程，加深对理论知识的理解，有效率的学习。整个界面的分布如图 7

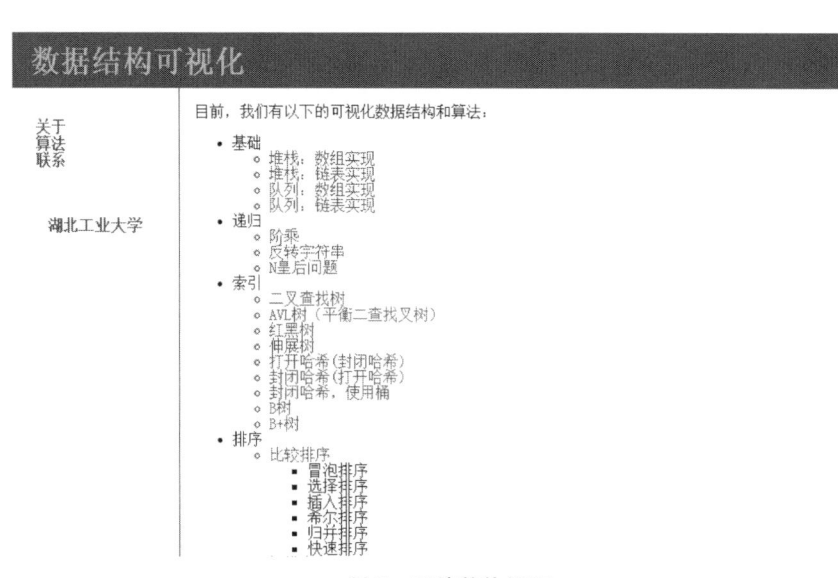

图 7 系统整体界面

所示，大致分为基础、递归、索引、排序、类似堆的数据结构、图算法、动态规划、几何算法、其他。用户可以任意选择算法，可视化显示区域是根据选择的不同算法而呈现出不同的界面，如图 8、图 9、图 10、图 11 所示。

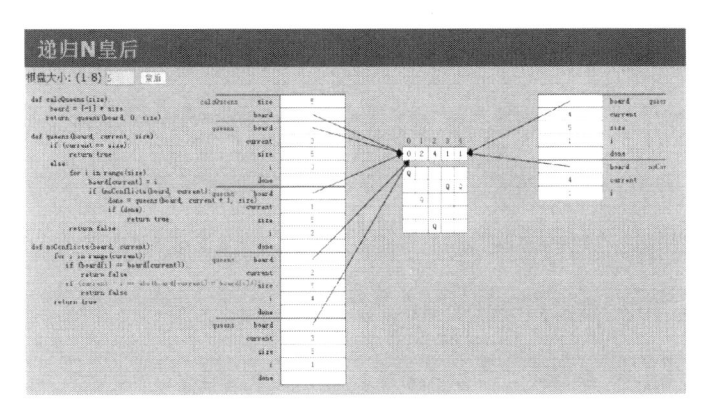

图 8　N 皇后问题

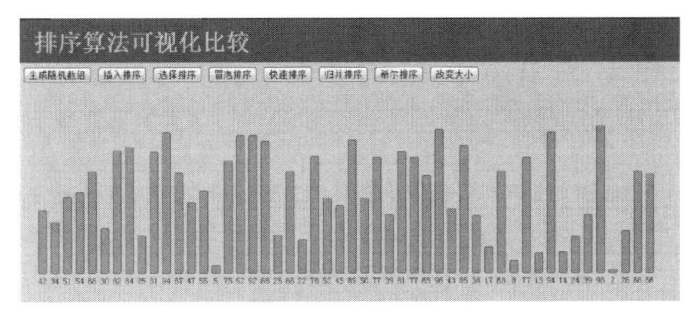

图 9　排序界面

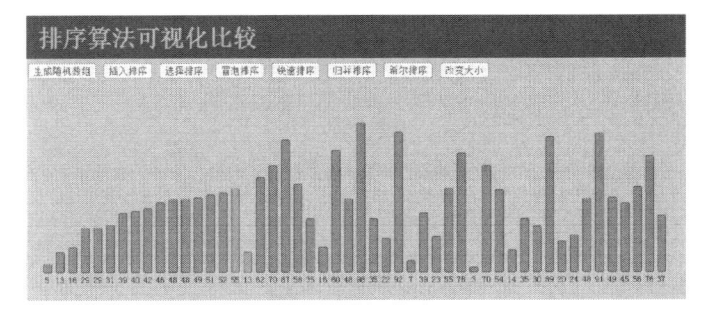

图 10　插入排序

卓越人才的培养

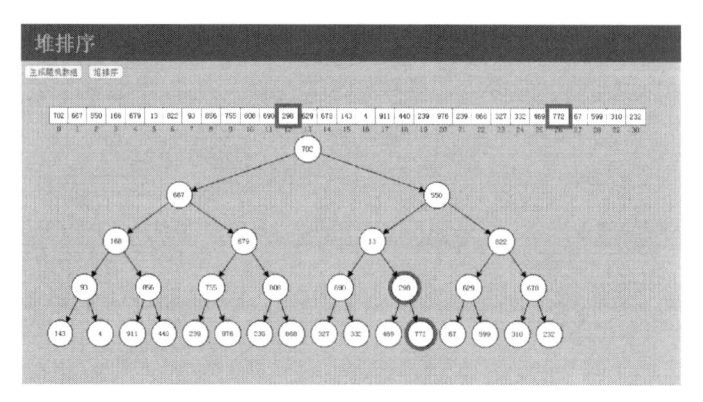

图 11　堆排序

四、全文总结

可视化技术在科学发展的过程当中有着非常重要的推进作用。研究可视化技术中的科学计算机相关可视化技术、数据可视化技术、数据挖掘、信息可视化技术等相关技术有利于其发展。算法的可视化研究，不仅在我们的学习过程当中是很重要的，而且还在生活的各个领域当中都发挥着很大的作用。可以在大量数据中帮助我们理解它们的变化过程，发现其中的复杂规律，并能更好地利用信息。

基于 HTML5 脚本语言，搭建整个框架，并在 HTML5 网页中，根据不同的要求来实现了每一个算法的动画演示。完成了基础算法、排序算法、树、图算法等在数据结构学习过程中很重要的基本算法，这对于今后的教学与学习有一定的促进作用，并且可以根据的环境条件下实现参数的改变，以适应不同的教学及学习环境。

参考文献

[1] 赵洋. 大数据时代背景下的 Web 数据可视化探析 [J]. 中国科技纵横，2013 (24)：49.

[2] 任晓燕，杨水利. 发展中国家企业并购发达国家企业的逆向知识转移影响因素研究 [J]. 科技管理研究，2015 (10)：169 - 174.

[3] 宁南，陈国权，付悦，马菁蕴. 感知的学习导向与个体绩效：个体从经验中学习

的中介作用［J］. 软科学, 2014 (1): 81 - 85.

［4］王婉, 吴泗宗. 基于知识结构的知识密集型服务组织核心能力分析［J］. 科技进步与对策, 2011 (4): 14 - 17.

［5］董朝慧. 图书馆知识转移的情境研究［D］. 硕士学位论文, 山西大学, 2012.

［6］曾晶. Radviz 可视化技术度量模型的研究［D］. 硕士学位论文, 北京交通大学, 2011.

［7］黄志澄. 给数据以形象 给信息以智能——数据可视化技术及其应用展望［J］. 电子展望与决策, 1999 (6): 3 - 9.

［8］张颖. 关于计算机图像处理技术的应用的研究［J］. 计算机光盘软件与应用, 2011 (20): 161.

［9］朱壮华. 算法可视化在数据结构教学中的应用［J］. 山西财政税务专科学校校报, 2010 (12): 72 - 74.

［10］徐海涛. 区位因子可视化研究［J］. 电脑知识与技术, 2014 (1): 191 - 194.

［11］崔慧广. 导师负责制下隐性知识转移的模式及关键因素［J］. 研究生教育研究, 2011 (4): 46 - 51.

［12］李建国, 汤庸, 姚良超, 张文生, 方文崇. 社交网络中感知技术的研究与应用［J］. 计算机科学, 2009 (11): 152 - 156.

［13］欧阳慧. 我国大学本科课堂互动状况研究［D］. 硕士学位论文, 湖南大学, 2013.

［14］宗乾进, 沈洪洲, 袁勤俭. 社会化网络服务研究回顾与展望［C］. 南京: 第十七届海峡两岸信息管理发展与策略学术研讨会, 2011 (9).

［15］赵国庆, 黄荣怀, 陆志坚. 知识可视化的理论与方法［J］. 开放教育研究, 2005 (1): 23 - 27.

［16］傅金枝, 黄世梅. 基于 HTML5 的数据结构算法演示系统的设计与实现［J］. 实验室科学, 2015 (2): 72 - 75.

［17］裴江南, 秦璇, 念闯玲, 董锦霞. 社会网络研究的元分析［J］. 情报杂志, 2010 (9): 33 - 37.

［18］成桂芳, 宁宣熙. 基于隐性知识传播的虚拟企业知识协作网络研究［J］. 科技进步与对策, 2005 (9): 25 - 27.

［19］王秀华. 一种并行的加速 k - 均值聚类方法［J］. 电脑知识与技术, 2013 (18): 4299 - 4302.

［20］李纲, 刘益. 组织间的重叠知识与知识转移的关系模型［J］. 科技管理研究,

2008 (2): 211 -213.

[21] Silke R, Pak Y, Val H. Inter-organisational knowledge transfer in social networks: A definition of intermediate ties [J]. Springer Science + Business Media, 2010 (7).

[22] Iandoli L, Imperiale E, Ponsiglione C, Zollo G.. A regional learning network for developing an innovative entrepreneurship [M]. The 2010 Research Symposium on Marketing and Entrepreneurship. Boston, 2010 (8).

[23] Aldrich H, Herker D. Boundary-spanning roles and organization structure. Academy of Management Review [M]. 1977 (2).

物流管理专业学科体系建设研究

胡 娟

（湖北工业大学经济与管理学院，湖北 武汉 430068）

【摘 要】围绕物流管理专业的学科体系建设展开，制定了物流管理专业的培养目标，提出了物流管理专业的培养要求，构建了物流管理专业的学科体系框架，并对物流学科体系的课程内容进行了阐述。

【关键词】物流；物流管理；学科体系

物流管理是一门综合性学科，不仅要具备广博的理论知识，还需要具备较强的实践能力和创新意识。构建物流管理专业的学科体系，对于高校物流管理专业的教学具有十分重要的意义。

一、培养目标

物流管理专业培养应着眼于物流与供应链领域的高层次和国际化的复合型人才。通过教学计划实施，学生不仅具有坚实的物流与供应链管理专业知识，能够从事现代物流技术应用开发，物流策划，预测，物流系统设计，管理，营运等工作，物流企业的管理，规划，生产，经营和销售，物流服务运输组织，计算机网络技术及物流信息系统开发维护等。而且具有自然科学，人文科学知

[基金项目] 2016年省教育厅科研项目制造业集群情境下物流服务链与制造企业协同发展研究。
[作者简介] 胡娟（1981~ ），女，湖北武汉人，博士，湖北工业大学经济与管理学院，副教授，主要从事物流管理、区域物流等方面的研究。

识和熟练的英语基本技能；并具有发现问题，分析问题和解决问题的创新思维能力；了解一定的现代物流供应链管理理论与方法，系统掌握物流系统工程集成技术并具有一定的综合运用能力。

二、培养要求

掌握物流和供应链管理专业基础知识，具有较全面的人文，社会科学方面的知识，具有较强的理论与实践结合能力，以及社会活动能力，同时有自主获取知识和创造思维能力。专业技能方面有以下几点：

（1）学习物流与供应链管理的基础理论和方法；
（2）掌握现代物流在工商企业和交通运输行业中的作用；
（3）理解社会物流，生产物流方面的知识，并掌握物流系统规划的技术和方法；
（4）运用现代物流相关法规，合理地制订物流运作方案，设备管理和生产组织管理的基本能力。

三、学科体系构建

（一）构建现代物流学科体系的原则

结合专业培养目标，在物流学科体系的建设上，我们必须着眼于拓宽基础、突出创新、注重能力，按照"厚基础，宽口径，强能力，高素质，广适应"的原则优化课程体系，更新教学内容，培养出基础扎实，知识面宽，能力强，素质高的专门人才。

1."厚基础"的原则

重视基础课程是提高人才质量的根本与关键，其根本目的是使学生打好理论知识的基础，把握科学的研究方式方法。它不仅是使学生打好数学、自然科学基础，也要打好人文、社会科学基础，同时要使学生熟悉现代工程与管理所需要的各种工具和基本原理，并通过实验和工程实践培养学生的工程意识和有关技能。在基础课程的内容上要求把握住稳定性和先进性，并在内涵拓宽的同时把握好知识的广度和深度。

2. "宽口径"的专业教育

21世纪的本科的培养目标是具有"大工程观"的"宽口径的专才"和跨学科的复合型人才。因此，在建立物流本科课程体系时，应注意打破学科界限，加强学科渗透，拓宽课程内容的涵盖面。一要抓好一级学科基础，二级学科主干课，跨学科课程的内容建设，经得起社会与实践的考验；二要降低专业重心，安排好专业方向选修课的门数和学时数；三要对专业课内容进行合理设计，使专业方向具有柔性，培养出的高级专门人才具有相对稳定的学科基础知识和较强的社会适应能力即可拓展的专业方向。

3. 体现素质教育的原则

素质教育的目的是培养学生的探索精神和创新意识与创新能力。因此在构建现代物流专业课程体系时，一要考虑"人的全面、充分和自由发展"为本位的特质，在课程中要遵循重逻辑结构又重知识发展的历史过程，既重知识纵向更新又重知识之间的融合和应用。二是要考虑课程的科学人文主义特质。在课程内容设置适应实现自然科学教育与社会科学教育，科学教育与人文教育的整合。三要考虑课程的开放性特质，通过课程的实施发展学生创造性，从而推进社会的进步。四要考虑课程的生产性特质，培养学生采用多种方式发现和抽取信息并在各种观点、方法和技术的冲突和融合中，导向创造性地发现和发明。

（二）物流学科体系框架

组成物流学科的要素很多，国内外过去几十年的深入研究实际上已经涉及了所有这些要素，但是，由于目前的研究缺少对物流学科体系的全面研究。为了探讨物流学科体系的内容，可以首先建立物流学科体系的基本框架（如图1所示）。

图1所示的物流学科体系框架分为四个层次：

第一层：物流学科体系的核心。物流学科体系的核心是物流系统的基本概念，这是由一组最关键的核心概念组成的，这些概念可能还需要很长一段时间才能完善，但是它们是存在的，比如物流、配送、物流中心、配送中心等。要理解物流，必须要借助于这些概念，物流学科体系的所有其他部分都

卓越人才的培养

是通过这些概念来表现并且由此而展开的。这一层是物流学科体系的基本内核。

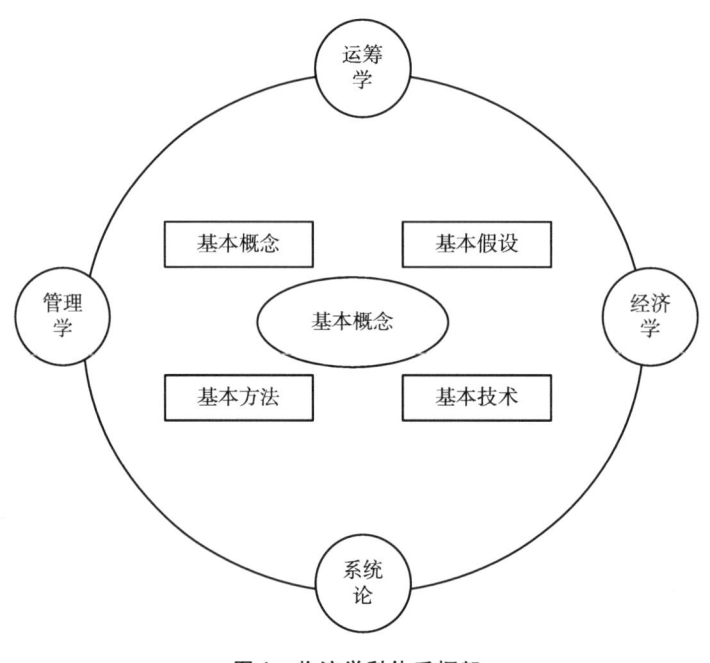

图 1　物流学科体系框架

第二层：物流学科体系的四大支柱。即物流学科的体系的基本假设、基本原理、基本技术和基本方法，这四大支柱与物流学科体系的核心概念一起演绎出物流学科体系的基本框架。物流的核心概念和这四大支柱组成了物流学科体系的主要理论。这一层是物流学科体系的基本内含。

第三层：物流学科体系的理论基础。物流学科的建立，本身依赖于其他已经成熟的学科作为自己的理论基础，物流理论就是在这些理论的基础上发展起来的，这也是物流与其他相关学科联系的具体反映。不过，与物流相联系得学科很多，他们本身分为不同的层次，与物流学科构成最紧密联系得理论主要有四类：系统论、运筹学、经济学和管理学。系统论提供物流学科的最根本的思维方法和逻辑；运筹学提供实现物流系统优化的技术和工具，它是系统论在物流中应该用的具体方法；经济学提供物流系统资源配置的基本理论，物流系统的资源配置服从经济学的假设、原理和规律；管理学提供物流系统具体运作的基本假设、原理和规律。以上四类代表四个理论体系：系统论代表系统论、系统工程、价值工程等；运筹学代表高等数学、线性代数、线性规划、概率论与数理统计等；经济学代表宏观经济学、微观经济学等；管理学代表管理学、营销学、组织行为学、战略管理等理论，这些理论是物流学科体系的理论基础。除了这些理论以外物流学科体系还以其他一些学科理论为支撑，但其他理论同这些理论相比，与物流学科理论体系的距离要远一些，因此作为第四个层次。

第四层：物流学科体系的相关学科。现代物流的运作和管理都依赖于现代化的技术手段和条件，研究这些技术或手段的学科就成为物流学科体系的相关学科，如电子、信息类学科对现代物流的作用越来越显著，这些学科对其他许多学科都起类似的作用，因此作为物流学科的相关学科来处理。

以上四个层次形成的物流学科体系框架与供应、制造、流通和消费四大环节具有紧密的联系，因为物流活动发生在供应、制造、流通和消费的所有环节，所以，物流学科的研究对象就是供应、制造、流通和消费活动中的物流问题。

（三）物流课程体系内容

根据物流专业的培养目标和原则以及物流学科体系的框架，物流的课程体系主要包括以下四个方面：

1. 基础课程体系

基础课程为专业基础课和专业课服务，重点培养学生的科学与文化素养，提供专业学习的方法和工具，调动学生的主动性和自主性，使学生具备探索、学习新知识的基本能力。因此主要包括的课程内容有：语言，自然科学与高等数学，社会科学基础，工具类基础。

2. 专业基础课程体系

学习专业基础课使学生对本专业的性质、专业结构及基本理论和方法有较全面的认识，为后期专业课的学习提供理论和方法。在设置课程是要阐明本学科的典型内容，有助于学生理解本学科基本结构的内容，演示本学科研究方法的内容，有利于学生最广泛的、最全面地理解世界的内容，便于学生在已有知识的基础上展开想象的内容。因此，主要包括的课程内容有：管理理论与经济类，系统方法类，计算机应用类，物流理论类。

3. 专业课程体系

突出物流专业特点，强调物流、经济、管理、计算机应用等几个方面的有机结合，使学生初步掌握物流管理专业知识，具备一定的物流科研与管理能力。主要包括的课程内容有：国际物流、采购与供应管理、物流运作、物流战略、物流系统、运输系统、物流分析、仓库与终端管理、配送管理、供应链管理、供应链实施与策略、资源管理、货物运输、运输系统规划与分析、物流运输与配送管理、运输系统工程、物流与运输管理等。

4. 选修课程体系

选修课程的设置应充分体现物流跨学科，多学科交义的特点，构建相关学科的支撑框架，使学生更具自身特点和能力学习，满足学生不同需求和兴趣。主要包括的课程有：经济学、数学、信息科学、管理学、系统科学和人文科学以及哲学学科领域相互的交叉学科等。

四、结论

物流管理专业培养应着眼于物流与供应链领域的高层次和国际化的复合型人才，通过专业的理论和实践培养，力图让学生掌握物流和供应链管理专业基础知识，具有较全面的人文，社会科学方面的知识，具有较强的理论与实践结合能力，以及社会活动能力，同时有自主获取知识和创造思维能力，在物流学科体系的建设上，我们必须着眼于拓宽基础、突出创新、注重能力，按照"厚基础，宽口径，强能力，高素质，广适应"的原则优化课程体系，更新教学内容，培养出基础扎实，知识面宽，能力强，素质高的专门人才。

参考文献

[1] 刘芳，朱伟. 改进高职院校物流管理专业教学方式的探讨 [J]. 教育与职业，2014，3 (8).

[2] 黄立君. 高职院校物流管理专业教学中存在的问题及对策 [J]. 怀化学院学报，2009 (7).

图片教学法在国际贸易专业学科概论课程中的应用

李 平[1] 白孝忠[2]

(1. 湖北工业大学经济与管理学院,武汉 430068;
2. 湖北省循环经济研究中心,武汉 430068)

【摘 要】在国际贸易专业学科概论课程当中,激发处于懵懂的大一新生的学习积极性和兴趣非常重要,这有利于学生形成对专业结构的整体印象,包括专业发展历史沿革、专业定位与特征、学科前沿、培养方案、专业学习方法、就业技能与素养等方面内容。通过图片教学法这种创新教学方式应用,并结合传统的教学手段,能形象生动地让学生回顾以往抽象的教学内容,可以培养学生独立的专业学习思维,促成新生对专业的认可。

【关键词】图片教学法;国际贸易专业;学科概论;大一新生

一、创新性教学方法在学科概论课程应用中的意义

为了让大学新生了解国贸专业内涵特点、专业与社会经济发展的关系、专业涉及的主要学科知识和课程体系、专业人才培养基本要求等,帮助学生尽快形成对国贸专业的系统性认识,同时满足其了解相关专业内涵和发展趋势的要

[基金项目] 本论文受到了湖北工业大学教研项目"校企'双导师制'国际贸易创新型人才培养模式及实践研究"(编号:2013035)的资助。

[作者简介] 李平,男,1985年生,博士后、副教授、硕士生导师,湖北工业大学南湖学者学术骨干。主要研究方向:技术经济与创新管理、贸易可持续发展研究。

求，在大一新生学期开设了国际贸易专业学科概论课。学科概论课虽然课时安排较短、学分较少，但其重要性不言而喻，具体表现在：对学生兴趣培养、专业整体认知、办学条件认可、学生职业前景规划等。然而伴随着大学教育由精英教学向大众化教育的转变，专业越设越多，门类越分越细，国际贸易专业与其他专业之间竞争激烈程度越来越高，这对初来乍到的大一新生，的确是一个挑战，加之"90后"新生好奇心和个性化较强的特点，如何强化其对大学专业的认知，促成其心态的稳定，因而在国贸专业学科概论课堂上采取适当的教学方法创新有一定的时代性和必要性。

二、图片教学法的优势与主要特点

图片教学法即通过简要的符号，浓缩的文字，线条（箭头）等构成特有的图文式样，形成板书、电脑课件等有效施教的教学方法，其是图示教学方中的一种，该教学法能够展现抽象的"思维"过程，使讲解有所依据，思考有所指向，教师教得轻松，学生学得愉快，是一种科学且高效的教学方法。在实际教学环节其优势体现在：

首先，汉字作为象形文字，经过长期的演化，在形体上逐渐由图形变为由笔画构成的方块符号，因此中文汉字与图片有着紧密的联系，同时汉字演化过程中本身就促成了诸多的艺术表达形式，比如毛主席特有的书法艺术，因此对于图片这种形象在新生教学过程中并不会让其显得陌生，学生可接受程度高。其次，图片类的事物极易引起同学们的联想，激发其学习的兴趣。图片作为学生认识世界的良好载体，尤其是色彩鲜艳的各式图片，对大一新生的感官刺激较强，再加之图片所赋予事物的鲜活性和真实性，非常便于学生理解记忆，产生深刻印象。在国际贸易学科概论教学过程中，借助于图片法能很好地展示该专业内涵、特点及发展趋势，促成学生对专业认知的态度由不知所措向内心笃定转变。最后，图片式教学法能简化教学内容。在国际贸易专业教学过程中，若能借助于图形，能够在较短时间内达到教学的基本目标，学生满意、老师轻松。关键的一点还在于图片教学有助于强化学生的形象思维认识，并借助该认识有效承接诸如国际贸易理论与国际贸易实务等国际贸易学科主干课程体系，引导学生初步形成一个完整的学科印象，进而学科概论教学工作达到事半功倍的效果，学生的专业认同感亦较强烈。此外，结合其他教学方法和手段，学科概论课程中引入图片式教学法能够丰富课堂教学内容，最大化激发教师和学生的主动性。在国际贸易专业学科概论课堂内容选取上，可以尽可能选择最能调动学生创造性和积极性的教学方式进行教学，使学生在浓厚的学习兴趣和积极的求知欲中学习，在主动探索中培养国贸学生的创新意识。图片式教学通过联系教学内容创设一定情境，较方便激发学生的创造性思维。采用图片教学法，教师在课堂上不再是自编自导自演的寂寞演出，大学新生也不再是一脸茫然或是心不在焉的观众，教师和学生能够通过图片教学法更多地参与到学科概论教学实践中来，更多地融入课堂教学。这也同样会使课堂教学更多地充满趣味性、自由性和开放性，这符合学科概论教学特点，更符合"90后"国贸新生的性格特点。

三、图片式法在教学过程中的具体实践应用

国际贸易学科概论课程性质为通识教育必修课。这门课程面向大一新生开设，重点介绍本专业的重要性、历史沿革、培养目标、课程体系、学科方向及领域、学科发展及前沿、学习方法、专业素养的培养和就业前景等。教学目的与任务是培养学生的专业意识，明确学习任务，了解和适应大学的学习方法，提高学习的针对性、目的性和自觉性，在专业学习和实践中形成较好的专业素养。该门课程的教学安排如表1所示，供参考。

表1　　　　　　　　国际贸易学科概论课程内容安排

章节	教学内容	授课学时
第一讲	国际贸易的作用与国际贸易学科的地位	2
第二讲	国际经济与贸易学科专业的沿革和现状	2
第三讲	国际经济与贸易本科专业的培养目标及课程体系	2
第四讲	当前国际贸易研究的热点问题	2
第五讲	回顾	2
第六讲	学习方法	2

卓越人才的培养

续表

章节	教学内容	授课学时
第七讲	专业规划与就业	2
第八讲	专业素质的培养	2
合计		16

备注：该课程内容仅供参考，具体根据年度教学安排和新变化可做适当调整。

按照每周2学时的教学计划，前四周学生学习完了前4讲的内容，初步明确了专业学科定位、学科内涵、学科特征及学科热点，第4讲课堂上布置任务要求学生就前述内容进行针对性温习，第5~第8次每次课中将采取课堂讨论的形式回顾往前所学知识要点，具体到第5次课中，即使用了图片教学方法促成了班级大讨论。具体过程如下：①在备课环节，针对前述课程内容收集整理40张左右的图片，图片采集自百度图库，选择大尺寸或者特大尺寸，保证图片清晰度和适度大小，内容选取上有人物、动植物、生活器具、交通工具、抽象画等，具体可包括西装革履的商务人士、玛丽莲·梦露、巴塞罗那足球队主场、航空和海港、海关制服、国际经济组织标志、互联网计算机、迪士尼书包、NIKE、通信设备、美元等，并利用A4纸张打印；②课堂内容设计上，承接前述课程内容首先讲述大学教学的特点、对比大学与高中教育的不同，引导同学们先行回顾前述课堂内容，计划5分钟；③开始图片法教学讨论。第一步，拟定讨论环节的主题，请同学们围绕"国贸专业是什么？""国际贸易专业学习内容是什么？"开展自由讨论工作，计划耗时3分钟；第二步，配发图片。请同学们以3~4人自由组队，尽量邻桌，选取组长和发言人各1名，并请每组安排成员从40张图片中随机抽取1张，亦可以根据自己第一印象进行抽取，计划耗时3~5分钟；第三步，各小组自由讨论。请组长和组员根据图片内容，围绕评论主题开展自由式讨论，老师随机加入部分讨论组，或者参与旁听或者进行知识引导，并要求每组安排书记员进行讨论结果记录，此外老师在课堂上提醒学生注意课堂秩序，并告知自由讨论结束后将随机抽取几组同学进行发言，计划耗时20分钟；第四步，学生踊跃上台发言。经过图片式教学法课堂设计、学生提前温习及本次课堂充分参与，综合而言全体小组都表现积极，且均能依照拟定主体开展自由畅想，整个课堂严肃且不失活泼，既系统承接了前述课堂的学习内容，也引起了学生就余下课程内容的兴趣，实现了很好的教学效果，具有一定的推广价值，计划耗时50分钟，如针对迪士尼书包的图片，经过小组热烈地讨论，结合前述课程学习，学生能谈及该图片反映的"知识点"有文化贸易、知识产权保护、国际分工体系、对外投资、国际商务交往、自贸区建设、国际货币体系等相关内容，其他小组成员则补充有跨界电商平台、进出口报关、走私、反倾销、关税配额等课程内容，如针对美元图片，同学们能想到国际货币体系、人民币的国际化、国际贸易规则、国际资本流动、跨国经营、国际经济组织、国际结算与支付等内容；最后，教师针对同学们自由讨论和发言情况进行即时总结，并就部分内容进行补充和拓展。

四、关于图片式教学法应用中的几点思考

（1）教学班级规模要适度，保证良好的教学秩序和教学氛围。图片式教学方法作为一种创新性教学方式，非常强调同学们的互动性和参与性，另外还要维持较好的课堂秩序，因此授课班级规模不宜过大，结合近年在16级及17级国贸专业和国英专业的教学实际来讲，1~2个班级较为合适，事实上专业学科概论课作为专业通识课，授课对象一般以同一专业学生为主，比较符合这个特点。

（2）要结合使用其他适用的教学方法，保证教学方法的多元性。为了充分发挥图片式教学方法，使得大一新生能通过图片的具体化来理解国际贸易专业较为抽象的专业学科知识，需要提前安排同学们参与前述课堂知识的温习，这个工作做得越好，后续课堂效果就会越好，这也就是目前广受认可的教学方法——对分课堂重要的一个环节，事实上，除吸收对分课堂教学方法的理念以外，该次课堂还需要引入启发式、头脑风暴、新媒体等教学方法，此外教学过程中也不能一味地求新，而忽视常规教学手段和方法。

（3）关于图片选择，保证所选素材的相关性和价值观的正向性。图片法教学中的一个重要工作就是图片的挑选和整理工作，虽然在具体操作过程中，为发挥新生自由想象的空间，不需要特意选择内容过于"死板"的图片，但是仍需要确保选择的图片内容是积极向上的，能传达正确的价值观信

息,此外,图片要清晰、不宜过大或者过小、数量上也需要根据班级规模进行确定。

(4)方法应用过程中教师和学生的定位要准确,保证最大可能激发师生的主动和积极性。虽然图片教学方法能充分调动新生学习专业学科概论的积极性,老师在课堂上的工作似乎是减轻了,但实际而言课堂整个流程对教师掌控课堂的要求更高,包括课堂内容的设计、教学素材的甄别收集、讨论环节课堂秩序的把握等,总体来讲授课教师是一个规则的制定和引导者,当然,教师的引导亦要"有所为,有所不为",尽可能保证讨论方向正确,具体讨论过程不过多干涉,保证探讨的同学有自由的空间。

(5)图片式教学法的应用领域可以进一步拓展。图片式教学方法所具有的具体实在性、新颖性、灵活性等特点,也可以尝试在专业学科基础及部分专业课程教学中进行使用,在此过程中学生通过公共课程的学习,已经打下了良好的学习基础,然而至于国贸专业课程体系的理解认识依然处于模糊零散状态,因此为加深学生就专业学科体系的整体认识,可以在部分专业基础课程中引入图片式教学方法,提升学生形象思维能力,强化其印象和认识,影响到学生的学习态度及对专业的认同感。

参考文献

[1] 黄莉静,闫佳,张光华,仇晶. 大类招生背景下信息类"学科概论"课程的教学探索 [J]. 河北青年管理干部学院学报, 2013 (3): 51-53.

[2] 费祥历,同登科,孙清滢,吕巍然. "数学学科概论"课程建设的实践与体会 [J]. 高等理科教育, 2007 (5): 56-57, 60.

[3] 杜玉春. 大一新生入学适应相关问题探析 [J]. 思想教育研究, 2009 (S2): 177-180.

[4] 李霹. 图片教学法提高高中物理教学有效性的行动研究 [D]. 华东师范大学, 2015.

[5] 熊静. 英语课堂图片教学法研究 [J]. 科技信息, 2011 (18): 164.

[6] 陈高龙. 图片教学法在经济史教学中有效应用的探究 [C] //江苏省教育学会. 江苏省教育学会2014学术年会优秀论文集. 江苏省教育学会, 2014 (5).

[7] 吕峰. 图片教学法在历史与社会课堂教学中的运用 [J]. 文理导航(中旬), 2011 (4): 37.

[8] 王钰玲. 放飞形象思维的翅膀，图片教学创造美好殿堂——谈图片教学法在小学英语启蒙教学中的创造性作用 [J]. 小学教学参考，2014（30）：47.

[9] 张学新. 对分课堂：大学课堂教学改革的新探索 [J]. 复旦教育论坛，2014（5）：5-10.

数理金融双专业复合型人才培养模式探索

李 琼

(湖北工业大学经济与管理学院,湖北 武汉 430068)

【摘 要】 数理金融双专业实验班是湖北工业大学探索多元化人才培养模式的重要尝试。通过不断探寻"专业+工具"的复合型人才培养模式,已经形成了比较完善的培养方案。但在实施过程中仍然存在诸多问题,从师资队伍、教学方法和教学组织方式等方面提出了实现培养目标的措施。

【关键词】 数理金融;双专业;培养模式

一、数理金融双专业在我国的发展

大学培养复合型人才主要是通过让学生修读不同学科专业的知识来实现的。美国培养复合型人才的主要做法有两种:一是直接设置跨学科专业的课程修读,二是实行双学位和主辅修制。国内复合型人才培养,基本上是在两个或多个专业间进行的,即通过让学生学习两个或多个专业的核心课程,成为复合型人才。

现代金融业脱胎于传统的宏观金融,侧重于微观的理性操作,对数学的需求越来越大,该领域复合型人才的培养有三种模式。

其一,高校开办理学类专业时突出数理工具在金融领域的运用。如中央财经大学数学与应用数学专业开设了经济学、金融学和金融数学等课程,突出其

[作者简介] 李琼,湖北工业大学经济与管理学院副教授。本文受到湖北工业大学教学研究项目的资助(项目编号:校2014088)。

金融数学的研究方向，南通大学和武汉理工大学在统计学专业下设金融统计方向，授理学学士学位，湖北工业大学理学院统计学专业也非常重视统计工具在金融领域的运用。

其二，开设金融数学专业。2012年教育部颁布实施的高校本科专业目录中，金融数学（020305T）成为特设专业，授经济学学位。根据2014~2015年中国本科教育金融数学专业大学竞争力排行榜，在22所开设金融数学专业的高校中，广东金融学院、西交利物浦大学、济南大学、山东财经大学的竞争力居前，北京大学直接设有金融数学系，并于1997年设立了国内第一个金融数学本科专业。

其三，开办双学位试验班，学生修读金融学和统计学（或数学）两个专业的核心课程，成为双专业复合型人才。武汉大学国际数理经济与数理金融试验班较早践行该模式，其教学模式和课程设置更是成为一种标准的参照系。随后，大量综合类高校和财经类高校都设置了类似的双学位班（如中国人民大学、西南财经大学、华中科技大学），学生毕业时根据所修学分可获经济学学位或理学学位或者理学和经济学双学位。

由此可见，各高校数理金融专业的人才培养模式各有特色，各不相同。与传统金融学和数学以及统计学专业的人才培养模式相比，数理金融专业的人才培养模式是一个崭新的方向，各高校都在结合自身特点进行摸索和改革。

为进一步深化教育教学改革，提高人才培养质量，遵照湖北工业大学提出的"721"人才培养的指导性意见，学校按照"金融＋统计"双专业复合型人才培养这一模式，于2014年开始在金融学专业下开设数理金融双专业实验班，学生毕业时获经济学和理学两个学位。

二、培养方案设计

1. 制订培养方案的指导思想

（1）突出自身特色。

其一，专业性与复合性相结合，突出复合性。本专业依托湖北工业大学经、管、理、工、文、艺等六大学科的综合发展优势，突出经济学、管理学、理学交叉渗透的特点，把学生培养成厚基础、宽口径、重应用的复合型金融统

卓越人才的培养

计人才。复合型人才培养的课程体系由三部分构成：一是经济学与金融学基础理论与实际操作知识板块；二是数学分析思想和分析工具应用板块；三是运用数学分析工具解释经济现象。

其二，学术性与应用性相结合，突出应用性。紧扣金融学的实践应用性，大力开展实践教学，培养具有较高理论素养的应用型人才。

其三，创新性与务实性相结合，突出务实性。通过金融模拟活动以及举办和参加投资模拟交易大赛等，激发学生的创新创业意识，培养学生的创新创造能力。

（2）厘清培养思路，重点培养两种能力。

金融学专业的学习目标是解决风险度量、风险控制和管理、金融衍生品设计和定价以及投资效益优化等各种问题，数理金融专业的最终学习目标是能够应用数学工具和统计方法解决这些金融问题。应用是目的，数学建模是解决金融问题的工具。因此，培养学生的数学建模能力和统计分析能力至关重要。通过数学建模把金融问题转化为数学问题，把金融实务和数学科学联系起来。加强学生对现代数学方法的学习和运用，同时加深学生对现代金融市场基本概念的理解，提高对金融实际的认知能力。实际金融问题中经常需要处理大量数据，运用统计分析方法能够在庞大复杂的数据中找出有用的信息，强化统计分析能力就能提高利用计算机解决金融实际问题的能力。

（3）凸显双专业融合性。

双专业复合型人才培养的重点和难点是双专业知识的交叉融合。只有确定融合点，并围绕融合点设计培养方案，才能使学生将两个专业知识真正融合，扩宽学生思维能力。从国内外大学复合型人才培养的培养理念来看，都是希望学生通过多学科知识学习，培养学生多角度思考问题的能力，实现不同学科思维方式的有机融合。因此，要实现复合型人才培养，需要在双专业培养方案设置多门知识复合型课程。在实践教学环节中，设置跨专业综合实践教学环节和毕业设计。只有通过课程复合、实践环节复合和复合型毕业设计，才能实现真正意义上的专业复合。

2. 培养目标

结合湖北工业大学的办学实际、办学定位以及市场需求等情况，确定数理金融双专业的培养目标为：培养具有国际视野，能系统掌握金融理论知识和数学分析工具，接受严格的数理金融思维训练，具有较强的创新意识和社会适应能力，具有在与金融相关的领域从事实际工作的基本能力，具有深厚理论功底、精湛专业技能、良好综合素质和优秀人格品质，善于从事市场调研、分析，能在金融、证券、投资、保险、统计等经济部门、科研部门和政府部门从事经济分析、经济统计、经济建模、金融产品设计、风险管理等工作的复合型人才。

上述培养目标可以细化为四项具体目标。①专业能力目标：具备较好的金融实务专业技能，能运用金融学专业基础理论、方法和专业技能解释并解决金融领域的问题；②管理与团队合作目标：具备一定的管理知识及组织能力，能以团队观念实施项目开发及运行；③综合素养与职业规范和终身学习与可持续发展目标：具备良好的综合素养与职业规范；④创新意识与国际视野目标：具备较好的创新意识、终身学习能力、可持续发展理念和国际视野。

3. 课程体系建设

培养目标要求学生必须对经济和金融系统有深刻的理解，对金融理论和金融工具以及它们之间的关系非常熟悉。同时，还要求学生具有定量分析和熟练运用计算机的能力。那么我们在课程设置上就要全方位多角度的考虑，不仅要让学生具有扎实的基础理论知识，还要具有综合分析和实践能力。

根据这样的思路，我们将专业课程分成以下四个模块：

（1）数学和统计学基础理论课。除了高等数学、线性代数、概率论与数理统计等公共数学课程外，还包括空间解析几何、常微分方程、数学实验、实用回归分析、数学建模、数值计算方法、抽样调查、多元统计分析、随机过程等工具类课程。

（2）金融经济类理论课。主要包括管理学原理、经济法、微观经济学、宏观经济学、计量经济学、政治经济学、会计学原理、货币金融学、财政学、国际贸易理论与实务、金融市场学、保险学、投资银行业务、公司金融、证券投资学、商业银行经营与管理、财务报表分析、国际金融、风险管理、个人理财学、中央银行学、金融专题讲座、项目评估。

（3）重点交叉专业课。与单一专业教育相比，复合型人才所要掌握的双专业知识之间的关系不仅仅是双专业知识间的"你中有我、我中有你"，更重要的是在于这两种专业知识间的"彼此交融，相互促进"。所以，设置双专业融合型课程，诸如运筹学、博弈论与信息经济学、金融时间序列分析、定性资料分析、数理金融、保险精算学等。

（4）实践课程。实践课程主要包括三个层次。第一层次是金融模拟实验模块，按照金融业的运行模式进行实际操作，包括商业银行综合业务模拟、证券投资实务模拟、财务报表分析综合实践、风险管理综合实践和股票投资模拟实践等。第二层次是数理金融实验模块，加强学生数理分析能力，包括数学建模综合设计和多元统计分析综合设计。第三层次是综合应用模块，提高学生解决问题和实际动手能力，包括学年论文、毕业论文、认知实习、毕业实习、假期社会实践等子模块。实践学时占总学时的20%以上，实现了实践教学环节四年不断线。

三、培养方案实施过程中存在的问题

1. 学生学业负担过重

数理金融双专业的学生要获得经济学和理学两个学位，不仅需要修满金融学的175个学分，还需要完成50个理学学位学分，共计225个学分。按照每学分16学时计算，大学四年中需要完成3600学时。相对于单专业学生来说，数理金融双专业的学生的学习任务多800学时，平均每学年多200学时，每学期100学时，相当于多出2～3门课程的学习量。根据调查，该专业每天的课业任务都比较重，在有限的不上课的时间里，还需要完成大量的课后练习以及老师安排的其他作业，留给学生自主安排的时间非常有限。学生被困在课堂上，更无暇去参加其他社会实践活动。

2. 课程体系有待完善

湖北工业大学的数理金融双专业是以金融学专业为主修专业，统计学为辅修专业而形成的，所以在课程设置及实际教学过程中，往往只是单纯地进行金融理论教学或者数学基础课程的教学，而忽略了两者之间的有机内在联系，失去了数理金融专业应有的融合双专业的特色。同时，由于教师专业能力和实习实训条件的限制，在课程设置上更侧重于理论教学课程，实习实践环节的设置比例偏少，仅有35个学分，尤其是复合性实践环节设计不足，这不利于对学生实践工作能力和综合分析能力的培养。

3. 缺乏复合型教师

数理金融作为一门新兴的交叉学科，内容涉及基础数学、统计学、金融学和计算机等学科的知识，对专业教师个人的知识面和实践动手能力要求都比较高。目前，该专业的任课任务主要由金融系教师承担，理学院教师鲜有参与。教学师资队伍的教育背景有的是金融学专业，有的是经济学专业，有的是应用数学专业，而真正毕业于金融数学、数理金融或者保险精算类专业的教师少之又少，而且绝大部分教师都是从学校到学校，从理论到理论。这就导致专业教师不能全面系统地熟悉数理金融专业的理论知识，甚至缺乏金融实践经验的现象，不能适应金融业快速发展对数理金融双专业教学的需要。以数学建模为例，该课程的开设难度较大，因为课程要求灵活运用知识，并涉及更广的知识面，这就对承担数学建模课程的教师的综合素质提出了更高的要求。但数学系教师大多毕业于高校的基础数学专业，他们对数学建模过程中必然会涉及的金融、工程技术、材料及环境等学科领域的知识知之甚少，计算机应用能力也有欠缺。金融系教师大多毕业于金融学或者经济学专业，他们对数学建模过程中的数学推导过程和统计软件的运用也一知半解。

四、培养方案的实现途径

1. 加强师资队伍建设

数理金融专业任课教师普遍存在理论与实际脱节以及两个专业脱节等问题，需要加强师资队伍建设，增加"双师型"教师比例，确保理论与实践教学的有机结合，增加"复合型"教师比例，确保金融学和统计学的有机结合。首先，要加强教师业务能力。具备一定数量的有较高业务能力的专业教师是搞好数理金融双专业本科教学的一个先决条件。针对湖北工业大学教学师资的现状，可以采取"引进来"的方式，通过从国内外大学引进一批该专业的著名教授或者优秀博士毕业生来充实专业教学队伍和科研队伍。同时，引进国外该专业领域的先进教学理念、教学模式、教材等教学资源，然后结合国内金融市场发展的具体情况加以改造。其次，通过"送出去"的方式，打开教师视野，将缺乏实践经验的中青年教师安排到金融机构进行专业实践的锻炼，并有计划地抽调专业教师采取挂职、顶岗、培训、调查等方式到机构进行实践锻炼，并

卓越人才的培养

将一部分具有较好数理基础和英语基础的中青年教师送到国外该领域一些著名大学去集中交流学习一段时间。当然，还可以通过与国内外同行定期召开讨论班、研究会等形式及时了解该领域最新前沿发展成果，交流教学心得，为数理金融本科教学奠定基础。通过这些措施，为该专业的可持续发展提供了师资力量。

2. 改革数理金融教学方法

数理金融双专业本科专业的学习任务重，知识体系庞杂，要达到良好的教学效果，实现培养目标，需要改革教学方法，激发学生学习兴趣，切实提高学生实践动手能力。

首先，以学生为本，要使学生在兴趣中学习。通过结合实际的教学，使得学生逐步养成关注实际，对新信息和新事物具有敏感性的思维方式；通过采取以教师讲授为主、学生讲授为辅的教学方法来调动学生的学习积极性；加强参与式学习，通过小组讨论的方式鼓励学生表达自己的想法；通过鼓励学生参与网上模拟交易，将学习到的金融方法具体应用到生活当中；通过邀请金融行业的人力资源负责人对有兴趣从事金融行业的学生进行模拟面试，让学生更加清楚课堂中所学专业知识的重要性。

其次，加强实践教学环节的设计，偏重实践运用。现有的培养方案强调了实验内容的多样性和综合性，并设置了股票模拟、银行模拟等金融实验，形成结构合理、特点突出的数理金融实验体系。但由于诸多因素的制约，综合性实验项目有限，实施过程中效果也差强人意。要切实提高实践教学环节的效果，需要做到以下三点：①重视数理金融实验室建设。数理金融专业涉及一些较为深奥的金融模型的理论知识，以解决风险管理、资产定价、投资组合等实际问题，这要求该专业的学生具有很强的数学建模能力和使用数学软件及各类统计软件解决实际金融问题的能力。软件和数据库是数理金融实验课程顺利开展的前提和保障，在数理金融实验室的建设上，必须摒弃重硬件、轻软件的传统思想，使软件在数理金融实验室的建设上要有重要的地位。②落实学生实习环节。认知实习和毕业实习是数理金融专业教学计划的一个重要组成部分，通过实习可以提升学生行业适应能力和专业综合素质，提高就业竞争力。要让数理金融本科毕业生在短期内能够适应用人单位上岗需求，学校或者学院要与银行、保险公司、证券投资公司、金融咨询分析部门建立长期的业务互动交流机制，通过员工培训、业务讲座、学生实习等形式与金融实务部门建立良好的关系，实现双方的共赢。③建立本科毕业论文双导师制。数理金融双专业的毕业论文既不同于金融学专业纯粹的定性描述，也有别于统计学专业纯粹的定量分析，而应该用数理模型作为工具，统计数据作为对象，分析并解决现实的金融或者经济问题。这无疑加大了毕业论文的指导难度，指导教师由于专业所限也很驾驭。这就需要具备金融学知识和具备数理分析能力的教师共同合作，才能指导学生完成一篇优秀的本科毕业论文。

3. 采取灵活多样的教学组织方式

数理金融双专业的课程具有交叉性、复合型的特点，内容有一定难度，要让学生完全掌握所讲的内容，需要采取多种教学方式。首先是答疑制度和助教制度。相关课程给教师规定一定的答疑时间，教师可以根据实际情况的需要为学生讲解习题、补充内容或者回答学生的问题，同时每门课程还安排一定数量的年轻教师或者研究生担任助教，每周与学生进行交流沟通，解答学生的疑惑，这样学生学习的渠道就比较畅通，收获也较大。其次是业界互动交流制度。对于应用性较强的课程，可以聘请一批既有理论知识又有实践经验的专家为学生授课，比如《保险精算》《投资银行业务》等实践性较强的课程都可以采取这种方式组织教学，也可以聘请资信公司或者信用评级机构的专家为学生专题讲授 Matlab 金融学工具箱的应用。同时，可以聘请实务界精英来学校与学生进行互动交流，听取他们对专业课程教学的建议和对学生学习的要求，加强学生对实务工作的深入理解，促进学生理论与实际的紧密联系，提高学生的业务适应能力。

此外，数理金融双专业本科生学业任务重是一个不争的事实，积极探索双专业学分制，切实减轻学生负担，仍是今后需要继续研究的方向。

参考文献

[1] 杨刚，张鸿雁. 金融数学本科专业教学现状及对策分析 [J]. 当代教育理论与实践，2014（8）：76-78.

[2] 刘永辉，方勇，沈春根. 金融数学专业人才培养模式的改革与探索 [J]. 上海金融学院学报，2012（5）：114-120.

[3] 崔崇芳，严峰. 双专业复合型人才培养模式问题与思考 [J]. 航海教育研究，

卓越人才的培养

2011（4）：43－45.

[4] 许立，钟恩升，吴爱萍，华菊翠. 双专业复合型人才培养模式重构研究 [J]. 高等农业教育，2010（8）：65－67.

[5] 顾锋娟，徐爱民. 数理金融专业课程群体系与教学模式构建的思考 [J]. 科教导刊，2015（7）：112－114.

基于课程目标导向的经管类专业《统计学原理》教学改革探讨

李文新

(湖北工业大学经济与管理学院,湖北 武汉 430068)

【摘 要】 论文针对传统统计学教学中存在的问题,结合近年来湖北工业大学经济与管理学院教学改革实践,从夯实理论基础、强化实践技能和提升综合素质三个层次科学设定统计学课程的知识目标、技能目标和素质目标,并从课程内容整合、教学方法及学业评价方式改革等角度探索课程目标的实现路径,为兄弟院校的课程教学改革提供借鉴与参考。

【关键词】 经管类专业;课程教学目标;教学方法;学业评价方式

一、引言

统计学作为研究数据处理方法和技巧的应用科学,在社会经济领域和自然科学领域都有广泛的应用,无论宏微观经济主体——政府、企业及个人的决策行为都离不开对海量数据信息的获取、甄别和应用。统计学知识已渗透到经济社会的方方面面,与人们的工作生活息息相关。对经济管理类学生而言,无论在校学习期间还是未来工作过程中,数据的收集、整理、计算、分析及推断估计方法都应是必备的技能。基于上述现实状况,《统计学》已被教育部列为财经类专业的十大核心课程之一,也是经济管理学院所有本科专业必修的学科基

[作者简介] 李文新 (1970.12~),女,湖北工业大学经济与管理学院教授,经济学硕士。研究方向为公司财务和小微金融。

卓越人才的培养

础课。本课程以经济管理理论为指导，通过统计调查获取客观数据，运用专门方法对数据进行加工、整理、计算和分析，以揭示客观现象的数量特征和发展规律，进一步利用样本信息对总体数量特征进行统计推断，为经济决策提供科学依据。本课程以《管理学原理》《概率论与数理统计》《微观经济学》《宏观经济学》等课程为先修课程，也为进一步学习其他专业课程提供数据分析工具和方法。

二、经管类专业《统计学原理》课程传统教学中存在的问题

（一）教学目标层次单一，体系不科学

教学目标设定上未能充分体现统计学的学科性质及在经管学科体系中的重要地位，未充分考虑经管专业学生的文化基础、认知能力及经管类专业人才综合素质及职业能力培养要求，教学目标设定层次单一，更多关注的是学生知识层次教学目标，较少考虑能力和素质目标。导致授课时侧重理论知识灌输，忽视实践能力培养和综合素质提高。偏离了新时期高校人才培养的总体目标。

（二）理论教学与实践教学脱节

主要表现在：一是在学时分配上理论课时远高于上机实践课时；二是课堂教学中重视理论讲授，忽视上机实践操作，理实一体化教学模式应用欠缺，割裂了理论和实践教学的有机统一。导致学生动手计算能力、统计软件操作能力及解决实际问题能力相对较低，未真正达到通过统计学课程学习提高数据处理效率和解决实际问题能力的目的。

（三）教学方法手段有待改进

一是限于教学资源等客观条件，以大班授课为主，影响了师生互动的广度深度和教学效果；二是偏重于以老师为中心、以教室为中心的灌输式传统教学模式，忽视学生自主学习和创造性学习能力的培养；三是以理论讲解和例题分析为主，结合实际的案例教学和角色扮演等教学方法应用较少。大量深奥理论

和复杂公式一定程度上加剧了文科出身学生的畏难情绪，不利于提升学生的学习兴趣和积极性。

（四）学业考核方式落后，考核指标体系不科学

传统学业考核模式下，考核指标为平时成绩和期末卷面成绩的加权平均数。平时成绩简单以考勤和课外作业为主，点名考勤难以解决出工不出力的难题，课外作业抄袭现象严重。传统分组讨论或大作业难以克服搭便车行为，而以一张期末考卷定终身的考评方法过于强调单一分数，割裂了分数和能力、过程和结果的辩证统一关系，忽视了知识获取和知识应用的统一，导致学生平时听课不认真、作业抄袭、考前突击、考后忘记的现象。

针对上述现实问题，必须在科学设定《统计学原理》课程教学目标的前提下，不断探索和改进教学方法手段及考核方式，以保障课程教学目标及经管专业人才培养目标的实现。

三、科学合理设定经管类专业《统计学原理》课程教学目标

鉴于绝大多数经管类学生均为非统计专业学生，因此与统计专业的教学目标应体现出差异性。本课程着重从经济管理学视角介绍统计学的基本概念、基本理论、基本技能和基本方法。通过学习，使学生了解统计学基本理论，掌握基础知识和基本技能，并能利用统计学相关指标及数据处理方法分析解决经济生活中的实际问题；通过对SPSS、EXCEL等统计软件的上机实训，提高学生利用软件进行数据分析和处理的能力，为后续学习深造和科学研究奠定坚实基础。

在培养"顶天立地"人才的总体目标指引下，课程教学应同时重视学生战略思维和实操能力的培养，因此，统计学课程教学目标制定应体现夯实理论基础、强化实践能力（技能）和提升综合素质的层次性，依次设定为知识目标、能力（技能）目标和素质目标三个层次，各层次目标具体内容如下：

（一）知识目标

知识目标要求通过本课程教学，帮助学生理解和掌握教材中的基本概念、

卓越人才的培养

基本理论和基本计算方法。主要包括：第一，领会统计学的学科性质，在经管学科中的基础地位和工具作用，把握描述统计学和推断统计学的两大内容体系。第二，理解掌握统计学中的重要概念术语，如总体、样本、总体参数统计量、均值、标准差、发展速度、增长速度、统计指数、假设检验、方差分析、相关系数、回归参数等；熟悉我国经济生活中常见的统计指数和国民经济核算指标。第三，掌握数据的搜集、整理、计算和分析方法。明确数据的直接和间接来源，领会普查、统计报表、抽样调查等调查组织方式；掌握数据分组、分配数列编制及统计图表绘制方法；熟练掌握静态数据分布特征的描述方法，包括集中趋势及离散趋势指标的计算及分析方法；熟练掌握动态数据变化特征的描述方法，包括动态数列描述指标的计算方法及统计指数的编制方法。第四，掌握统计推断的基本方法，主要包括总体均值和成数的区间估计方法；掌握假设检验中假设的构建方法及检验方法；掌握相关系数及回归参数的计算方法，会进行简单线性相关和回归分析；掌握利用最小二乘法配合的直线方程进行预测的方法等。

（二）能力目标

这一层次目标重在培养学生的实践动手能力，会利用统计学相关指标及数据处理方法分析解决经济生活中的实际问题；通过对 SPSS、EXCEL 等统计软件的上机实训，提高学生利用统计软件进行数据分析和处理的能力，为后续学习深造和科学研究奠定坚实基础。具体包括：第一，培养学生对数据的搜集、整理、计算和分析能力。如通过统计调查方式搜集第一手数据，利用纸质、电子和网络资源收集第二手数据的能力；对原始数据的甄别、数据分组、绘制统计表格和图形，对第二手数据的再加工能力；静态和动态数据描述指标的计算能力及对客观现象的数量特征和变化规律进行定性定量分析；第二，培养学生的数据预测推断能力，提升逻辑思辨能力和思维的缜密程度；第三，培养学生利用所学理论知识解释和认知社会经济现象的能力。如通过数据分布特征描述指标的学习解释我国人均收入的分布特征，客观认识城乡收入差距、行业收入差距及成因等；第四，培养和提升学生统计软件应用能力，通过统计软件操作演练提高学生对数据信息的利用程度、处理效率和处理质量。

（三）素质目标

素质目标是人才培养和课程教学目标的最高层次，旨在通过课程的理论学习、实践探索提升学生综合素质。如通过情景教学和师生互动等培养学生积极思考、善于动脑、主动学习、创造性学习的能力；通过课程大作业——统计调查问卷设计、实地调查、数据分析等任务培养学生社会认知、人际交往和动手实践能力，培养吃苦耐劳、诚实守信、坚韧不拔的意志品质；通过分组讨论、合作完成大作业等教学活动培养学生沟通能力、团队意识和合作精神；通过对纸质或网络第二手数据的搜集、甄别和利用，培养学生尊重他人劳动成果、遵守学术道德规范的意识及严谨踏实、实事求是的工作作风；通过对抽样推断、假设检验中相关理论的深入解读，培养学生缜密的逻辑思维和推理能力等。

四、积极探索经管类专业《统计学原理》课程教学目标的实现路径

（一）整合和优化教学内容使理论教学和实践教学有机融合

近年来湖北工业大学经济与管理学院统计学课程采用自编教材《统计学原理》（上海财经大学出版社，2014年6月第3版），主要章节后附录均有专门的EXCEL上机操作指导书。理论课程讲解相关例题时，在介绍原理、公式内涵及手工计算方法基础上，同时演示如何利用EXCEL软件进行数据计算和处理，并适时邀请同学上台合作完成，利用公式手工计算需要半小时左右才能完成的题目，利用统计软件的函数功能在分秒间得出结果，既降低了学生对复杂公式的排斥和畏难情绪，也极大地调动了学习兴趣和积极性，达到提高数据处理能力和运算效率的目标。对SPSS、EVIEWS等软件仅做简单介绍，以开阔学生视野，满足少数有科研要求同学的需求，但不作为上机考核内容，从而使有限的课时发挥最大效用。

（二）知识、能力和素质目标并重，不断改进和创新教学方法

为保障课程教学目标的实现，在教学组织方面，尝试突破传统的理论教学为主的授课方式，广泛采用任务驱动教学法、案例教学法、情景教学法、演

教学法、实训法等，调动学生学习积极性，提高课堂参与度；采取理实一体化教学，在理论传授的同时，突出动手能力培养，通过课余问卷调查等大作业形式激发学生自主和探究性学习的积极性，提高数据收集和整理能力。通过上机实训等实践课程形式，提高学生对包括 EXCEL 在内的统计软件的应用能力，提高数据处理效率和质量。如在统计指数这部分内容教学中，通过我国股票价格指数二十几年来涨跌变化的小案例，引导学生在理解和掌握指数内涵及编制方法的基础上，进一步了解我国的股市行情，认识资本市场的变化规律，增强学生认知和解释社会经济现象的能力；结合 CPI（消费价格指数）的内涵、样本篮子及构成、计算方法，启发引导学生思考讨论 CPI 对日常生活的影响、为什么官方公布的 CPI 数据与我们感受的数据有差异等。在假设检验一章的教学中，通过组织学生对社会影响极大的内蒙古自治区"呼格吉勒图冤案"的讨论引导学生领会司法实践中"有罪推定"的危害及贯彻"疑罪从无"的重要性，从而使学生更加深刻地领会如何控制假设检验中犯"第一类错误"和"第二类错误"概率，提升学生的逻辑思辨能力。

（三）充分利用新媒体资源实现线上线下教学的互通融合

一是充分利用新媒体，拓展教学资源，为开阔学生视野，在本课程教学中为学生提供了国家统计局、湖北省统计局、世界银行、国际货币基金组织等国际国内重要组织的官方网址，推荐国家统计局局长、总经济师等官员和经济学家的文章，便于学生查阅相关数据资料、了解最新的统计法规和理论前沿。二是通过 QQ、微信、邮件等形式进行互动答疑，对课后与老师联系密切、表现良好的同学酌情提高平时成绩。

（四）探索多元化和累进式的学业评价模式

1. 合理确定平时成绩构成提高实践能力和综合素质在平时成绩中的比重

全面综合学生的出勤情况、课堂表现（听课态度、课堂谈论、集体及提问回答问题）、下课前快速测试、课后作业、上机操作、课后与老师在线互动学习等情况测定平时成绩，使平时成绩的构成内容更加多样化，考核指标更加科学合理。特别值得一提的是统计学上机操作环节，8 课时安排 4 讲内容，老师讲解演示后，指导学生自己上机练习，最后一次课每位同学都必须通过由老师指定项目的上机考核,且记录一次平时成绩,此举极大地调动了学生上机操作的积极性,很多学生课余还通过QQ向老师切磋和请教,少数优秀学生上机演示时还在老师提供的方法之外、探索了全新的数据处理方法,既提高了实践动手能力和探究性学习品质,也使教师体会到了教学相长的欣喜和乐趣。

2. 以下课前快速测试推进考勤制度改革

传统点名考勤费时费力,无法根本解决出工不出力的问题,特别是大班教学情况下,更有学生冒名顶替代答到的情况发生。由于教学资源的紧张,统计学原理实行大班教学,面对100多人的大班,点名考勤需耗费大量时间精力,相对本已紧张的课时,实乃奢侈之举。为此,笔者采取了在下课前快速测试的方式取代传统的点名考勤,课堂快速测试用于课堂结束前5~10分钟,测试内容是与该次课教学相关的知识,可以是某个重要公式、对例题的举一反三,也可以是学生最受启发的某种教学方法、领会最深的一个知识点或尚不清楚的知识点,目的在于以书面形式加强师生互动、了解学生对本次课堂内容的掌握情况、提升学习效果。一次快速测试可谓一举两得,既考察了学生对本次课重点知识的掌握情况,同时也根据测验记录了一次考勤,旷课的同学将损失惨重。此举极大地调动了学生的学习积极性,往常下课前几分钟有些坐不住蠢蠢欲动的现象消失了,取而代之的是埋头苦想、奋笔疾书,下课铃响也浑然不觉。

3. 在期中考核环节尝试以实践大作业代替传统纸质考试

统计学开设目的主要在于教会学生收集、整理、计算分析数据并据以进行统计推断的能力,数据收集方法和技巧是统计工作的逻辑起点和重要环节,为检验学生课本知识的掌握情况、提高实践动手能力,本学期统计学原理的期中考核为结合所学统计调查知识,针对大学生关心的问题(如课余兼职、就业与考研、考证、恋爱观等)设计一份高质量的调查问卷,5~6人为一组,分工协作,由组长记录各位成员的工作量,避免"搭便车"行为。从大作业回收情况看,绝大多数学生都能认真对待,投入大量时间精力,还有一些学习小组印发调查问卷,在湖工校园范围内进行了实际调查,有些小组利用网络平台进行问卷调查,扩大了调查对象的范围,并对回收的资料进行整理和数据分析,真正提高了分析解决实际问题的能力,超额完成预期任务。

卓越人才的培养

参考文献

[1] 刘洋，李小龙．经管类专业统计学实验教学模块设计探析［J］．电脑知识与技术，2015（5）：130－131．

[2] 李文新．多层次立体课堂会计教学体系的构建［J］．财会月刊，2013（12）：113－115．

[3] 李荣，舒晓惠，吴晓勇．应用型本科院校经管类专业《统计学》实践教学的探索［J］．教育教学论坛，2016（8）：158－159．

我国"一页开卷"考试模式分析

刘 洋 王德发

(湖北工业大学经济与管理学院,湖北 武汉 430068)

【摘 要】 教育是民族发展的起点,而考试作为检验教育成效的手段,在教育的发展史上,对人才的选拔也起着尤为重要的作用。随着教育形式与内容的纵深发展,对考试形式的改革呼之欲出,传统的闭卷考试难以适应如今人才选拔的评判方式,而从国外引入的"一页开卷"的考试模式虽在国外如火如荼地进行,但在中国的普及度却一直不高。本文着重分析了我国"一页开卷"的现状和普及度不高的原因,从而提出了一系列解决措施,希望通过优化考试方法,更好发挥考试的功能,引导学生树立因课程而异的多元学习方式和正确的考试观,努力促进高等学校教育体制的改革与发展。

【关键词】 一页开卷;创新;考试方法

一、引言

我国是一个考试大国,考试对社会的影响也是多方位的。如今,随着教育形式的多样化发展,创新考试模式以适应选拔新型人才的手段成为当务之急。我们需要更加理性科学的思考和认识考试的地位和作用,理解考试形式对于当代大学生学习方式的引导作用,及其对于大学生考风考纪、品德建设中发挥的

[基金项目] 湖北省高等学校省级教学研究项目(项目编号:省2011265)研究成果。
[作者简介] 刘洋,女,经济学博士,副教授,硕士生导师。主要研究方向:金融资产评估。

不容小觑的作用。所以笔者认为创新考试模式，引进优秀的考试形式，但也不轻易否定过去的考试形式，对于今后高校教育改革和学生发展都大有裨益。

传统形式的考试模式主要包括开卷和闭卷考试。闭卷考试模式限制了学生的思维方式，同时易产生舞弊等违反考风考纪的行为；而开卷考试容易让学生产生偷懒的心理，不利于学生对知识的牢固掌握。"一页开卷"的考试模式源于国外，又叫"半开卷"考试，它是介于开卷和闭卷之间的一种考试形式，学生在考试时只准携带一张 A4 大小的纸入场，纸上记录的内容及其容量没有特殊限制，但只能手写不能复印。考试结束时，该纸连同考卷一同上交，这张纸上记录的内容也将被阅卷教师作为打分的一项参考（或者考试成绩的一部分，根据具体情况，取值可占总成绩的 20%～40%）。考试期间如发现考生的这张纸为复印件或打印稿，或者考生夹带其他纸条，或者与其他同学交换记录纸，仍将以作弊论处。

不同地区对改考试方式的界定略有不同，欧美国家的"一页开卷"考试形式更为灵活，学校会根据每门课程的难易程度，在开课前就做好课程说明，规定该门课程的考试方式，有的要求学生只准带相关字典进入考场，有的要求学生只准带手写的纸张进去。经研究调查，该考试模式早在 2003 年就被引入中国，而且大多数教师与学生都认为"一页开卷"考试模式利大于弊，但十多年过去，该考试方式仍未得以普及。笔者认为，该考试未被普及的原因也反映出我国高校教育体制的僵化，亟待改革。

二、"一页开卷"考试模式的现状与问题

很长时间，学生仍是为了考试而学习，为了及格而考前几星期恶补，旨在改变大学生的学习方法，树立正确考试观的"一页开卷"也成了学生们减轻考试负担的一种工具，无论是学生还是老师，都对"一页开卷"这一考试模式存在理解和操作上的误区。

（一）学生方面

（1）了解这种考试模式的学生很少，大学生们仍经历着传统的开卷或闭卷模式。学校仍墨守成规，疲于改革考试形式，而这样的后果就是学生的学习

积极性不如从前，学习是得过且过，知识掌握得十分不牢固。

（2）了解此考试模式的学生，大部分都将其当成一种减轻考试负担的方式。更甚者直接将同学整理好的A4记录抄一遍，并没有自己的复习总结，只求过关，学生扭曲了这一环节，"一页开卷"原本的预期效果大打折扣。

（3）希望采取这种考试方法的学生认为题型主要应为记忆类。但事实是"一页开卷"的考试模式主要题型设计是灵活无标答的题目，借此学生更能学以致用，通过整理这一张纸，提高学生的归纳总结能力，而答卷上灵活的题目更能减少考试形式僵化对学生思维上的束缚与限制。

（二）教师方面

（1）大多数教师也并不了解"一页开卷"这种考试模式。国内许多教师或沉浸于自己的项目研究或安于现状或有着怕麻烦的心理，并未从学生长远发展的角度出发，对于高校考试制度改革仅仅是纸上谈兵，有着只说不做的务虚心理。

（2）部分教师认为这种方法会助长学生考试的投机心理。中国教育制度的潜在导向性，使得学生产生了唯分数论的思想，正是受这种思想和心态的驱使，大学生群体中产生了更多的考试投机心理，更多关注的是最终的考试成绩而不是自己从学习中学到了什么。同时，因为部分教师对"一页开卷"考试模式理解并不深入，部分老师和学生有着"重结果不重过程"的相似心理，由此造成了误解，从而阻碍了"一页开卷"考试模式的发展和深入。

（3）认同这种考试方法的教师也很少在现实教学中使用这种方法，并认为这种方法在出题及评价方面有难度。由于老师需保证一份试卷的及格率，需设置一些基本保底的题目，而这一点和"一页开卷"考试模式中要求灵活性相悖。同时，对于一页A4的纸张的评判主观性较大，难以通过一个更加客观的标准去评判这一页纸的好坏。

三、"一页开卷"考试模式难以普及的原因分析

1. 高校对及格率的要求

由于高校对老师教学评估方面经常涉及及格率的要求，例如，不及格率控

制在20%以下等,这种规定在某种意义上对老师出题产生了极大的束缚,会导致老师出相对简单的题目或给学生划定细致的考试范围等问题。在实施"一页开卷",老师出题无法完全以考核学生是否将知识内化为标准,必须适当出一些记忆类题目以及选择题,以保证一定的及格率。由此触发了学生的投机心理,认为"一页开卷"中的A4纸可以作为变相为小抄,大部分考试内容可以在纸上找到,这样会使学生完全依赖这张纸,并且通过相互复制以及其他方式来达到考试投机的目的。这种行为既扭曲了总结知识、内化知识的环节,也违背了"一页开卷"的初衷,最终使考核效果无法达到,也打击了老师的积极性,使"一页开卷"的考试模式难以持续下去。

2. 重结果、轻过程的教育导向

中国教育制度的一个潜在导向,亦是传统考试模式的导向:忽略过程,注重结果。这种导向使得部分学生长期以来养成上有政策下有对策的惯性思维,即使变革考试方式,他们依旧试图逃避规则的约束。规避作弊行为,需要奖惩制度的配合,而如今高校缺乏相应的制度机构进行有效监督考试行为。最后,树立诚信的过程需要各方的配合,更需要长期的坚持,这些正是现在所要落实的。

3. 考试方式的界定问题

在中国,"一页开卷"考试模式缺乏明确的界定,更缺少科学的指南,在这个背景下,我国高校大多数采用传统的闭卷考试方法,这种约定俗成的方式操作简单,灵活性小,它被学生老师所普遍接受,但正是这种方式使学生缺乏发挥空间,太过于强调死记硬背压抑了学生的创造力,更无法科学地考核学生的掌握情况。而"一页开卷"的考试方法,在缺乏科学化指南的情况下,它自身弹性较大的优点也成为教师们的难点,老师面对这种方式手足无措,不知道如何出题,以至于教师无法有效实施这种考试方式,更不敢做出尝试与探索。

4. 缺乏激励机制

我国现阶段各高校教师的职称评定是由科研水平决定的,教师收入分为两部分:基本工资与项目经费,职称不仅决定基本工资,而且职称越高越容易拿到项目,然而,在教研方面,即使教师投入再多,也无相应产出,无形当中对老师发展方向形成了导向作用:重科研、轻教研。缺乏激励机制导致老师缺乏动力去采取一些新的考试方法以促进教学质量的提升,"一页开卷"模式也无法推行。

5. 没有主动推广这种考试方式的有效主体

虽然大多数教师与学生认同这种考试方法，但通过分析我国国情，发现"一页开卷"考试方式的推行，没有行之有效的推行主体。

在教师方面，虽然教师们认为这种方法对教学质量有促进作用，但由于缺乏激励机制使其缺乏动力，教师个体能力有一定局限性，同时，也认为在考试方面的投入大于产出，在精力花费的同时却没有相应的回报，和评职称也无太大关系，也没有大规模推行这种考试方式的权利。

在（高校）教学主管部门方面，首先由于主管人员并非一线教学人员，认识不到推行这种考试方式的迫切性，再者这种方式的效果在短期并不明显也无法衡量，也是他们缺乏动力去推行。

在教育主管机构方面，中国现今教育方面问题太多，在精力与财力有限的情况下，他们更倾向于去解决大家目前最为关注且熟悉的问题，而对于"一页开卷"这种新的考试模式，它需要一个长期的过程去探索，更需要耐心与勇气去等待，目前更缺乏证据去支撑这种模式是很有效的，对于这种长期性且未进入大家关注视野的方面，他们也难以去推广。

"一页开卷"考试模式的推行需要多方配合，需要除了学生和教师这两大主体外，更需要教管部门的相关支持，一起推动"一页开卷"考试模式的深入发展。

四、解决措施

1. 帮助学生认清现状

当今社会，学历社会逐渐转变为能力社会，在激烈的大学生就业市场上，迫切需要真正掌握专业知识的人才，而非一个毕业证书。大学生们应认识到大学学习的意义，用知识充实自己的头脑，摒弃"唯分数"论的观念，在内化知识的过程中完善自己，不断加强自我总结归纳的能力，让"为自己而学，而非为了考试而学"的观念深入人心。

2. 对考试模式进行详细界定

汲取国外大学经验，对国内各类考试模式进行详细界定，并在课程开始之初使学生与教师达成共识，设置详细的课程说明和考试形式。对于"一页开卷"考试模式，规定其最终评定依据学生在A4纸上的整理，考试成绩以及平时成绩，并在课程开始之初对课程安排做一个详细说明，并界定清楚一页开卷的详细要求，如纸张大小等，但主观意识上的东西无法完全消除的同时，尽可能地增强客观评判度。

3. 加强诚信制度建设

学校应加强诚信制度的建设，加大对舞弊的监控以及惩罚力度，学校可采取末名淘汰制等形式约束学生行为，规整考风考纪。

4. 完善激励机制

高校减轻或取消及格率的限制，给予老师在教学上的更大的自由。同时校方也应转变观念，对教师发展方向的引导采取教研科研并举的方式，使对教师的评价机制多元化，并对教师在教研方面做出的创新探索，采取新的考核模式，给予精神及物质上的奖励，并将成果纳入职称评比的考核标准之中。

5. 设立试点，探究效果

教育主管部门可在我国某些高校设立"一页开卷"考试模式的试点，在长期中探索这种考试模式的效果，并在获得一定成果证明后，在其他高校进行推广，由点及面，使这种方式更具说服力与推广力。

参考文献

[1] 阴其俊. 考试中的素质教育——"一页开卷"考试方法的研究及实践 [J]. 化工高等教育，2003（3）.

[2] 夏风林. 浅议高校"一页开卷"考试形式 [J]. 高等工程教育研究，2003（4）.

[3] 于影，周欣. "一页开卷"考试模式引发的思考 [J]. 佳木斯大学社会科学学报，2005（9）.

[4] 刘德林. 高校课程"一页开卷"考试浅析 [J]. 中国电力教育，2012（11）.

[5] 戴家干. 从考试到评价：教育改革的时代任务 [J]. 中国高等教，2007.

[6] 王术，陈振武. 大学考试作弊的原因分析与对策 [J]. 高等农业教育，2008（8）.

[7] 沈建东. 勿让"半开卷"考试将考试作弊"合法化" [J]. 科技信息，2013（9）.

[8] 汪继红，文芳. 论高校课程考试价值及其价值缺失 [J]. 威宁学院学报，2007（10）.

[9] 陈丹. 开放教育引入半开卷考试的实践与思考 [J]. 教育考试，2009.

[10] 桂建兵. 对改革高校课程考试若干问题的思考 [J]. 湖南商学院学报, 2005 (8).

[11] 翟爱良, 张良成, 周翠玲, 王萱, 张耀军. 把考试改革作为教学改革的切入口——土木工程专业结构设计类课程考试改革的研究与实践 [J]. 高等农业教育, 2005 (10).

借助在线课堂实现翻转课堂模式在留学生教学中的应用研究

彭 廷

(湖北工业大学经济与管理学院,湖北 武汉 430068)

【摘 要】 随着中国经济的外向性进一步凸显,来华留学生教育已经成为我国高等教育体系中的重要组成部分。由于来华留学人员的背景相对复杂,如何促进留学生课程教学质量的提高是目前留学生教育的研究重点。本文通过比较留学生教学与普通本科教学的差异,探讨了借助翻转课堂的教学模式和理念改善留学生课堂教学效果的方法以及可能遇到的困难,并尝试提出解决困难需要关注的要点。

【关键词】 留学生教学;在线课堂;翻转课堂

随着中国经济和科技的持续发展,越来越多国际留学生前往我国的高等院校学习和进修。特别是在中央提出"一带一路"发展战略之后,来自中亚和非洲地区的学生占比进一步提高。提高留学生教育教学水平对我国高校发展的重要性也逐步凸显。

湖北工业大学自2011年开始招收来华留学生,但事实上为了与国际实务与学术的发展接轨,自2004年开始学校已经着手对部分课程的授课体系进行了"双语"改造。统一采用最新的英文原版教材,同时参考国外大学的教学大纲设计教学方案,平时作业、辅助阅读资料、课后练习及考试均使用英文。

[基金项目] 湖北工业大学教研项目(2014029)。

[作者简介] 彭廷(1980~),男,湖北工业大学,讲师,金融学博士,研究方向公司金融。

课堂授课逐步由中文为主英文为辅，发展到以英文为主、辅以少量中文解释。2012年，在双语教学体系的基础上为留学生开设了全英文授课的专业课程，并选派具有海外留学经验的专业课教师进行讲授。在近年来对经管类留学生的专业课教学实践过程中，大多数主讲教师都体会到留学生教学与对中国学生的教学有非常大的区别。用传统针对中国学生的教学模式和方法讲授留学生课程，教学效果差异巨大。如何根据留学生的学习特点和学校现有的师资教学条件，引入新的教学手段和教学模式，改善留学生课堂的教学效果，是我们着力研究的重点。

一、留学生教学与普通本科教学存在的差异

相对于普通本科教学，由于学生的各方面差异，留学生教学对授课教师提出了更多的要求。

1. 沟通上的难度

我校的留学生多数来自非洲和中亚地区，英语不是母语，即使部分学生所在地区将英语作为官方语言，但由于口音、表达方式和文化方面的差异，学生与老师、学生与学生之间的沟通交流相对更困难。再加上专业课老师基本不是英语语言学专业出生，授课更多专注于对专业知识的描述和解答，表达方式不一定准确顺畅，个别老师还带有较浓郁的汉语口音，对留学生理解课程内容和与老师交流进一步造成了困难。

2. 学生学习习惯的差异

留学生在来华前受教育的方式与传统中式大班教学有一定差异。他们从小接受的就是较为"自由"的教育模式，更习惯于讨论式教学。国内以讲授为主的教学方式让他们难以在课堂上集中精力。①

3. 学生学习态度上的差异

来自非洲和中亚地区的留学生教育经历和文化背景存在较大的差异，基础知识和专业知识积累程度不尽相同，学习态度和主动性区别迥异。部分学生对教师的依赖性和跟随性比较强，更倾向于解决直观性问题，对综合性、设计性

---

① 廖燕，严慧仙，马连伟. 在留学生教育中开展翻转课堂的可行性研究——以浙江科技学院为例[J]. 统计与管理，2016（4）.

问题缺乏解决思路和探究的动力,一言以蔽之——"照猫画虎,不求甚解"。①

二、引入翻转课堂的教学模式和理念改善留学生课堂教学效果

鉴于留学生课堂与传统本科生课堂存在的差异,我们尝试引入翻转课堂的教学模式和理念以适应变化改善教学效果。"翻转课堂教学模式"(flipped class model),是把传统的学习过程翻转过来,让学习者首先在课外时间完成针对知识点和概念的自主学习,课堂则变成教师与学生之间互动的场所,主要用于解答疑惑、汇报讨论,从而达到更好的教学效果。

相对于传统的普通本科生教学模式,翻转课堂的教学方法讲求"学生先学,教师后教"。将课后需要学生通过复习和练习消化吸收课堂所学的训练过程提前到了课堂教学之前,并将更多的师生面对面时间留给教师和学生开展互动讨论,满足了留学生习惯"自由交流"的需求。② 通过学生在上课之前阅读相关材料,了解基本信息和重点词汇,学生在课堂教学中更容易抓到授课教师表达的重点。学生预看授课老师的微课视频或语音,对熟悉教师的授课习惯和口音有较大帮助,有助于解决课堂沟通问题。

对于留学生学习基础层次不一的问题,基于翻转课堂的理念,在课前预先提供学习资料,并布置学习任务,而后通过小测验(quiz)帮助学生检验自学情况,发现问题。学生带着问题到课堂与主讲教师开展互动,教师将重点知识串联起来,更多使用案例分析方法来解答学生的疑问。课后老师布置习题帮助学生巩固对知识点的认识,当学生在课堂教学后仍然存在疑问时,可以阅读常见问题整理(FAQ),也可以向授课教师提出问题,通过 Q&A 互动,帮助主讲教师在下一次课明确需要解答的问题。

三、借助"在线课堂"实现翻转课堂模式

经济与管理类专业知识的学习,需要经常关注时事,通过分析实际发生

---

① 赵晨光,白玉,张丽丽. 关于高校留学生的软件技术基础课程教学方法初探 [J]. 教育教学论坛,2016 (16).
② 谢婷玉,王燕. 翻转课堂在留学生眼科教学中的应用初探 [J]. 新疆医学,2016 (6).

的国际事件，帮助学生更深入地了解所要学习的知识点。为了更好地帮助留学生融入课程学习的氛围中，在教学过程设计中，教学团队更多采用示例教学法引导学生自主思考，并运用社交工具建立了课程QQ群和班级微信群，借助现代信息分享工具，在教师之间、教师与学生之间分享关于国际时事的新闻、时评和个人观点。并要求学生在上课前阅读相关资料和文献，在上课后帮助学生梳理所学的知识点，形成知识体系和大局观。在考核体系的设计中，将总评划分为平时成绩、期末成绩和应用研究三部分。平时成绩充分结合学生的课前预习情况、课上互动情况和课后习题完成情况进行评估，期末考试更多考查学生对知识点的理解和运用能力，应用研究考核则要求学生以小组形式对市场发生的有代表性的案例进行分析。综合三部分考核能更准确地评价学生的知识掌握情况，同时也能更有效地把控学生的学习过程。

在上述尝试使用现代信息化工具改善教学效果的实践中，我们越来越发现翻转课堂理念的有效性。为了更有体系地实现翻转课堂模式，湖北工业大学开始重视"在线课堂"和"互动教学"平台的建设工作，包括尝试网络课程、慕课、微课等信息化教学手段。2011年，学校将部分课程选定为精品课程，将课程组在教学过程中积累和固化的体系通过设立在线课程网站来进行标准化。课程组将课程相关的信息和公共资源上传到网站，供给学生用于提前学习和课后互动，也方便主讲教师掌握学生的学习情况。2016年，学校对精品课程网站的实施效果进行评估，并将部分课程选定为留学生精品课程，基于中文版网站改造添加了英文版网站，将留学生教育也纳入到互动课程体系，进一步将翻转课堂模式践行到留学生教学当中。

以《国际金融》课程为例，所设立的课程互动平台暨在线课程网站设立了两个链接端口，普通本科生和留学生可自行选择进入中文版界面或英文界面。后台资料库、互动教学工具和评估体系均相互共享。参见图1国际金融在线课堂登录页面。

从导入页面进入课程页面，中英文版设置基本一致。网站提供课程介绍、教学团队介绍、与课程相关的教学资料和教学辅助资料下载、教学环节指导、教学效果评估工具。参见图2国际金融在线课堂主页面。

卓越人才的培养

图1 国际金融在线课堂登录页面

图2 国际金融在线课堂主页面

网站主页上有用于翻转课堂教学的"视频课堂",供学生在上课前通过互联网自主学习核心课程内容。并提供常用问题"答疑解惑"查询,以及用于知识点掌握程度测试的"小测验"插件。如果学生在课前预习和课堂教学中仍存在问题,则可以通过"Q&A"互动平台给教学团队留言,帮助主讲教师收集学生问题,及时并有针对性地回答学生的问题。

学生的登录情况、资料下载使用情况、小测试成绩、互动提问情况等信息均由课程团队掌握。这些数据可以帮助教学团队更好地把握学生的知识掌握情况,并与学生进行互动。教学评估反馈数据则由学院教学部门管理,便于学院掌握课程的教学进度和效果。

课程网站的中文版已使用5年,学生的使用情况良好,《国际金融》课程组也多次根据学生的反馈对网站进行调整和完善。据学生的反馈和学生成绩的统计资料显示,课程网站设立后,学生的学习效果有明显提高。课程网站的英文版于2016年上线,留学生通过一个学年的使用,对翻转课堂的理念已经有了基本的认识,反馈评价良好。

在主讲教师和学生共同使用在线课堂的过程中,翻转课堂的理念充分体现在学生借助在线课堂进行授课前自主学习、互动式课堂学习,以及教师和学生借助在线课堂网站开展课后反思与反馈三个方面:

借助在线课堂实现翻转课堂模式的流程图参见图3 在线课堂教学环节流程。

(一)授课前学生自主学习

根据"翻转课堂"的教学理念,不同基础学生自主学习并带着问题上课的效率最高。主讲教师在授课前向学生布置课前预习的学习内容和思考问题。学生课前自主学习包括且不限于:

(1)在课程网站阅读教学内容(teaching materials);

(2)在课程网站观看教师提供的视频录像(online class);

(3)学习其他辅助资料(teaching resource);

(4)参与课程网站上的阶段性小测试(quiz);

(5)通过小测试发现自学遇到的问题,并结合课程网站上的答疑解惑功能(FAQ)寻找答案;

卓越人才的培养

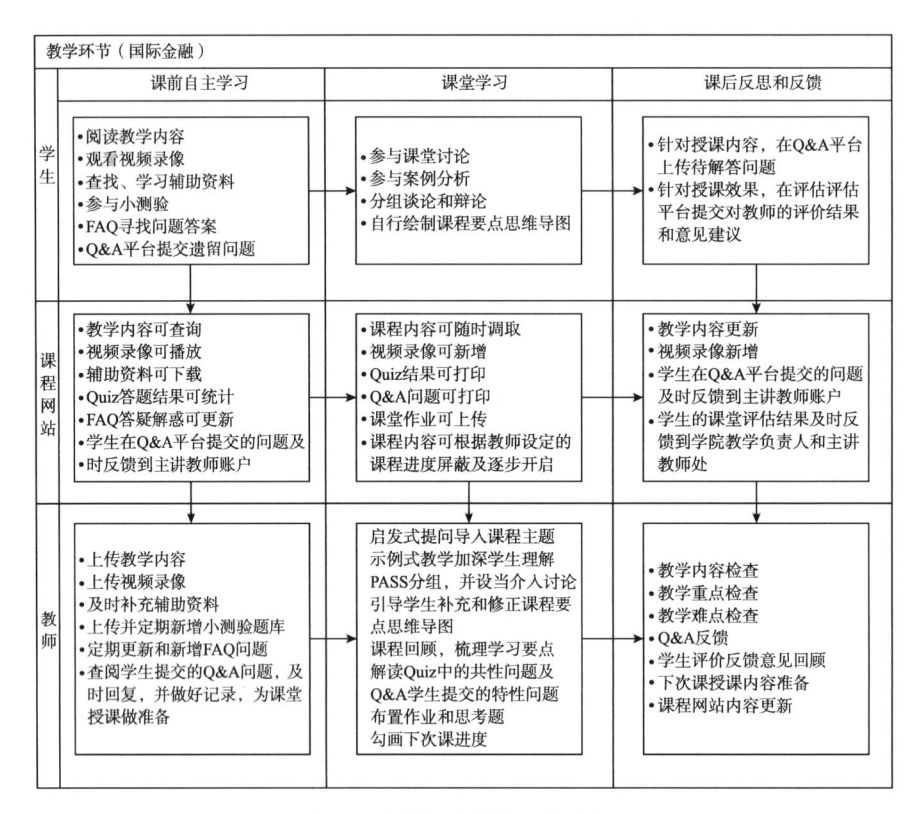

教学环节（国际金融）	课前自主学习	课堂学习	课后反思和反馈
学生	•阅读教学内容 •观看视频录像 •查找、学习辅助资料 •参与小测验 •FAQ寻找问题答案 •Q&A平台提交遗留问题	•参与课堂讨论 •参与案例分析 •分组谈论和辩论 •自行绘制课程要点思维导图	•针对授课内容，在Q&A平台上传待解答问题 •针对授课效果，在评估评估平台提交对教师的评价结果和意见建议
课程网站	•教学内容可查询 •视频录像可播放 •辅助资料可下载 •Quiz答题结果可统计 •FAQ答疑解惑可更新 •学生在Q&A平台提交的问题及时反馈到主讲教师账户	•课程内容可随时调取 •视频录像可新增 •Quiz结果可打印 •Q&A问题可打印 •课堂作业可上传 •课程内容可根据教师设定的课程进度屏蔽和逐步开启	•教学内容更新 •视频录像新增 •学生在Q&A平台提交的问题及时反馈到主讲教师账户 •学生的课堂评估结果及时反馈到学院教学负责人和主讲教师处
教师	•上传教学内容 •上传视频录像 •及时补充辅助资料 •上传并定期新增小测验题库 •定期更新和新增FAQ问题 •查阅学生提交的Q&A问题，及时回复，并做好记录，为课堂授课做准备	启发式提问导入课程主题 示例式教学加深学生理解 PASS分组，并适当介入讨论 引导学生补充和修正课程要点思维导图 课程回顾，梳理学习要点 解读Quiz中的共性问题及Q&A学生提交的特性问题 布置作业和思考题 勾画下次课进度	•教学内容检查 •教学重点检查 •教学难点检查 •Q&A反馈 •学生评价反馈意见回顾 •下次课授课内容准备 •课程网站内容更新

图 3　在线课堂教学环节流程

（6）仍然不能通过自学解决的问题，学生在课程网站的 Q&A 留言平台提交给教学团队，主讲教师收集问题后在课堂上进行有针对性的讲授和解答。

（二）互动式课堂学习

与传统的"以教师为中心"（teacher-centered approaches）的教学理念不同，在来华留学人员课堂，我们更多采用"以学生为中心"（student-centered approaches）的教学理念，通过多种方式提高学生的课程参与度和学习效率。基于翻转课堂的教学方式，大部分课程内容已经通过课前学习过程帮助学生进行了初步的了解，并且借助在线课堂对学生的知识点掌握程度和潜在问题也进行了摸底。因此主讲教师在面对面课堂中将有更充裕的时间与学生开展互动式教学。互动式课堂学习包括且不限于：

（1）苏格拉底式问题导入教学（socratic method），引发学生的自主思考。相较于我国的基础教育模式，大部分海外来华留学生所接受的初等教育教学过程更倾向于开放，学生的课程参与度和互动性更高。结合这一特点，我们在国际金融这门课的教学中尝试了苏格拉底教学理念的引导式教学或称辩证式教学方式。即更多地采用问题导入模式，引导学生自主思考问题、发现问题、解决问题。对学生在课前自主学习中产生的问题，不是直接给予答案，而是更多地引导学生采用自我分析、小组讨论和团队辩论等方式形成自己的理解。

（2）示例教学法（case method），通过分析案例更通俗地讲解理论。从不同国家来华的留学生，对课程所需的前期基本知识掌握程度不同，在教学过程中既要解释本课程的知识，又要顾及大多数留学生的理解情况。留学生的数学基础通常较差，在讲解模型推导等数理相关知识时尽可能避免过多的理论描述，辅助以案例分析，作为概念解释或课后练习的辅助工具。在案例的选择上，充分做到由浅入深、贴近实践、举一反三。[①]

（3）PASS 分组教学法（peer assisted study sessions），通过分组完成任务和讨论辩论，激发学生的自主学习意愿和竞争意识，用团队互助的理论解答困惑、学习知识。PASS 是一种基于补充指导（supplemental instruction）的学习支持模式，1973 年由密苏里大学堪萨斯分校（University of Missouri – Kansas City）的 Deanna C. Martin 博士研究开发。运用 PASS 方法，教师组织学生在课堂上以及课后展开分组讨论和竞赛，帮助学生在互助中提高认知效果。以团队合作的方式促进学生共同努力，加强对关键概念的理解。通过教师的引导和同学之间的相互鼓励，增加学生的表现能力和在更广泛领域学习的兴趣。

（4）思维导图概念梳理法（thinking map），通过创意联想，帮助学生对学习的知识点形成完整的框架概念。思维导图是一种促进结构化思维和发散性思维的学习工具，运用图文并重的技巧，把课程知识要点之间的关系用相互隶属与相关的层级图表现出来，把学习主题的关键词与图像、颜色等记忆要素建立链接，帮助学生更加形象和有效地获取并记忆知识点。我们运用思维导图的概念梳理法，帮助还没有对国际金融课程的基本框架形成完整认知的留学生梳理知识点，建立纵向横向链接，帮助其更立体地理解所要学习的知识点和内在关

---

① 于玲，牛芳琳. 留学生课堂教学方法的探讨［J］. 教育教学论坛，2014（25）.

系，建立自己关于国际金融的认知体系。

在每次课堂教学结束前，授课教师还需要完成如下工作以促进学生的课后学习：

（1）课程回顾（phased content review）：梳理当次课讨论的内容，涉及的理论和知识点，总结课堂讨论的成果，并用思维导图方法帮学生梳理知识点之间的关系以及在整个国际金融知识体系中的位置。

（2）解读课程网站小测验（quiz）中出现的共性问题及 Q&A 留言平台上学生提交的特性问题：授课前要求学生自主学习完成的小测验，其目的是检验学生的自学成果。测试产生的共性问题一定是课程主题中的重点和难点。授课教师在课程中结合小测试的数据，启发性的帮助学生自行寻找答案，并有针对性地完善学生的想法，起到了精准解惑的目标。

（3）布置作业（self exercises）：结合课程内容布置作业的目的是落实学生的课后复习。作业以提交答题结果或完成可度量的任务为标准，通过课堂口头通知和在课程网站发布两方面同时提醒学生进行课后复习。作业内容应该覆盖本次课堂教学涉及的教学重点。

（4）布置思考题：结合本次课程讲授的内容以及下次课预计讲授的内容布置少量思考问题。布置思考题的目的是落实学生对教学难点的反思以及促进学生对下次课的预习。思考题不要求获得答题结果或完成可度量的任务；思考题的题目与本次课堂教学发现的难点问题相关，也与下次授课的复习环节和课堂互动环节挂钩；学生完成思考题任务的动因是可以更好地参与下次课的活动；思考题的内容应该覆盖所有本次课学习的难点内容。

（5）勾画下次课堂教学的进度：教师在课程结束前根据此次课的教学进度预计出下次课堂教学可能涉及的学习范围，以帮助学生明确下次课堂授课前需要进行自主学习的内容范围。

（三）课后反思与反馈

1. 主讲教师的课后反思

每次课结束后，主讲教师对当天的教学过程进行反思和记录，包括：

（1）教学内容检查：检查在当次课的实际教学中是否已经一一阐释了教案中预先设计的教学内容、重点和难点，列出当天临时新增或漏掉的知识点；

（2）教学重点检查：授课过程中，原始教案中列出的教学重点内容是否因学生的学习情况发生改变；

（3）教学难点检查：教学过程中，原始教案中列出的教学难点内容是否因学生的学习情况发生改变。

由于我们采用的是以学生为中心的互动式教学，教学进度的把控相对于以教师为中心的讲授式教学法有更大的难度。为了保证授课质量，授课的进度节奏可能与前期教案中设计的进度安排有一定差异。所以教师的课后反思非常必要，可以实时记录下实际课堂教学的进度、学生在互动教学中产生的想法，以及授课教师在课堂授课中临时变化或创新的教学思路和想法。课后反思可以帮助主讲教师自己把握节奏，记录创新，也可以帮助国际金融教学团队在以后的教学中创新内容、改进方法。

2. 学生的课后反馈

（1）针对授课内容，学生在 Q&A 留言平台将当堂课授课和讨论中仍然存在的问题提交给主讲老师和教学团队，用于及时查漏补缺。由于 Q&A 平台的开放性，其他同学也可以浏览受益。

（2）针对授课效果，学生在课程网站的学生评价平台（student evaluation）对授课老师当次课的授课情况进行评价。该平台的评价记录可以设置匿名，促进学生自由表达意见。评价结果可以帮助授课老师发现问题，也可以提供给学员作为课程及教师评价依据。

四、借助在线课堂实现翻转课堂模式存在的困难

运用在线课程平台实现翻转课堂的理念，对改进留学生课程教学效果有诸多的便利和优势。但与此同时，推广使用在线课程系统以及充分在留学生课堂运用翻转课堂模式仍然存在多方面的困难。主要包括：

1. 在线课堂的使用有适应过程

在传统课堂教学的基础上引入在线课堂工具贯穿整个教学过程，对学生和教师都需要有一段相当时期的适应过程。包括对网站功能的重新学习，网站使用习惯的逐步培养，学生与教师通过在线课程平台进行互动的破冰，以及学生和教师对网络工具可能暴露个人信息的怀疑和信任感培养等方面。这一适应过

程很可能会影响到师生使用在线课堂的热情和积极性,对系统的持续发展和尽快进入良性循环是一个巨大的考验。

2. 在线课堂的维护需要投入人力物力

在线课程平台在初期建设和后续维护方面需要投入大量的人力物力,包括系统设计需要满足教学流程各功能点的实现,系统的上线检验,课程内容的上传及实时更新,系统在后续使用过程中的问题检测和功能完善,以及当时学生和教师用户大幅度提高使用频度的情况下对系统和网络资源的要求提升等。这些问题都需要在在线课程平台建设过程中充分考虑。

3. 翻转课堂理念的接受需要适应

虽然相对于国内的普通本科生,留学生更适应互动式教学。但翻转课堂理念的实现需要学生与老师充分配合,学生能够理解翻转课堂模式在课程前期投入的学习时间和精力能有效提升学习效果,事实上能减少在同等课程任务学习过程中的总投入。在理解的基础上,推动习惯于"不求甚解"的留学生真正参与到翻转课堂模式的各阶段协作着实有一定的难度。同时由于翻转课堂需要教师在课前准备和课后回顾方面投入更多精力,也需要教师能坚信"磨刀不误砍柴工"的初衷必然能实现,并脚踏实地地将翻转课堂的理念真正融入课程的准备和实施中。

4. 翻转课堂模式实施前期一定程度上增加了教师团队的负担

在借助在线课程体系实现翻转课堂理念的实践过程中,教师团队不仅需要考虑传统课程教学涉及的因素,还需要学习和熟悉在线课堂的操作和各种任务完成时间,增加了教师团队的精神负担。特别在新体系实施的前期,教师团队还有大量的课程推进计划和配套资料的准备、翻译和上传工作,比传统课程教学模式增加了更多工作量。包括在翻转课堂模式的正常运营中,课前课后普遍增加的追踪需求,都给翻转课堂模式的实施提出了更高的挑战。[1]

五、借助在线课堂实现翻转课堂模式的要点

借助在线课堂实现翻转课堂理念的优势和困难都显而易见,如何把握住改

---

[1] 储智超,许之民. 基于翻转课堂理念的"在线课堂"思考 [J]. 中小学电教,2014 (4).

革要点，在面对困难时找到一条可行的持续发展之路，是达成教学改革初衷的必要条件。

1. 学生方面

确保学生理解翻转课堂理念的重要性以及在课程教学的过程中始终配合教师的要求协同学习是达成教学改革初中的基础。而学生在教师授课前掌握必要的基础知识是实现面对面课堂中"交流讨论"互动的前提条件。借助在线课程体系自学核心知识点的基础上，才有可能进行课堂中的高效讨论。这也是通过翻转课堂模式促进学生学习兴趣和知识吸收效率的根本。否则学生在缺乏前期准备的情况下来到课堂，即便教师有能力引导课上交流和讨论，也只能是在低水平上重复教学内容而已。久而久之在线课程体系也会仅存于形式，被学生和教师放弃使用。加强学生在课前自主学习的学习效果，除了要求学生的配合度、坚持不懈的精神以及时间管理的能力。教师对学生的心理建设、在课前对学生提出明确的自学目标，以及对学生反馈的及时回应等都是帮助学生完成观念转换和形成新的学习习惯的有效方法。

2. 教师方面

首先，统一的教学理念需要建设具有高度凝聚力的教学团队。团队的聚合力能保证在推动困难的情况下相互鼓励和疏导，在教学过程中相互帮扶、支持。教学的改革才有可能走下去。其次，教师要以学生为中心，从知识的传授人转变为引导人、协助人、激励人和反馈人，将传统的灌输式教学转变为互动引导教学。这对教师个人的知识储备、信息筛选、现场控制等能力都提出了更高的要求。只有教师真正在观念上的转变和自身水平的提升，才能保证翻转课堂教学理念改革的实现。

3. 在线课堂方面

在线课堂在囊括的内容和运用的便利性方面都必须优于传统信息分享和传递模式，才可能有持续发展的生命力。通过保障技术上的操作、运用、反馈的合理性，是真正实现"学生自主学习""师生合作探讨"的基础保证。如果只能实现资源挂网的初级目标，而不能从理念上倒入翻转课堂的模式，则很容易陷入"翻转课堂"形式化的误区，徒有其名而无其实。目前有些学校在尝试翻转课堂模式的教学改革时，更注重短期效果，不排除以实验性的态度建设课程体系可以给学校和课题组带来一定的社会效应，但长期看可能不具有持续发展的基础。有些学校通过强制规定和强占教师和学生的非正常学习时间，以达到集中达成翻转流程的目的。不仅增加了教师和学生学习负担，也违背践行翻转课堂理念的初衷。[①]

根据目前我国各高校在线课程体系建设以及来华留学生课程建设基础来看，实现翻转课堂教学理念的先决条件还非常薄弱。教学改革主要出于自上而下的政策引导和行政推动。新的教学理念引入和教学改革是否能生根发芽，不单由信息化技术的发展，和人力物力投入量所决定。更为重要的根本在于是否是基于学校、教师和学生的真实需求，以及尊重基本的教育教学规律。技术、理念是否真正为教学效果服务，而非本末倒置地强调形式。

参考文献

[1] 廖燕，严慧仙，马连伟. 在留学生教育中开展翻转课堂的可行性研究——以浙江科技学院为例[J]. 统计与管理，2016（4）.

[2] 赵晨光，白玉，张丽丽. 关于高校留学生的软件技术基础课程教学方法初探[J]. 教育教学论坛，2016（16）.

[3] 谢婷玉，王燕. 翻转课堂在留学生眼科教学中的应用初探[J]. 新疆医学，2016（6）.

[4] 于玲，牛芳琳. 留学生课堂教学方法的探讨[J]. 教育教学论坛，2014（25）.

[5] 储智超，许之民. 基于翻转课堂理念的"在线课堂"思考[J]. 中小学电教，2014（4）.

[6] 周雨青，万书玉."互联网+"背景下的课堂教学——基于慕课、微课、翻转课堂的分析与思考[J]. 中国教育信息化，2016（2）.

---

① 周雨青，万书玉."互联网+"背景下的课堂教学——基于慕课、微课、翻转课堂的分析与思考[J]. 中国教育信息化，2016（2）.

微信公共平台在《审计学》课程中的应用研究

宋迎春

(湖北工业大学经济与管理学院,武汉 430068)

【摘 要】传统会计课堂十分重视学生的参与,在翻转课堂理念的冲击下,会计知识的传递由课上转为课下,随之课堂的边界也在扩大,学生对课堂的参与不仅体现为课上,也体现为课下。然而课下学生的参与如何观察得到,效果又如何呢?本文尝试将微信平台整合到目前的教学活动之中,通过微信公众平台发送线上作业,动态观察到学生对学习的参与状况,从参与数量和参与质量分析学习情况,为后期微信功能服务于会计教学提供新思路。

【关键词】微信平台;翻转课堂;参与度

一、研究背景

审计学是会计专业核心课程,是财务管理专业选修课程,通常在会计、财务管理专业高年级开设,在我校一般安排在第7学期,即大四上学期。但是大四的审计学课程上,经常会有学生因参加面试或者在单位实习请假,耽误课程的同学较多。而与此同时,具有戏剧性的是,近年来,我校越来越多的会计、财务管理专业学生毕业首选也是会计师事务所的审计工作。很多同学签到审计

[基金项目] 湖北工业大学教研课题(校2014084)阶段性研究成果。
[作者简介] 宋迎春(1977年~),女,湖北黄冈人,会计学博士,湖北工业大学经济与管理学院副教授,研究方向为会计理论。

岗位的工作，还不清楚自己能做什么？因此，如何能够为会计学生快速普及审计基本知识，如何让学生虽不在课堂但仍可不间断课堂内容的学习，如何能够帮助到学生顺利适应审计工作岗位呢？在 2015 年审计学课堂教学中，首次将"审计宋老师"微信公众号推送给 2012 级会计、财务管理专业等学生，其目的是"翻转审计课堂，传播审计知识，提升审计能力"，目前微信公众号关注达到 406 人。在每次承接审计学教学任务后，定时为学生推送课内外知识，并在课前发布每一章的思维导图。但是再好的课程设计，没有学生参与也是徒劳的。学生落下的课程到底有没有及时利用零碎时间补上，课外对审计课程投入多少时间和精力却不得而知。2016 年审计学课堂上再次通过微信公众号，为 2014 级会计学生课前推送每一章的线上作业，意外观察到学生学习频率和学习投入时间，为本课题研究提供数据，据此可观察到学生参与情况，于是有了下面进一步的研究。

二、国内外相关研究现状

（一）媒体在会计教学中运用的理论基础

马歇尔·麦克卢汉（Marshell McLuhan，1965）提出的关于媒介理论的核心观点有：媒介是人的延伸、媒介即讯息等。并将媒介按照传递信息的清晰程度分为热媒介和冷媒介。其中，热媒介具有高清晰度、低参与度的特征，而冷媒介具有低清晰度、高参与度的特征。热媒体包括书、收音机、电影、照片和演讲等，而冷媒介包括电视、电话、卡通和研讨班等。

早在 20 世纪 70 年代，国外会计教育学者就开始关注媒体在会计教学中的运用研究（Shenkir，1970）。传统会计教学中通常以"会计问题"为导向，"会计问题"具有热媒体特征。而会计中的案例教学则具有冷媒体特征。在美国大学课堂，案例教学研究被广泛地运用在本科生课堂，如审计学、财务会计和税法等课程中。除此之外，还有商业游戏、动态案例、会计理论讨论、小组项目、计算机模拟和项目之道和教学机器等媒介也被运用在会计教学中。因此，会计教师应该识别和寻找媒介唤起学生的参与，而不是一味地给学生灌输知识。

在会计本科案例教学中运用"推特"（Twitter）的探索性研究中发现，学生将"推特"作为一种学习的辅助工具，感知到对会计教学支持的价值。研究同时也指出教师应该注意"推特"在沟通和教学法上的局限性（Julia & David，2015）。还有学者提出让"脸书"（Facebook）参与会计教育中，并为会计学生和会计教师构建一套指引脸书的原则，根据使用脸书目的不同，如有以交流学术的、有以发展会计技能的，会计教师选择不同原则传递给学生去遵循（Ston et al，2014）。

（二）学生参与度的研究

传统的会计课堂十分强调学生对课堂的参与，参与是提高学生学习过程的重要方式之一。研究表明，学生通过参与课堂学习能够促进学习。学生对课程参与度越高，他们就越能进行深度思考，从而促进深度学习。学者认为积极参与学习活动对改进学习结果很重要。参与的学生能够更可能获取知识，取得更高的分数。他们也更可能比没有参与的同学投入时间和精力获取理想的毕业结果。还有学者研究影响学生课堂参与的影响因素，认为对学生若能有一种舒适讨论的感知，就能够经常参加谈论，进而促进学习（Dallimore et al.，2010）。

关于学习参与的度量，学者在研究在线学习时，提出了关于参与的度量可以从数量和质量两个方面进行量化（Duncan et al.，2012；彭敏军等，2011）。学生与具体活动结合的次数用来表述参与的数量，学生与具体学习活动结合的深浅度可以表示参与质量。

（三）微信平台在教学运用中的研究

近年来微信平台被广泛地运用在我国高校的各种课程之中，如大学思想道德修养和法律基础、体育、计算机、医学和大学英语。

吴珂（2013）运用微信公众号开设课堂资料下载、课程微视频、课程常见问题、通知公告、成绩查询等栏目，并与教学内容同步更新。

刘红梅和江晓宇（2015）运用微信平台构建四阶段教学模式：学前教学分析、数字化辅助教学、教学进度执行与控制和教学效果反馈与评价。并在大学英语教学中得到检验，发现该教学模式能够完成课程目标，拓展学生视野，融洽师生关系，但是该教学模式教学投入时间多。

综上所述，在国内大多数研究中，微信平台是作为教学辅助手段进行研究。国外在会计教学中，将推特、脸书等媒介引入到教学中，研究学生参与讨论的影响因素、学生参与数量和质量分析，以及媒介作为教学资源使用过程中的指导原则，研究内容丰富、研究方法以实证为主。目前国内对微信平台在会计课程中运用的研究较少，研究内容单一、研究方法以规范研究为主。因此，本文的研究具有一定现实和理论价值。

三、我校审计学课程翻转课堂参与分析

（一）数据来源

我校2013级会计专业《审计学》课程选用教材是注册会计师考试《审计》教材，由于同期2013级财务管理专业也开设《审计学》课程。按照学校的规定，同一门课，同学时，不同教师上课，在结课时用同一试卷统一考试。因此，2013级会计专业审计学教学中，按照注册会计师考试标准选取《审计学》核心章节准备10套作业，定时课前发布。由于《审计学》每周2次课，周三和周五，课程间隔时间存在差异，学生课程预习和课后复习时间不具有可比性，因此，最终选取第一套作业作为研究样本。2013级会计专业女性99人，男生32人，共计131人。由于线上作业从2016年9月1日开放到11月20日关闭，为期一学期。除课堂上提醒学生课前课后及时完成线上作业外，没有任何强制性压力。截至2016年11月20日，有95名女生和29名男生，共计124人参加，参与率达到95%。

（二）学生参与数量的情况与分析

1. 审计学课程学生参与数量情况

学生参与数量是指学生对审计学课程参加学习的次数或者频数。本文根据学生完成线上作业次数作为分析变量。由于线上作业可以反复多次去完成，并且做完后自动出成绩，因此，学生实际上可以反复多次利用作业进行预习、复习，有一举两得的功效。如表1所示，女生有95人参加，男生有29人参加，

其中括号中表示参加人次,比如线上作业只做一遍的女性有66人,即参与频数 66×1=66(人次),线上作业做过两遍的女性有22人,即参与频数 22×2=44(人次),以此类推,女生在线上完成作业有137人次,男生在线上完成作业有47人次。即最终收集到184份作业信息。

表1　　　　《审计学》课程线上作业学生参与情况统计　　　　单位:人次

参与次数	女生人数		男生人数	
1	66	66	16	16
2	22	44	10	20
3	4	12	1	3
4	2	8	2	8
7	1	7	0	0
合计	95	137	29	47

注:括号中表示参加人次,比如线上作业只做一遍的女性有66人,即参与频数 66×1=66人次,线上作业做过两遍的女性有22人,即参与频数 22×2=44人次,以此类推,女生在线上完成作业有137人次,男生在线上完成作业有47人次,共计184人次。

资料来源:根据2013级会计专业学生线上作业回收资料整理得来。

对184份学生线上作业信息按照参与时间进一步细分,将每次上课之前完成线上作业归到"课前预习"类,本次课结束后两周之间完成作业的同学归到"课后及时复习"类,其余同学为"考前抱佛脚"类,具体见表2。表中数据表示参加人次,其中,从课前预习频次来看,女生比例高于男生比例,29%的女生会在课前进行预习,而只有23%的男生在课前预习。但是从课后两周内及时复习程度来看,男生和女生没有差异。和女生相比,37%的男生会在考前进行突击,比女生高。

2. 审计学课程学生参与数量分析

上述数据表明,2013级26%的会计专业学生能在课前提前预习,40%的会计专业学生能课后及时复习,34%的会计专业学生在考前临时抱佛脚。在对数据进行分析过程中发现,做2遍的同学有以下四类:①课前一次,课后一次;或者考前一次。②第一次等分不高,通过重做,第二次获得高分。③课前两次。④课后两次。不论属于何种类型，通过反复多次学习，有助于对审计学相关章节内容的熟悉。

表2　　　　　　　　　《审计学》课程学生参与数量统计　　　　　　　单位：人次

参与次数	课前预习频次 女生	课前预习频次 男生	课后复习频次 女生	课后复习频次 男生	考前抱佛脚频次 女生	考前抱佛脚频次 男生
1	30	11	49	10	17	7
2	10	0	6	6	18	6
3	0	0	0	3	0	0
4	0	0	0	0	0	4
7	0	0	0	0	7	0
合计	40（29%）	11（23%）	55（40%）	19（40%）	42（31%）	17（37%）

注：表中数据表示参加人次，比如课前线上作业只做一遍的女性有33人，即参与频数33×1=33人次，线上作业做过两遍的女性有3人，即参与频数3×2=6人次，以此类推，女生课前在线上完成作业有40人次，男生课前在线上完成作业有11人次；女生课后及时在线完成作业55人次，男生课后及时在线完成作业19人次，女生考前完成在线作业有42人次，男生考前完成作业17人次，共计184人次。

资料来源：根据2013级会计专业学生线上作业回收资料整理得来。

（三）学生参与质量的情况与分析

1. 审计学课程学生参与质量情况

学生参与质量分析是指学生对审计学课程投入的时间和精力。本文根据学生完成一套线上作业所用时间作为学生参与质量分析对象，即如果某学生只做一遍，即统计一次作业的时间，如果某做多遍，即分别统计多次的作业时间，并根据完成作业时间不同，划分到课前、课后和考前三类之中。线上作业设置为10道单项选择题，每题都是必答题，提交答题立即获取分数和标准答案。如表3所示，课前男生与女生投入平均用9分钟进行预习，但是，男生课后及时复习时间和考前学习时间都比女生明显要多。

表3　　　　　　　　《审计学》课程学生参与质量统计　　　　　　　单位：分钟

性别	总学习时间	课前预习时间		课后复习时间		考前学习时间	
		总时间	平均时间	总时间	平均时间	总时间	平均时间
女生	1212	371（30%）	9	526（43%）	9	315（26%）	8
男生	502	99（20%）	9	249（50%）	13	154（30%）	10
合计	1714	470	18	775	23	469	17

资料来源：根据2013级会计专业学生线上作业回收资料整理得来。

2. 审计学课程学生参与质量分析

上述数据表明，2013级会计学生在课前预习时间为9分钟，女性比男生比例高，而上完课之后，有50%的男生能够及时复习，且用时比女生多。考试前，仍有30%的男生尽享考前复习，且用时也比女生多。这与之前会计专业男生学习不认真的说法是有差异。说明其实男生在专业课学习上也是有投入。在对数据分析整理过程中，还发现从"只做一遍作业"同学用时比较来看，女生最长用时为39分钟，最短用时为52秒。男生最长用时为77分钟，约1个多小时，最短用时为59秒。从"做两遍作业"同学用时比较来看，女生最长累计用时为54分钟，最短累计用时为100秒。男生最长累计用时为62分钟，最短累计用时为96秒。因此，对于个体来说，每个学生学习投入时间是存在差异的。

四、结论

（一）微信公众平台是一种有效的教学资源

上述研究表明，微信公众平台可以作为审计学教学资源的作用，实现课堂翻转课堂的功效，将课上知识提前到课前，学生利用碎片化时间进行课前预习，每一章在课前不需要花较多的时间，可以有效获取课堂主要知识点。对于临时面试或者去单位实习耽误的课时，也可以利用零碎时间弥补上，不需要花很多时间,10分钟左右可以把握每章重点。对于考前需要复习的同学也起到课堂内容回顾的作用。

(二)微信公众平台的内容亟待丰富

通过研究发现,尽管会计学生课前对课程有投入,但是,和国外一些大学课程相比,我校会计学生对审计学课程的课前投入时间还不足以对提前对课程内容进行深入了解。从另一个侧面也说明目前微信公众平台的内容还亟待完善,内容单一,如果能够创建更多内容及时为学生推送更多审计知识,学生将投入更多利用碎片化时间进行学习。

参考文献

[1] Shenkir WG. Media and Accounting Education [J]. Accounting Review, 1970, 45 (2): 347 -350.

[2] Osgerby J, Rush D. An Exploratory Case Study Examining Undergraduate Accounting Students' Perceptions of Using Twitter as a Learning Support Tool [Z]. 2015, 13 (3): 337 -348.

[3] Stone G, Fiedler BA, Kandunias C. Harnessing Facebook for Student Engagement in Accounting Education: Guiding Principles for Accounting Students and Educators [J]. Accounting Education, 2014, 23 (4): 295 -321.

[4] Dallimore EJ, Hertenstein JH, Platt MB. Class Participation in Accounting Courses: Factors That Affect Student Comfort and Learning [J]. Issues in Accounting Education, 2010, 25 (4): 613 -629.

[5] 彭敏军,陆新生,刘引红.基于数量和质量的在线学习参与度考量方法研究 [J]. 现代教育技术,2011 (1): 103 -106.

[6] 吴珂.运用微信公众号建立通识课程教学互动平台探索与实践 [J]. 现代医药卫生,2013 (17): 2690 -2691.

[7] 刘红梅,江晓宇.基于微信平台的大学英语教学设计与实践 [J]. 外国语文,2015 (2): 138 -143.

基于应用型人才培养的高校审计课堂教学研究

孙德芝

（湖北工业大学经济与管理学院，湖北　武汉　430068）

【摘　要】审计是一门理论性和实践性都较强的学科，社会需求审计人才不仅要具有一定理论水平，还需具备较强逻辑思维、分析判断能力，以及团队协作能力。本文从高校审计课堂现状出发，探讨各种教学方法的改进，提出基于不同发展能力设定教学方法。

【关键词】应用型人才；审计教学；教学方法

社会需求引导高校教学发展，随着我国经济的快速发展，审计人才的需求不断增加。据调查显示，目前我国用人单位对应届审计毕业生的评价大部分是：毕业生刚到单位基本做不了什么，要学习两至三年的时间才能适应工作岗位，这极大地影响了大学生就业以及用人单位对审计人才的需求。审计是一门综合性很强的课程，包括的知识内容非常广泛，涵盖会计、财务管理、税法、经济法以及战略管理等相关课程的理论基础知识。随着经济的全球化发展，社会对审计人才的需求日趋严格。它不仅需要学生有很强的理论知识，还需要有一定的逻辑思维能力、判断能力和团队协作能力。这对审计教学产生了很大的冲击，要求审计教师在教学设计过程中，要兼顾学生理论知识学习与实践动手能力、分析和协作能力的培养相结合，要采用多样化的教学方法，激发学生的

［作者简介］孙德芝，女，经济与管理学院会计系，高级会计师，研究方向：内部控制、公司治理。

卓越人才的培养

学习兴趣，培养学生动手能力以及分析问题的逻辑思维能力，使毕业生能尽快适应社会的需求。

一、审计课堂教学现状

目前我国高校审计学课时安排有限，而审计内容繁多且抽象，使得教师常常陷入赶教学进度的困惑中，教学过程往往忽略案例分析、讨论、模拟实验等实践环节，教师的教学质量和学生的学习效果都难以保证。

（一）讲授教学现状

单纯采取"填鸭式"的讲授审计理论知识和审计实务循环内容，学生被动地接受，由于师生之间缺乏互动，学生没有思考的过程，学习效率必然受到影响，加之审计理论抽象、空洞、难懂，为了应付考试，学生只能死记硬背，谈不上职业素养的培养。特别是对于审计实务循环部分内容，如果还是按照教学进度，以讲授为主的话，学生因没有掌握前面的理论知识，在循环部分则没办法运用理论知识进行分析，而且每个循环的关键控制点、风险点都不同，面对那么多的知识点，学生会是"一头雾水"，慢慢失去听课兴趣。

教师的"教"与学生的"学"互相分离，教师负责按教学计划"教"，即将计划内容"教"完；学生则按考试要求"学"，临考前"抱抱佛脚"，只要考试及格就行。教师对学生的课堂学习需求以及知识掌握和运用程度等并不知晓，也没得到学生的反馈，致使教师在教学过程中较少做深入的反省和改进，学生的职业规划和专业技能无从谈起，应用人才没有起到实质性培养作用不符合社会要求。

（二）校内实践教学现状

目前，审计课堂实践教学方法中受到推崇的方法，主要有案例教学法、模拟实验室教学以及课堂讨论法。案例教学法在审计课堂中广泛运用，但在教学实施过程忽视学生职业技能的培养。

1. 案例教学法

案例教学法始创于美国哈佛大学，该方法因其能培养学生的实践能力，受到国内外专家学者的一致好评。20世纪80年代，为促进高校教学改革，我国引入案例教学法，随后高校审计课堂开始广泛开展案例教学。在实施案例教学过程中存在以下几方面的问题：

（1）案例大多源于国外典型事件。由于我国审计理论和实务起步较晚，起步阶段基本照搬国外的审计理论与实务，因国内外思维方式以及企业环境差异，导致案例脱离我国企业实际，对学生的指导性差。

（2）案例与知识点关联度小。教师在案例教学过程中，由于时间精力的限制，大多直接于互联网选取案例，案例虽然源于真实事件，但与理论知识点结合不紧，师生费时费力分析半天，却无法达到促进学生对知识点掌握的目的。

（3）审计案例的选择缺乏新颖性。知识信息化时代，不同时期企业面临的风险和挑战差异很大，呈现的问题也不同，而教师选取的案例多是流传多年，很陈旧的题材，比如银广夏、安然、世通等案例，难以提起学生的兴趣，对学生分析和判断问题的能力难以得到锻炼。

2. 模拟实验室法

目前，高校经济管理类专业普遍构建了模拟实验室，而审计实验相比会计、财务管理等，其实验过程要更复杂，对教师的要求更高，需要大量时间准上课需要的资料，进行学生角色扮演的安排，而高校教师基本是从"学校到学校"，对企业真实审计实务不太熟悉，且审计模拟基础材料难以选取。其次，我国高校会计学生数量非常多，模拟实验室可容纳的人数相对较少，学生需要分班分组进行模拟实验，对学生的管理也比较复杂。高校教师疲于应付教学和科研任务，时间和精力也受到限制，导致高校实验室使用率并不高，大多成为摆设。

（三）校外短期实践现状

由于我国高校财会等相关专业学生规模较大，学校基本让学生自己联系实践单位，由于审计过程的复杂性，以及学生社会关系有限，导致很多学生没有机会进行审计实践，虽然学生都上交了实践报告，但是实际效果难以令人满意，学生大多去了营销或者企业后勤打杂的部门，有的干脆出去玩，实践过程难以控制，导致校外实践走过场，教师的评语也流于形式。

二、审计课堂教学方法的改进

为解决当前审计教学中存在的诸多不足,探讨不同的教学方法具有重要的理论和实践意义。

(一) 讲授课堂教学方法改进

对于审计理论基础知识的学习,课堂讲授仍然不失为一种好的教学方法,但是讲授过程中应注意以下几个环节:

(1) 多媒体课件的制作。教师主要讲授内容的展示,尽量做到动、静结合,图文并茂。合理地分配文字与图片的比例,以图片存托文字的意境,并适当地辅以动态的图片,以吸引学生注意力,缓解学习过程中的疲劳。一张 PPT 的文字切记排得太满,字体、字号的选择也要考虑适度、容易阅读,内置图片、表格要尽量清晰。

(2) 控制知识点的讲授时间。一个知识点连续讲授时间尽量控制在 10 分钟以内,将学生提问、思考环节穿插讲授课堂中,特别是重要、难理解的知识点,通过提问的方式,可以让学生参与到课堂中来,充分消化课堂知识。

(3) 课后作业要及时批阅。对于重要知识点的掌握,布置适当的课后作业是必要的。课后作业是教师了解学生对知识掌握情况的途径,通过认真、及时地批阅课后作业,在作业中进行适当批注,并在备课本中进行必要的记录,可以有针对性地解决学生理论知识学习中的存在问题。

(二) 审计实践教学方法改进

1. 案例教学法的改进

案例教学法的关键是要有合适的审计案例,多年的教学与审计实践经验认为,教师可以从以下几方面准备合适案例:

(1) 案例的选取。要注意案例的新颖性、有针对性,案例尽量选取近几年发生的事件,案例中反应的问题最好与理论知识相关,扣题紧、针对性强才能吸引学生注意,锻炼学生的能力。

(2) 组成审计案例库。建立并加强校企合作关系,有助于教师获取实际的第一手审计案例资料，以充实审计案例教学。另外，通过组建审计教学团队充实案例库，成员的组建应注意理论与实践经验的合理搭配，实践经验丰富的教师负责收集、整理最新的企业一手案例资料，理论丰富的教师则适时收集、整理准则或制度变化后最新的理论型案例资料，每学期选出几个高质量的审计案例，充实案例库。

（3）构建审计案例教学资料室。审计资料室应包括校企平台中不同性质、规模企业真实审计案例，近几年发生的上市公司重大审计事件，以及改编的最新审计理论性案例的企业资料，内容涵盖重要审计实务循环、流程以及关键控制点的参考资料和文献，精选历届学生中有代表性的案例分析作业。资料要尽量全面，有典型性和代表性，专门供师生查阅和学习，能提高教师教学质量，开阔学生视野并锻炼起实践能力。

2. 模拟实验室法

模拟实验室是模拟真实企业场景，让学生扮演审计人员经历的全过程，从开始接洽审计业务至审计结束，学生可以分小组分析、讨论每个实务循环或报表项目，通过看、讨论、分析、分享等过程，让学生掌握审计过程和相关知识，最后通过综合性案例训练，能锻炼学生的全局观和综合分析能力。

模拟实验室法适于综合知识的学习以及部分比较抽象理论知识的学习，比如审计业务约定书、审计计划，不同的条款明确的范围和责任不同，通过案例很难达到理想的效果，模拟实验室法不失为一种理想的方法，选取不同的学生进行不同的角色扮演，在签订业务约定书时，审计人员与被审单位负责人、财务主管、会计等谈判会议让学生模拟谈判过程，草拟业务约定书条款。每组成员完成后教师再进行评价，能收到较好的学习效果。

（三）校外实践方法的改进

校外实践最好与审计课堂衔接，通过学校搭建的校企合作平台，在审计课堂教学结束后，让有企业实践经验的审计教师带领学生去企业进行1~2月的实践学习，为保证学习质量，一个班至少安排1~2名教师进行实地辅导。对于不能一次接受这么多学生的企业，学生们可以采取轮流去的方式，或者安排到几个企业，让教师轮流去不同的企业去衔接和辅导，也可以请企业有关人员进行辅导。

卓越人才的培养

三、根据不同发展能力设定教学方法

学生不同的能力培养应采用不同的教学方法。审计理论知识与校内实践教学穿插进行，将案例教学嵌入到审计理论的讲授以及模拟实验室方法中，聘请企业财务、审计精英到学校进行专题讲座，开拓学生视野，激发学生学习兴趣。

（一）审计基础理论知识的积累

基本理论知识的积累主要采取课堂理论讲授与案例分析相结合的教学方法，案例尽量小而精，对综合性强的知识点，要通过综合性案例逐步分解、分析完成，可以适当插入1~2个综合性案例来完成。

审计理论基础知识，适当的讲授是必要的，但有些知识点仅仅通过理论介绍还是难以掌握和理解的，如在讲授审计的具体目标时，最好插入小的理论案例进行分析，才能加深对其内容的理解。又比如在讲授审计分析程序时，先从理论上讲解如何进行分析，一般运用哪些指标进行分析，以及对什么内容进行分析，再结合具体的企业实际案例进行分析，帮助学生理解和消化知识点，可以培养学生分析问题的能力。对于审计完成阶段以及审计报告的讲解，通过综合性案例分析才能完成，一般需要教师课前准备好典型企业案例资料，发放给学生预习，课堂上再对事先发放的资料进行分析、讨论，教师在讨论完后再进行归纳总结出其中关键的知识点及风险点和结论。

（二）逻辑分析、判断能力的培养

审计实务循环部分的学习，可以采用综合性案例分析与模拟实验室的方法，综合案例分析和实验室内扮演企业角色都可以锻炼逻辑分析能力，培养学生职业判断能力，教师可以结合教学安排，安排2~4次综合案例分析在模拟实验室完成。

在模拟实验室中，结合典型企业案例，让学生站在审计师的角度，对审计任务、计划、目标、程序进行分析，收集审计证据并提出审计报告，学生通过职业角色扮演，能体验审计过程和审计理论知识的运用。比如对于审计计划阶段，教师先充当"项目负责人"，将任务分配给每组"审计师"，每个小组执行计划的内容不同，教师引导学生模拟审计角色的整个过程，可以促进师生之间的互动，锻炼学生学习发现问题和分析问题的职业判断能力，也能增强对事件的逻辑分析能力。

（三）团队协作能力的培养

团队协作能力的培养，在审计案例分小组讨论与模拟实验室的方法的运用中可以得到锻炼。教师在学期快结束时，可安排1~2次在模拟实验室进行综合性案例分组讨论任务，要求不同小组完成任务目标，锻炼成员的协作能力。

审计工作需要根据不同的企业任务组建审计项目团队，不同的人员分别收集不同的证据，遇到问题互相讨论，最后会共同出具一份审计报告。学生在分角色对审计员扮演过程中，能亲身体验小组成员内的不同任务分工与协作，以及小组所有成员作为一个整体，围绕最后共同的任务目标，对不同角度发现的问题进行讨论，才能使收集的证据更加充分，最后发表的审计意见更合理整个过程的体验。学生在互相讨论、分工，得出结论过程中，能锻炼团队合作能力。

参考文献

[1] 林伟，陈菊梅. 基于应用型人才培养的审计教学 [J]. 高等工程教育研究，2010（增刊）：140-142.

[2] 韩俊峰. 审计专业课堂教学效果探析 [J]. 财会通讯·综合，2013（9）（上）：128.

[3] 王海兵. 研究性学习和案例教学的耦合及应用——基于差异化战略的本科审计教学方法创新 [J]. 重庆理工大学学报（社会科学版），2011，25（10）：117-121.

[4] 唐大鹏，李鑫瑶. 职业模拟视角下政府审计教学改革探索——基于案例研究引发的思考 [J]. 东北财经大学学报，2014，11（96）：89-92.

面向第三次工业革命的高等教育变革探析

刘晓坷 孙 浩

（湖北工业大学经济与管理学院，湖北 武汉 430068）

【摘 要】第三次工业革命具有向可再生能源转变、分散式生产、以氢的形式储存、通过能源互联网实现分配、零排放的交通方式等五大支柱。其"同理心"和生物圈意识扩展的特质使得教学模式从竞争性转向了相互合作、扁平交互和充满关爱的学习体验。这种变化深刻改变了高等教育的教学方式，加速教师角色的转变，推动了混合教学模式的运用推广。

【关键词】第三次工业革命；分散式合作教育；同理心

杰里米·里夫金在《第三次工业革命》一书中响亮的提出"教育要面向第三次工业革命"的命题，并认为"自从普及公共义务教育以来，方法论和教学法的各种观点引导教育发展将近150年，而现在这些观点又变成了人类走向困境的主要原因。大学需要开始培养第三次工业革命的劳动力，课程安排也需要把重点转移到前沿信息、纳米科技、生物科技、系统理论以及各种职业技能；要让学生在可持续发展的第三次工业革命中生存和获得工作"[①]。

[作者简介] 刘晓坷，女，1981年6月出生，汉族，湖北荆州人，法学硕士，湖北工业大学经济与管理学院讲师，主要从事经济法、劳动法以及法律类课程建设改革等方面研究。

孙浩，男，1976年3月出生，汉族，湖北武汉人，管理学博士，湖北工业大学经济与管理学院教授，主要从事公共文化服务、公共服务绩效、社会组织建设以及人才培养模式创新等方面研究。

① [美] 杰里米·里夫金：《第三次工业革命——新经济模式如何改变世界》，中信出版社2012年版，第242页。

一、第三次工业革命的五大支柱

杰里米·里夫金指出，我们正处于信息技术与能源体系相融合的时代，互联网信息技术与可再生能源的出现带来了第三次工业革命。正如人们在互联网上可以任意创建属于个人的信息并分享一样，任何一个能源生产者都能够将所生产的能源通过一种外部网格式的智能型分布式电力系统与他人分享。

以化石燃料为基础的第二次工业革命给社会经济和政治体制塑造了自上而下的结构，而第三次工业革命所带来的绿色科技打破这个纵向结构，呈现出合作与分散关系的发展特征，原有的纵向权力等级结构向扁平化方向发展。

支撑第三次工业革命的支柱包括：①向可再生能源转变，即变燃烧碳基化石燃料的结构为使用可再生新能源的结构；②分散式生产，即将每一大洲的建筑转化为微型发电厂，以便就地收集可再生能源，将每一处建筑转变为能就地收集可再生能源的迷你能量采集器；③以氢的形式储存，即在每一栋建筑物以及基础设施中使用氢和其他存储技术，以存储间歇式能源，保证有持久可依赖的环保能源供应；④通过能源互联网实现分配，即利用互联网技术将每一大洲的电力网转化为能源共享网络，把电网转变为通用网络，让上百万的人可以把周五建筑产生的电能输送到电网中去，在开放的环境中实现与他人的资源共享，其工作原理类似于信息在互联网上产生和传播一样；⑤零排放的交通方式，即改变汽车、公交车、卡车、火车等构成的全球运输模式，将运输工具转向插电式以及燃料电池动力车等可再生能源为动力的运输工具构成的交通运输网，电动车所需电可以通过洲与洲之间共享的电网平台进行买卖。①

可再生能源体系的创立开启第三次工业革命的大门，上述五大支柱构筑的系统具有交互式、整体和无缝隙的特征。正如早期印刷技术一样，新的互联性的可再生能源系统呈现的信息和沟通的民主化将深刻改变经济的本质和社会中人与人之间的社交关系。网络技术主导下的能源民主化将对整个社会造成冲击和促进变革，传统基于理性经济人假设下的市场中财富交换和经济行为将被具

---

① [美]杰里米·里夫金：《第三次工业革命——新经济模式如何改变世界》，中信出版社2012年版，第32页。

卓越人才的培养

有分散、合作本质的新型经济模式重新界定。在互联网中成长起来的新一代人和面临转型的传统工业中的人习惯于对创造力、知识、专业技能，甚至产品和服务开放性共享的社会结构和生产生活方式。

二、第三次工业革命下的高等教育转型

面对具有扁平化特征的第三次工业革命带来的挑战，杰里米·里夫金指出，"公共教育体系自现代市场经济诞生之日起就没有发生较大的改变，一直为第一次和第二次工业革命服务，反映出其所服务的商业秩序的前提、政策和实践"。①

面对可持续发展要求的第三次工业革命，高等教育所培养的学生要生存和获得工作，就必须让他们具备专业技能、技术和职业技能，其基本任务就是让学生意识到自己是同一个生物圈的一部分，并以此来进行思考并身体力行。与第一次和第二次工业革命的课堂学习过程不同，第三次工业革命强调教育要创造不同的教育情境与体验，鼓励学生形成扩展生态自我，建立生物圈保护意识。"通过重新发现我们与其他生物的情感和认知联系，我们对'自我'的定义从个人延伸到生态。我们同理心的范围扩大，我们的'自我'的范围也扩大了"。②

第三次工业革命这种"同理心"和生物圈意识扩展使得教学模式从竞争性转向了相互合作和充满关爱的学习体验，客观上要求高等教育改变或颠覆传统的自上而下教学方式，形成分散合作教育方式，逐步培养学生学习知识的社会属性，增强学生同理心的学习经历和体验。尤其是在互联网技术快速发展的背景下，分散合作学习走向了扁平交互学习，学习主体可以在更为开放和便捷的学习空间里和社交网站上学习和分享信息、想法和经验；在现实课堂或虚拟网络社区中达成共识，学会系统和批判性思考，将传统等级权威式被动学习转化为互惠相连式主动学习。具体而言，第三次工业革命给高等教育带来的挑战

---

① [美] 杰里米·里夫金：《第三次工业革命——新经济模式如何改变世界》，中信出版社2012年版，第238页。
② [美] 杰里米·里夫金：《第三次工业革命——新经济模式如何改变世界》，中信出版社2012年版，第254页。

和改变表现为：

一是它深刻改变了学生学习方式。互联网络的学习是以"分散式合作教育"为渠道，而分散式合作教育则以扁平式学习为基准，它强调同辈之间的学习要将"自我"延伸到其他人身上，重心从个人转移到相互依赖的团体上。学习不再是存在于权威人物和每个学生之间孤立的经历，而是同辈之间共同的经历。传统主导的教学方式从上而下，目的是为了培养具有竞争性而且独立自主的个体；而新兴的分散式合作教育方式，目的是让学生意识到知识的社会属性，学生通过参与社会活动而学习。

不论是现实的课堂教学还是网络学习社区环境，分散合作更加强调学习个体需要设身处地为别人着想，体会他人的感情和思想，这种体会源于现实和虚拟网络同理心的形成与交互。学生在平时自主学习中需要走出以个体学习经历为中心的传统时空，更为积极主动地融入更广阔更多元化的网络型社会空间。分散合作式的学习思考方式和行动模式将使学生逐渐意识到自己是具有怜悯心的生物，是整个社会和生物圈各种关系中的一份子，互动带给学生一种全球性的体验，不同人群的参与使学生对生命的意义有更新的认识。

二是它加速推进了教师角色转化。面对扁平互助的学习方式，教师传统的灌输知识和建立权威的职责角色将不复存在。由于知识获取可被解释为一种共同经历、同享经历和达成共识的过程，教师的作用被重新定义为促进学生间讨论，教师自身也成为相互依赖团体中的平等参与一员，他将分享自己的专业知识，包括评价学科内存在的不同意见，以及本学科与其他知识团体一致或相异的地方。

权威的消失意味着为达成鼓励学生思考的教育目的，教师将扮演学习活动组织者和引导者，以及学习资源开发者和设计者角色。这种变化将教师置于团队之中，教师本身也成为团队中的学习者，团队也是教师自我的一种延伸。团队扁平化的学习中，学生也逐渐从被动的知识接受者成为自我教育的积极参与者。学生的学习行为和师生之间的互动从根本上确定了学习和教育的本质在于为自己的教育负责这个核心命题。教和学需要双方对不同的观点和看法保持积极、开放、理性的心态，接受批评、适应彼此、乐于助人，并愿意为整体团队学习负责。

三是它深入推动了混合教学模式的推广。2010年9月，比尔·盖茨在一

卓越人才的培养

个全美论坛上宣称：5年之后，人们将从互联网上免费获取全球最好的课程，比任何一所大学单独所能提供的课程还要好。今后10年，寻找和使用最好的教学内容和技术，就像打开书本一样自然。如果老师们拥有合适的资源，他们能做的事是无限的。事实上，移动互联网的快速发展，催生了网络资源课程、微课、慕课等系列课程资源的开发与推广，传统教科书的概念将慢慢消失，它将被网上可以轻松获得的最好的讲座和课程材料所取代。通过网络下载或在线学习不仅经济，而且高效，其消除了空间上的距离，而且可以反复播放，不会像传统课堂那样，因为老师赶进度或是自己没听懂而迷惑。随着信息化、数字化和网络化校园建设步伐的加快，传统物理空间的教室将被无线移动网络所覆盖，课堂学习与网络教育相结合的混合学习将成为学校教育的常态。混合学习绝不是简单的课堂学习和网络学习的叠加，它需要重构现有的教学体系，既包括人才培养方案的自主性设计，也包括课堂教学和网络学习内容的系统科学设计和有效监控，还包括教学方法的改革和教学条件的支撑。

问题导向式教学在大学本科教学中的应用研究

王利军

(湖北工业大学经济与管理学院,湖北 武汉 430068)

【摘　要】问题导向式教学以学生为主体,能更好地突出大学生的学习主体地位,全面锻炼学生的自学能力,是对大学教育无用论最好的回击,是对灌输式教学的最好改革。本文探讨了问题导向式教学的以问题为中心、以学生为中心、对教师高要求的特点,论述了提出问题、理论讲解、解答方案以及讨论与总结四个环节的具体操作方法。最后对大学教师开展问题导向式教学进行了展望。

【关键词】问题导向式;大学教育;自主学习

问题导向式教学法是以学生为主体,指教师在教学中通过创设问题情境来激发学生学习动机,鼓励学生主动探究问题的答案,旨在培养学生独立思考和熟练使用理论知识的思维与能力的一种新型教学模式。

一、大学教育无用论与问题导向式教学

在近年来我国经济快速发展的同时,教育问题也日益凸显出来,"学习无用论"正引起更多的关注。国家大力发展职业教育与专业型研究生(专硕)教

[作者简介]王利军(1986~　),男,安徽阜阳人,湖北工业大学经济与管理学院讲师,博士;研究方向:区域金融与科技金融。

育，职业教育成为更多农村学子的选择，专业型研究生（专硕）成为研究生教育的重要发展方向之一，同时也越来越多地得到用人单位的认可。与之对应的是大学教育与社会经济发展脱节的问题日益突出，大学教育在大众眼中变成了不贴近现实的象牙塔教育，不能直接提升大学生的就业能力，反对的观点则认为，大学教育更多地应该是新思想的引导，文化素质的提升，面向就业的是职业教育而不是大学教育。其根本争论点在于大学教育是否能提升学生解决现实问题的能力，作者认为这是肯定的，之所以普通大众否定大学教育的作用，是因为大学教育中更多的课程并不直接回答现实问题，而更多的是理论的讲授，但理论来源于实践，并进一步指导实践，理论脱离了实践没有意义，从这个层面上讲大学教育必然能够带来学生解决问题的综合能力提升。

职业教育相较于大学教育更多地偏重于实践知识的教授，学生更多地学习到相关技能，而非其核心原理。因此，职业教育具有更加明确的问题导向特征，教材及教学中更多地以具体问题引出相关知识，并将解决问题的技能教授给学生。大学教育由于更加注重于原理的讲解，而忽略了知识用途的介绍，显得与现实经济社会脱节，从而变得愈加形而上学。例如，很多经管类大学生都非常疑惑《线性代数》这么课的实用价值。问题引导式教学以问题为导向，引导学生积极思考如何利用所学专业知识解决现实问题，将有利于解决本科教育知识的实用性不突出问题。

二、灌输式教学与问题导向式教学

教学过程是教师、学生、教学媒介三个动态因素以信息为载体的互动过程。现代教育理论的关注点更多地由知识本身转向对学生的研究。传统的教学模式强调教师在教学过程中的主体作用，把教学视为教师向生传递信息的单向过程，这便是以讲授知识为主的课堂灌输式教学。在灌输式教学中，教师将所有精力集中在所授知识的全面性和完整性上，忽略学生的个体性，不关注学生的学习兴趣和认知水平，更不会在带动学生参与教学活动上下功夫。而由于灌输式教学模式对于基础知识的传授上具有很大优势，因此其仍是我国基础教育和高中阶段教育的主要模式。

然而大学阶段的教育并不是以更多专业知识传授为主的教育，而是强调学生专长的全面发展。更多地突出学生学习的自主性。大学教育的最能动主体不再是教师，而是求知的学生自身，因此如何调动学生自主学习的积极性至关重要。传统灌输式教学方法，在大学教育中使用，更多地将导致学生却无精打采、昏昏欲睡，教师滔滔不绝、疲惫不堪，教学效果却差强人意。培养学生的学习兴趣，鼓励学生的学习劲头，调动学生求知成才的内在积极性，最终实现大学的人才培养目标。

现代教育理论也普遍认为，大学教育的教学效果好坏并不取决于教师讲了些什么，而应该通过本学科知识体系、重点、难点问题的设计，唤起学生的课堂热情，愿意主动参与到课堂教学中，形成师生之间的良性互动，进而启迪学生的心智，激发学生的潜能，转变教学中的师生主客体地位，以取得良好的教学效果。

三、问题导向式教学的特点

"问题导向"这一概念可以追溯到20世纪著名哲学家波普尔的问题理论：科学的发展就是不断发现问题、解决问题，进而又发现新问题的过程。基于问题理论，学者们纷纷提出各种问题导向式的实践方法。就知识的创造而言，知识的发展就是不断丰富完善现有知识以解决更多问题的过程。在教学研究中，以现有知识成果发现问题，对问题进行分析，并探究解决的过程中，学生不仅能够完成相关专业知识的学习，同时也实现了对知识的深度掌握，在知识传授的同时，也有效地开发了创新能力，真正实现了大学教育的目的。因此，如何发挥问题在教学过程中的教育价值，就成为教学研究的重点课题之一。问题导向式教学从教学模式视角出发，把问题的创设看成是首要的课堂设计任务。

依据课程内容和教学任务要求创设的问题，要和学生所处的情景相近或相似，教师的作用在于归纳提炼知识点，构建一种问题氛围，对学生形成一种暗示环境。一旦确立问题，学生会依其兴趣，通过假设—推理—检验等思维过程去解答问题，形成安全、和谐、活跃的课堂气氛，课堂教学成为教师和学生这两类角色间相互作用和影响的互动过程。

问题导向式教学的特点主要有三点：一是以问题为中心就是，教师必须将教学知识点转化为几个与实践具有紧密联系的理论知识模块，然后寻找并提炼相关的问题,把相关理论和实践问题转化为教学项目或工作任务分配给学生,引导学生自主寻求答案;二是以学生为中心的师生角色互换,在教学过程中,教师以学生身份,学生以教师身份开展互动,学生是教学的主体或演员,教师是教学的主导或导演,教师更多地抛出问题,积极引导学生分析问题和解决问题,以提高学生分析问题和解决问题的能力;三是对教师素质要求高,问题导向式教学法的教学效果受教师知识范围、工作经验、教学艺术、工作态度等因素影响,对任课教师提出了较高的要求,教师不仅对所涉及的课程内容要非常熟悉,对学生的学习情况要相当了解,还要有较强的知识加工能力、教学设计能力、教学组织能力和沟通能力,否则很难得到学生的认同和配合,问题导向式教学法也很难顺利应用。

四、问题导向式教学法操作步骤

问题导向式教学法主要包括四个步骤:第一步,提出问题;第二步,基本理论讲解;第三步,寻求解决方案;第四步,讨论与总结。

(一)提出问题

提问是课堂教学活动必不可少的组成部分,是取得良好课堂效果的重要因素,也是"问题导向式"教学法的精髓,同时也是整个教学中最难的环节。提问的目的在于引发学生有针对性的思考,根本目标在于促进学生对相关知识的掌握。教师通过精心设计问题,引人入胜地提出问题,使学生的思维始终处于"激活"的状态,有助于增强学生的记忆力和提高学生的逻辑思维能力,使学生能较快地接受书本知识。要注意问题的层次性、内容的探索性和多样性。具体就金融课程而言,任何创新都是为了解决现实问题,因此任何一个事件、一种理论、一个方法的提出都有复杂而厚重的历史背景。通过提出问题,能够让学生自主搜索并阅读相关内容,之后教师再进一步就相关理论发展提问,引导学生思考将来可能的发展方向、产生的问题与可行的解决方案。例如"期货市场与远期市场的区别",期货市场是规范化的远期市场,而远期市场又是基于风险转移的目的设立的,最初为农产品的远期合约,再到世界第一个期货市场——芝加哥农产品期货市场,最后扩展到更多的金融产品的期货市场。将该问题提出的同时，已经设定了学生必须主动去理解期货和远期金融工具的发展历程，在阅读故事的同时对期货和远期的基本理论有了深入的理解，也有利于提高学生对金融相关知识的学习兴趣。

（二）理论讲解

教师再提问环节中，已经预设了解决问题所需要的相关专业知识，学生为了解决相关问题必然会寻求教材、书籍、数据、网络资料等的支持。然而教师也要注意到不同的学生，其知识基础和理解能力不尽相同，教师要对学生的情况有一个基本了解，引导学生对相关专业知识的学习。

特别对于基础性知识，教师十分有必要进行再次的讲授，让学生对解决当前问题的前提有深入的了解，避免将过多的精力投入到错误的或无意义的探索中。对于解决问题中需要用到的专业知识，对学生进行告知，点出重难点，提醒学生积极主动思考，对相关知识进行深入理解。例如，对于"市场利率的决定因素"这一问题，其基本知识是微观经济学的供给平衡理论、宏观经济学的经济周期知识，解决该问题涉及的专业知识则是商业银行和中央银行的基本业务。教师在抛出问题的同时，需要对微观经济学和宏观经济学的相关理论进行简单讲授说明，而对于商业银行和中央银行的业务操作知识，则是留给学生自主学习，最后将两方面知识结合，学生便很容易理解市场利率决定的相关理论，以及影响因素的变动对曲线位移的影响。

（三）解答方案

经过学生的自主思考、学习和探索后，教师要对学生的成果进行梳理总结，进而引出相对规范化模式化的理论知识。学生在自主探索解决问题的过程中，可能过于发散，进而形成多种不同的解决方案，这些方案中有些是符合教材中相关内容设定的，有些可能存在明显的知识漏洞，有些可能完全超出了相关专业知识深度的范围，对于这三种不同类型的解决方案，教师要有所区分，分别剖析和探讨，帮助大学生发现问题、发现创新点，激励学生在后续课程中进行更加深入的自主学习。

符合教材中相关内容设定的解答方案，教师要将学生的解答规范化、系统化、理论化，将学生的自主学习成果进行归纳总结，进而促进了学生对教材中相关专业知识的学习。对于明显存在漏洞的解答方案，指出方案的漏洞所在，讲解教材中相关专业知识点的严密性和科学性，要提醒学生对于相关基础性知识进行再学习。对于超质量提供解答方案的学生，教师要具有控场能力，尽量不出现无法解答的问题，当然也可以与学生展开平等的学术探讨，但鉴于课堂以理论知识传授为主的需要，必须严格控制探讨的深度和时间，鼓励学生在课后查阅相关领域的最新期刊了解前沿学术动态。

（四）讨论与总结

在完成一个知识点的问题导向式教学最后，教师要对整个过程进行总结和分析，一方面总结解答初始设定的问题的整个过程，将实践上升到理论高度，培养学生良好的学术研究习惯；另一方面要对学生自主学习探讨中出现的问题进行分析，帮助学生提升。

五、结论

灵活应用问题导向式教学方法，可以达到教学相长、相互促进的作用。问题导向式教学在整个教与学的过程中加大了学生的主动性和"话语权"，学生自主学习、独立思考、勇于实践的能力得到增强，教学效果也有很好的改善。问题导向式教学的开展能够成功受到教师、学生、环境都诸多因素的影响。作为开展问题导向式教学的教师，要求具备足够的控场能力，必须对相关专业知识有系统而深入的积累，对理论前沿有一定的关注，还要对新闻、期刊等提到的经济学现象和问题有相对较深的思考，同时根据社会热点及时更新问题，根据学生的表现积极应变。

参考文献

[1] 雷蕾. 问题导向式教学法在课堂教学中的应用 [J]. 重庆科技学院学报（社会科学版），2010（11）：196-197，199.

[2] 白千文，张春燕. 问题导向式教学法在政治经济学教学中的应用 [J]. 黑龙江教育，2015（5）：53-54.

[3] 李兴军. 问题导向式教学法在专业课教学中的探索与实践 [J]. 人力资源管理，

2014 (8): 233-235.

[4] 崔义成, 张西平, 徐瑛. 问题导向教学模式的特色研究 [J]. 湖北工业职业技术学院学报, 2014, 27 (6): 86-91.

[5] 薛继东."问题导向"的大学课堂教学 [J]. 山西财经大学学报, 2013, 35 (S3): 76-78.

基于云计算的 PBL 教学法在《会计制度设计》课程中的应用探讨

王艳华

(湖北工业大学经济与管理学院,湖北 武汉 430068)

【摘 要】《会计制度设计》作为是一门理论性与实践性并重的课程,传统的"教师讲、学生听"的教学模式很难取得较好的教学效果,PBL 教学法以提高学生解决实际问题的能力为目标,有助于《会计制度设计》课程教学目标的实现,而"互联网+"背景下的云计算辅助教学更能够促进 PBL 教学法功效的有效发挥。因此把云辅助教学与 PBL 教学法相结合的教学模式应用在《会计制度设计》课程教学中将取得更好的教学效果。

【关键词】云计算;PBL;会计制度设计

一、引言

《会计制度设计》作为会计学专业的主要专业课程之一,既有一定的理论性又有很强的实践操作性,有别于会计专业开设的一般会计理论与实务课程。传统的《会计制度设计》课堂教学,基本上是"教师讲、学生听,教师写、学生抄,教师考、学生背"的比较呆板的公式化的教学模式,重理论、轻实践,不能全面启发学生的思维,不能激励学生的创新精神,难以培养出开拓创新型的会计人才。这也是长期以来《会计制度设计》这门课无论是教师还是学

[作者简介] 王艳华(1984~),女,河南周口人,湖北工业大学经济与管理学院,讲师。

生都觉得枯燥无味的一个主要原因。因此，为了取得良好的教学效果，培养出高素质的会计实用型人才，必须对传统的教学方法进行改革。PBL教学法以提高学生解决实际问题的能力为目标，有助于《会计制度设计》课程教学目标的实现，而"互联网+"背景下的云计算辅助教学能够促进PBL教学法功效的有效发挥。

二、云计算及云计算辅助教学

云计算是一种基于互联网的计算方式，具有速度快、存储能力强、安全性能高的优点，通过云计算技术，能够使用户共享软硬件资源及各类信息。云计算的发展融合了计算机技术和互联网技术，需要网格计算、分布式协作计算、并行计算、虚拟环境、网络存储技术的支持，是一种集虚拟化技术、网络技术、网络安全、软件技术等技术为一体的新兴计算应用模型。鉴于云计算具有存储容量大、虚拟化、可靠性高、通用性强、可扩展性高、按需服务、安全方便、价格低廉、对用户端设备要求低、使用方便、计算能力强等优点，能够为人们提供的服务主要集中在搜索引擎、在线办公、网络硬盘、GPS、电子商务、协作学习方面。

云计算辅助教学（cloud computing assisted instruction，CCAI）是计算机科学与教育学相结合的产物，在学习过程中突出师生互动性。云计算辅助教学将教育的"社会化服务"与协作学习理念有机结合在一起，旨在实现在云计算环境中，学校和教师利用"云计算"提供的各类云服务，在云服务教学平台中开展师生间的教学活动，通过各种交流介质发表自己独特的见解，使学习者达到牢固掌握知识和技能的目的，能促使最新教学理念在高效课堂中的实施。

云计算下的云服务为人们的工作学习提供了谷歌、百会、Moodle、BlackBord等辅助教学平台，这些教学平台扩充了学习资源，为学生的网络学习环境提供了学习保障，只要人们通过终端设备上网就可以随时随地根据需要在线学习、交流。这种教学环境能极大地促进师生间交流、提供课堂教学的互动性、便于教师根据学生掌握知识程度对症下药，满足不同学生的发展。

三、PBL 教学法

PBL 教学法强调学生是学习的主体，是解决问题的承担者，由学生主动获取知识并自我建构；教师是学生学习的促进者，引导学习小组的开展，支持学习小组的积极互动。在小组学习初期，教师充分发挥支持促进作用，而随着活动的进行，更多地让位于学生的独立探索，以提高学生解决问题的能力，顺应了时代发展要求，调动了学生探索问题的积极性，有利于提高学生的综合素质。但是，在单独实施该教学法的过程中，其不足之处也很明显：教师备课会花费很长的时间，学生在解决问题时也会耗费较多时间，实行 PBL 教学法的班级很难赶上教学进度；由于目前学校班级人数太多，过程性评价很难落实，同时也给自律性较差的学生留下了偷懒的机会；学生学到的知识很难系统化，对教师的质量和教学条件的要求较高。

而应用云计算辅助教学技术，能够解决 PBL 教学法在实施过程中遇到的班级人数多、过程性评价难以落实的问题，有利于学生系统地掌握知识与技能。因此借助于云计算辅助教学，可有效弥补 PBL 教学法的不足，从而更大限度地发挥 PBL 教学法的功效。

四、基于云计算的 PBL 教学在课程中的应用——以《会计制度设计课程》为例

（一）课前知识储备

课前知识储备主要利用云服务的资源优势，鼓励学生自主学习。首先组建学习小组（每组人数控制在 6 人左右），并通过 QQ 群或微信群搭建起组内交流平台，便于促进组内的人际互动，同时确定小组组长。老师在课前向学生提供一些网络资源，它可以是文字、PPT 及电子书籍，还可以是视频网站、在线学习平台，如微课程、视频公开课、精品课程、慕课等，要求学生通过《会计制度设计》微课程、精品课程或其他网络优质资源搜集信息，进行在线学习。

在学习过程中，除了在网络平台与其他学习者进行讨论和交流外，还可以开展组内协作学习活动，汇报各自的学习进展。老师加入同学组内交流平台，既可以与学生交流和互动，也可为学生答疑。这种学习方式充分体现了以"学生为主"的培养理念，学生学习不受时间、地点的限制，可随时随地利用移动终端设备进行学习。利用云服务进行课前知识的储备，为下一步课中的 PBL 教学打了良好的基础，避免学生因理论知识的缺乏而无法开展后续的 PBL 教学。

（二）采用 PBL 教学法进行知识内化

根据具体的案例提出问题，以小组为单位进行讨论。如货币资金流程设计这一章节的学习，给出一个公司支票签发的案例，让学生分析存在的问题，可能导致的风险，进而为该公司设计一个签发支票的流程。学生在小组老师的引导下提出相关的问题，如为什么出纳不能管钱又管账，为什么严禁一人保管支付款项所需的全部印章，怎么样防止公司资金被挪用等问题。通过这些问题以头脑风暴的形式进行讨论，利用小组成员课前学习的知识去分析问题，找寻各问题之间的关联。在知识内化阶段，学生的自主探究非常重要，要求每位学生都要积极参与，鼓励学生进行探索，比如设计一个有效的支票签发流程。

学生经过讨论后以小组为单位在班上汇报，展示小组的成果，分享学习心得，聆听别人的意见和结果，对于不同意见进行辩论，教师可以针对小组学习和讨论过程中出现的问题及重难点进行系统化梳理，但避免整堂课变成传统的教学方式。这既有利于培养学生沟通能力和批判性思维，又不至于让知识过于碎片化。

（三）课后巩固练习

学生在课后可通过云辅助教学平台进行知识测验检测是否已达到学习目标。如在谷歌平台，可完成课后作业来巩固知识，加深对课前及课中问题解决的印象。如果学生在测验过程中遇到疑问，可以利用云服务下的协作交流平台与同学进行交流，或与老师互动探讨，共同促进知识的内化。

（四）总结与评估

与传统教学模式相比，PBL 教学法更重视学生在学习过程中的表现，该教

卓越人才的培养

学模式可以通过期末笔试、小组讨论表现、线上作业及测试、总结汇报表现等方式进行多元评价，也更能真实反映学生的知识水平。而基于云计算的课堂教学保存了线上交流的原始记录，为师生的总结与评估提供了方便。

五、结语

李克强总理于 2015 年党的十二届全国人大三次会议上首次提出"互联网＋"行动计划，"互联网＋"被纳入国家发展战略。随着互联网应用技术的快速发展与更新，"云计算"与"云服务"在我国教育行业中得到广泛应用，基于"云计算"的网络信息技术也将在教学模式的变革中发挥巨大作用。就《会计制度设计》课程而言，鉴于会计制度设计课程的特点，传统的教学模式很难取得较好的教学效果，而 PBL 教学法以提高学生解决实际问题的能力为目标，顺应了时代发展要求。但 PBL 教学法也有过程评价不易落实等固有的缺陷，需借助于"云辅助"教学，来有效弥补 PBL 教学法的不足，因此把"云辅助"教学与 PBL 教学法相结合的教学模式应用在《会计制度设计》课程教学中将取得更好的教学效果。

参考文献

[1] 董萍. 基于云计算环境下计算机基础课程的协作学习教学实践 [J]. 菏泽学院学报, 2016, 38 (5): 117-123.

[2] 黄育妆, 陈利国等. PBL 教学模式的理论及应用 [J]. 中国高等医学教育, 2012 (2): 11-12.

[3] 李静. PBL 教学法在"环境评价"课程中的应用研究 [J]. 中国电力教育, 2013 (10): 116-117.

[4] 李松波. 基于云计算的教学资源平台研究 [J]. 当代职业教育, 2012 (8): 28-30, 21.

[5] 苏贞. 云计算技术在信息化教学环境中的应用研究 [J]. 兰州教育学院学报, 2016, 32 (1): 97-98.

[6] 尹达, 田建荣. 基于云计算的 PBL 教学法与"翻转课堂"的融合实施模型 [J]. 基础教育, 2014, 11 (4): 42-47.

研究生工作站对提升校企协同创新能力的作用研究

王宇波　张　铮

（湖北工业大学经济与管理学院，湖北　武汉　430068）

【摘　要】 校企共建研究生工作站是高等教育发展的必然要求，企业研究生工作站是探索应用型人才培养的载体。结合湖北工业大学所建银河研究生工作站的实践，提出管理制度的整体设计，从工作站建设角度分析存在的问题，提出了建设研究生工作站的对策和建议，指出人才培养和技术开发并重的互利共赢合作机制是关键，以期为企业研究生工作站人才培养提供理论与现实参考。

【关键词】 研究生工作站；产学研；协同创新；资源整合

一、引言

产学研合作是企业、科研院所和高等学校之间，通过技术、人才等各种生产要素的有效组合，来促进技术创新。1992年，国家商务部、教育部、中科院共同组织"产学研联合开发工程"，第一次明确提出产学研合作的口号，近二十多年，我国的产学研合作取得了长足进步。"产学研"写入党的十五大报告，并通过2006年国家颁布的《规划纲要》、党的十六大以来我国科技实力大幅提升，逐步树立起通过强化企业的创新主体地位，以市场为导向，构建产学研技术创新体系，在自主创新道路上取得了重大成就，不断增强国家自主创

[作者简介] 王宇波，博士，湖北工业大学教授。

新能力建设。在当今经济技术全球化背景下,产学研协同创新已然成为提升科技创新能力、提高国家竞争力、推动经济社会发展的重要手段。

2011年4月,胡锦涛同志在清华大学百年校庆讲话中明确指出:"高校既是高层次创新人才培养的重要基地,又是基础研究和高技术领域创新成果的重要源泉。要积极提升高校的原始创新、集成创新和引进消化吸收再创新能力,重点是积极推动协同创新,通过体制机制和政策项目引导,鼓励高校同科研机构、企业开展深度合作,建立协同创新的战略联盟,促进资源共享,联合开展重大项目攻关,在关键领域取得实质性成果,努力为建设创新性国家做出积极贡献。"随后,教育部、财政部启动了"高等学校创新能力提升计划"(简称"2011计划")。该计划首次将协同创新上升到国家战略层面,并明确提出以高校为主导,按照"国家急需、世界一流"的要求,积极联合国内外创新力量,构建具有解决重大问题能力的协同创新中心。这一理念无疑为我国高校走内涵式建设道路,提升核心竞争力指明了方向。

产学研合作载体既是企业技术创新联盟组织,又是校企合作人才培养模式,随着我国高等教育改革,研究生培养方式由"手工业型的师徒制"向"大工业型的课程制"转变是必然趋势。企业研究生工作站通过融合科研、人才培养及市场等要素,以合力的方式实现研究生的培养,提升企业技术研发能力和自主创新能力,同时开辟研究生培养模式改革的新途径。企业研究生工作站人才培养是基于产学研合作的协作模式,可充分发挥产学研各方优势,提升研究生实践能力和创新水平。联合建立企业研究生工作站开展校企合作,是研究生培养机制的改革,采用"两段式、双导师"制和校企双方导师的合作指导,研究生完成一定的科研实验、技术开发和现场测试等工作,锻炼其动手能力及现实问题解决能力,能增强其社会适应性和工程素养。本文通过分析研究生工作站的主要作用,结合湖北工业大学银河研究生工作站实践,总结工作站健康运行成功经验,剖析存在的问题或不足,并据此提出相应对策,以期对我国企业研究生工作站的可持续发展提供借鉴。

二、校企研究生工作站的作用

企业研究生工作站是由企业申请设立、出资建设并引入高校研究生导师指导下的研究生团队开展技术研发的机构,是规模企业与高校产学研合作的重要平台,也是高校研究生培养的重要创新实践基地。校企研究生工作站建设深受政府、企业、研究生和高校的欢迎,建立企业研究生工作站,是高校充分发挥人才与科技优势、为地方经济社会发展做出更大贡献的需要。充分发挥高校的人才优势、学科优势、科技优势和资源优势,进一步释放高校科技创新和成果转化的能量,为经济社会又好又快发展做出贡献。

(一)推动资源有效整合

企业研究生工作站的建立,能够实现社会优质教育资源的最佳配置。实现"1+1>2"的效益。通过建立企业研究生工作站,能够将企业与高校的优势有机结合起来,形成优势互补、资源共享、利益双赢的研究生培养新体系。有利于知识转化和成果创新,有利于培养区域经济或行业经济的适用性人才,尤其重要的是企业研究生工作站的建立能带动整个产业与高校的全面合作。

一方面,会使高校的先进知识资源得以充分发挥作用,使其教学科研领域得以全面拓展,为学校和企业创造一个知识共享的环境;另一方面,也为企业的技术人才创造了知识更新以及全面提高与发展的平台。企业研究生工作站的建立顺应了国际上教育、经济、社会一体化协调发展的总趋势,是研究生教育改革发展方向,这不仅是研究生培养模式的创新,也是人才强国战略的有益实践和探索。

(二)提高企业自主创新能力

企业研究生工作站较好地促进了产学研的深度合作与协同创新,根据企业根据自身的技术创新需求,帮助企业攻克技术难题,提升集成创新、消化吸收再创新,不断开发新技术、推广新工艺、推出新产品,提高产品的性能、质量和效益,快捷有效地积聚创新资源,解决技术难题,培养技术力量,提升自主创新能力,提高了企业的竞争力。

(三)创新高校人才培养模式

建立企业研究生工作站,是高校加强产学研合作、推进办学模式改革、提高自主创新能力的需要。深入推进高校产学研合作,是高校深化办学体制和办

卓越人才的培养

学模式改革、提升人才培养质量、自主创新能力和社会服务水平、提升核心竞争力的必由之路。企业研究生工作站是以企业需求为直接导向的、高校与企业产学研合作的重要平台。

校企共建的研究生工作站，是高校参与人才培养产学研合作与科学研究产学研合作的结合点，是高校产学研合作广度拓展与深度推进的结合点。进站研究生的培养从资源条件到导师，从科研实践到学位论文，实行了科教紧密结合的新模式，形成了协同培养人才的新载体，为培养研究生创新能力和实践能力，强化培养的科研环节，提高研究生培养质量，破解难题，找到有效途径，形成良好人才培养机制。

(四) 强化学生科技创新能力培养

进入研究生工作站的研究生一方面是在校研究生，在学校学习专业知识；另一方面又是企业员工，可以较早地了解企业的实际情况和需求，增加获得培养经费和科研资助的新渠道，在完成企业研发任务的同时，可在工作站开展具有前沿性、创新性、理论性的相关科研课题研究，同时参与生产的实践锻炼，感受企业的职业环境，完成增强创新能力、实践能力和就业能力，将理论知识很好地与实践相结合。

三、湖北工业大学校企共建研究生工作站的实践

(一) 湖北工业大学银河研究生工作站现状

2012 年，湖北省实施"湖北高等学校创新能力提升计划"（简称"湖北省2011 年计划"），建设和培育一批高水平协同创新中心，服务湖北经济社会发展。湖北工业大学积极响应号召，2013 年 11 月，经教育厅批准，湖北工业大学循环经济发展研究中心与武汉银河生态有限公司联合建立了研究生工作站。该企业是国家级农业产业化龙头企业，拥有 5 万头生猪存栏量，流转耕地6000 亩，构建了种养殖和农产品加工全产业链，在湖北循环经济发展研究中心指导下，构建了以养殖粪污资源化利用为核心的生态农业示范体系，在清洁生产、农村新能源和废弃物资源化方面居国内领先地位。在实践中由于市场变

化和国家支持农业发展的项目较多，企业需要持续性的技术支持，在互联网背景下如何开展智慧农业营销和对外销售，企业与学校签署了战略合作协议，共建研究生工作站可以促进教师和学生深入企业工作，企业主动提供了办公研究用房和实验设施，拟定合作研究计划，企业负责人亲自担任合作导师，为相关专业研究生提供合作研究和实习实践条件。

建设内容包括完善制度和工作条件，购置部分研究设备，为合作导师和研究生提供一定研究经费和生活补贴，明确预申报国家和省级科研课题研究框架，发表研究成果等，合作申报省级农业生物质能源发酵工程技术中心，使工作站能够在科研和人才培养方面为湖北工业大学和企业创建一个示范性创新基地。

同时，通过产学研合作，在农业部和省市农业科技部门支持下，打造种养殖和加工产业复合循环、新农村社区与新型农业经营组织相互融合、农业效益与环境生态效益共同提高的国家级循环农业典型示范企业和加快建设以龙头示范企业带动发展的新农村。截至2016年底，进入工作站的研究生总人数9人，学校进入工作站导师3人，学校聘请企业导师2人；四年来累计完成科研项目11项，取得标志性成果9项，取得社会效益700多万元，被湖北省教育厅学位办评估为先进工作站。

（二）主要经验及做法

1. 学校和企业高度重视

该研究生工作站2013年11月挂牌受到了学校和研究生院领导的高度重视，湖北工业大学党委书记周应佳教授亲临工作站检查指导工作。企业工作站办公条件良好，学校配备了20多万元的研究设备，实行年度科研与培养计划同步，形成了研究生和本科生联合调研和开展社会实践工作机制，工作站建立了运行管理和资产、科研与人才培养合作制度，每年坚持召开年会，校企合作稳步推进。

2. 校企合作具备良好的前期基础

早在2006年，湖北循环经济发展研究中心在寻找典型企业案例时，就与银河公司建立了联系，而后，在企业发展壮大的过程中，在发展思路和重大项目策划、申报等方面，都发挥了重要的作用，双方建立了良好的合作关系，为

卓越人才的培养

后来建立研究生工作站，深化合作奠定了基础。

3. 以项目合作为纽带，不断拓展合作方式

校企合作过程中，项目合作是发挥学校优势，为企业提供智力支持，满足企业需求的重要手段。同时，也是研究生参与社会实践，实现人才培养目标的有效途径。项目合作的成功，进一步增强了双方的信任感，也带动了其他的合作方式。

4. 充分发挥团队和骨干教师的作用

在与银河公司的合作过程中，湖北循环经济发展研究中心主任王宇波教授，整合校内资源，包括经管、生化、土建等学科专业，组建一支能够解决企业实际问题的团队，特别是为企业技术研发及应用、项目策划与申报等重大问题进行谋划，在产学研合作的过程中，把服务于地方经济和实现人才培养目标有机结合起来。

四、研究生工作站存在的问题

（一）工作站运行机制有待完善

尽管建立了相关的制度，但工作站建在企业，工作的开展必须得到企业的支持和配合，又不能影响企业正常的秩序，需要探索合理的运行机制，在校企层面如何加强统筹规划，保证各项工作措施落到实处。

（二）部分工作开展经费使用受到限制

由于研究生工作站经费属于财政资金，执行学校财务管理制度，目前对经费管理较严格，原计划开展的活动和列支的经费支出，更多是从学校的角度考虑，与企业相关的部分经费需求难以满足，按现有经费管理制度也难以支出，一定程度上会影响部分校企合作活动的开展。因此，需要对研究站工作加强统筹和谋划，保证各项工作有序可持续地推进。

（三）学科建设、人才培养与企业需求如何衔接

原则上，研究生工作站开展校企合作，较理想的目标是把学科建设、研究

生培养与企业发展需求结合起来。由于校企之间本身存在差异性，利益诉求不完全匹配，如何实现协同的目标，仍有一定的难度。

五、加强研究生工作站建设的建议

（一）完善制度　落实工作计划

企业研究生工作站的日常运行需要制度保障，作用发挥依靠机制来保障，因此，校企应在实践中重视机制建设，不断完善相关制度并抓好制度的落实，建立项目化管理的流程、合约管理的考核机制、多渠道经费投入机制、双导师制、技术保密制度等一系列管理机制，还需在实践中不断完善。

（二）科学规划　促进稳定合作

必须坚持科学规划对企业研究生工作站人才培养的指导作用和引领作用。由于企业研究生工作站培养人才是在不同主体间合作中进行的，强调共同利益下的项目驱动，因此必须坚持科学规划指引。具体而言，企业研究生工作站需要相关主体之间制订短期、中期和长期计划，并进行认真评估与审核，在此基础上建立相应的项目合作组织机制、沟通机制、运行机制，签订合作协议，并切实遵守。对政府而言，要严格审查校企合作规划和项目合作协议，推动校企稳定合作。

（三）多方筹资　保障正常运行

建议地方政府设立企业研究生工作站专项，对通过省级认定的企业研究生工作站或优秀项目给予经费支持，进一步降低企业技术投入的风险，提高企业、学校对这一平台建设的积极性。建议教育厅"研究生科研创新计划项目"优先支持工作站项目，或者按一定比例专门用于支持工作站项目。学校设立研究生创新教育专项经费与工作站一体化运作，是工作站经费投入的突破口。建议地方科技计划项目立项时优先支持研究生工作站申报的项目。

（四）强化合作　实现校企双赢

知识契合程度并具有知识势差是校企合作取得成功的关键要素。学者研究认为校企双方外部知识流入是提高双方知识吸收能力、提升合作绩效的主要影响因素。由于校企双方知识水平和技术能力的非均衡分布，形成了校企双方之间客观存在着"知识势差"，这种知识数量与质量特质造成的知识势差，决定了合作双方试图通过知识交流、互补等途径获得知识的正外部性。"学生"对于"老师"知识的学习，以其对"老师"知识辨别度为基础，既能够有效辨别出彼此存在知识势差，又可以相互补充契合，成为校企合作的前提条件。事实上，校企双方知识势差或者技术能力势差的确存在：一方面，企业在基础研究方面处于相对低位势的知识环境，其对合作高校的选择往往立足于高校基础研究乃至应用基础研究能力的比较和知识辨别；另一方面，高校及其研究生在应用技术与企业实践知识方面、职业素养与应用创新能力方面较企业相比处于较低知识位势。企业研究生工作站恰好为校企之间知识双向扩散与溢出，进而达到双方趋向平衡的知识位势提供了非常适合的共享平台。

校企双方具有显著知识势差并同时具有高度知识契合度促进了校企之间知识的双向垂直流动和知识扩散溢出，进而促进了人才培养质量的提高，因此必须基于知识势差与契合度严格校企合作伙伴的选择，并建立必要的淘汰机制。一方面避免与企业知识契合度差、缺乏知识溢出能力的高校学科团队进入企业，另一方面也要避免因研发团队缺乏、研发活动能力不强而无法与高校实现知识契合的企业参与高校人才培养。只有完善了伙伴选择与淘汰机制，才能确保产学研合作人才培养的有效性，提高人才培养质量。

六、结论

企业研究生工作站无论作为研究生创新教育模式还是产学研合作平台，都具有很强的现实意义，要能达到预期效果关键是建立人才培养和技术开发并重的互利共赢合作机制，使参与各方获得利益诉求，这样才使企业研究生工作站真正成为校企科技合作平台和高层次创新型应用型人才的培养基地，成为区域创新体系的重要组成部分，成为行业产业重大需求和区域发展重大需求协同创新项目的源头。

参考文献

[1] 朱广华，等．企业创新绩效的吸收能力变量共演进机制——企业研究生工作站视角［J］．科技管理研究，2016（1）．

[2] 蒋义刚．企业研究生工作站建设策略探究［J］．改革与开放，2016（10）．

[3] 张旭，等．协同创新视角下全日制专业学位硕士研究生实践教学体系构建研究——以江苏科技大学为例［J］．文教资料，2016（10）．

湖北省轻工高等院校中外合作办学探析

吴丹红

(湖北工业大学经济与管理学院,湖北 武汉 430068)

【摘 要】随着我国教育国际化的不断深入,中外合作办学在规模和层次上都有了前所未有的扩大和发展。文章在分析湖北省轻工业现状和轻工高等院校中外合作办学现状的基础上,探讨目前轻工院校中外合作项目上存在的挑战,并提出相应建议。

【关键词】轻工业;中外合作办学;教学

一、湖北省轻工业发展现状

(一)轻工业产业集群逐步形成

近10年来,我国轻工业在发展中逐渐呈现出以区域经济为格局的产业集群。产业集群的崛起,带动了当地经济的发展,成为当地的支柱产业或主要产业。轻工行业目前有97个在全国具有相当影响力的产业集群,涉及27个行业,分布在全国16个省(自治区、直辖市)。湖北省目前拥有食品、造纸、家电、纺织印染、服装等多个产业集群,在全国具有比较优势和特色。以安琪酵母公司、京山轻机、公安凯乐、云梦富思特等为首的一批国家级、省级高新技

[基金项目]湖北工业大学教学研究项目"基于PDCA循环的高校本科毕业论文质量管理体制研究"(校2016031)的阶段性研究成果。

[作者简介]吴丹红,女,湖北黄石,湖北工业大学经济与管理学院,副教授,会计学专业。

术企业起到了很好的开发、示范作用。同时，一批独资、合资企业如百威啤酒公司、富特波尔公司以及金龙泉啤酒，枝江大曲、劲酒、三王牌瓦楞纸机、玉立砂带、东贝压缩机、富思特塑料薄膜、舒蕾洗涤用品等本土品牌产品竞争力较强，极大促进我省轻工业的发展。

（二）相关政策支持到位

我国工信部印发的《轻工业发展规划（2016～2020年）》提出，"十三五"期间，轻工业增加值年均增长6%～7%，要构建智能化、绿色化、服务化和国际化的新型轻工业制造体系。《湖北省经济和社会发展第十三个五年规划纲要》《湖北省工业"十三五"发展规划》《武汉城市圈资源节约型和环境友好型社会建设综合配套改革试验总体方案》，都把加速发展轻工业作为强力推进新型工业化、建设工业强省的重要战略举措，尤其是以武汉为中心的城市经济圈和"一主三化"的战略方针，为加快轻工业的发展提供了重要的政策支撑。另外，国家长江经济带发展战略、中部崛起新十年规划和推进长江中游城市群建设，更是有利于湖北省发挥区位优势。根据湖北省2015年国民经济和社会发展统计公报，湖北省省轻工业增长9.8%，2015年上半年，湖北省规模以上工业增加值增长8.2%。其中，全省先进制造业、高新技术产业、轻工业比重不断提升，重化工业、高耗能行业比重持续下降。

（三）科技资源优势带动轻工业技术的创新

湖北省高校云集，现有高等院校75所，国家重点实验室9个，科技人员数量在全国第5，两院院士50多人，重点学科53个，科研开发力量雄厚。湖北省轻工业依托大专院校、科研院所，以大中型企业为骨干，在造纸、食品饮料、日用化工、家电、塑料等行业研制开发了一批高新技术产品，改造和提升了传统行业。大专院校和科研单位根据企业的技术需要，开发新技术、新工艺、新设备、新产品，并通过技术入股、专利转让等方法，提高大专院校、科研院所开发轻工产品加工技术的积极性，形成互相促进，共同发展的良性机制。这是湖北省最大的科技资源优势，将有力带动轻工业技术创新能力的提高，提高经济增长贡献率。

卓越人才的培养

二、湖北省轻工高等院校中外合作办学现状

(一) 中外合作办学蓬勃发展

目前湖北省内轻工高等院校主要有湖北工业大学、武汉轻工大学、武汉纺织大学、湖北轻工职业技术学院等。其中湖北工业大学中外合作办学项目有6个，分别为与德国伍珀塔尔大学举办的土木工程专业本科教育项目、与法国巴黎东部马恩河谷大学举办的力学与土木工程本科教育项目、与英国安格利亚鲁斯金大学举办的机械设计制造及其自动化专业本科教育项目、与美国威斯康星大学密尔沃基分校合作举办的艺术设计专业本科教育项目、与捷克奥斯特拉发大学举办的金融学专业本科教育项目。武汉轻工大学中外合作办学项目有3个，分别为与美国南犹他大学合作举办的广告学专业本科教育项目、与美国南犹他大学工程举办的管理专业本科合作办学项目、与英国蒂赛德大学合作举办的食品科学与工程专业本科教育项目。武汉纺织大学目前有与英国曼彻斯特大学合作举办的纺织工程专业本科教育项目、与日本文化学园大学合作举办的服装与服饰设计专业本科教育项目等。湖北轻工职业技术学院有与德国慕尼黑工业大学合作开办的啤酒酿造与饮料工艺专业的本科教育项目。

(二) 合作办学模式多元并进

从目前湖北省高等轻工院校中外合作办学的模式来看，主要是根据项目学生在国内大学和国外大学的学习年数，分为"2+2"模式、"1+3"模式、"4+2"模式、"2+3"模式。"2+2"模式为在国内学习年数2年（含外语培训），符合条件者可选择赴国外大学或学习2年（标准学制），在本校和国外学校学习取得的学分互相承认，达到规定要求的发国外和本校的毕业证和学位证，毕业后通过选拔可在国外学校继续攻读研究生。"1+3"模式为在国内本校学习1年（含外语培训），符合条件者赴国外国学习1年（标准学制），"4+2"模式为学生在国内大学学习4年（含外语培训），通过外语考试及面试，并获得国内大学本科学位者，均可申请攻读法国外大学的硕士研究生，部分学业优秀的学生可直接攻读硕博连读课程。"2+3"模式为在国内大

学学习 2 年（含外语培训），符合条件者赴国外大学学习 3 年（标准学制），完成双方学业者可申请获得中方本科学位、外方本科学位及硕士学位。符合条件者可申请继续攻读捷方博士学位。此外，单校园与双校园、全日制与非全日制、单文凭与双文凭模式并存。

（三）部分合作办学专业优势突出

突出办学特色，彰显优势专业合作办学优势是轻工院校中外合作办学的共同特点。历经多年的合作办学、办学定位和人才培养方案，基本上每所轻工高校都建立了突出双方学校优势专业和学科的中外合资办学特色。如湖北工业大学的机械设计制造及其自动化、电子信息专业都是中英双方学校的优势特色专业。土木工程是德国伍珀塔尔大学的特色专业，也是湖北工业大学的重点学科之一。武汉轻工大学是全国最早培养粮食行业专门人才的学校，农产品加工与转化领域相关学科优势明显，其中，食品科学与工程专业是国家级特色专业和湖北省品牌专业。武汉纺织大学与英国伯明翰城市大学合作办学，2016 年开办湖北省首个本科层次的中外合作办学机构——武汉纺织大学伯明翰时尚创意学院，设有数字传媒、视觉传达、环境设计 3 个专业。湖北轻工职业技术学院，早在 1987 年与德国汉斯·赛德尔基金会签署合作办学备忘录，引进德国"双元制"职教人才培养模式，其优势专业为啤酒酿造专业。

（四）一些合作办学效果良好

总体来看，这些轻工院校自开办中外合作办学以来，依法办学，努力提高中外合作办学水平，定期接受中外合作办学评估，逐步形成办学者自律、社会监督、政府监管相结合的中外合作办学管理机制，建立起了具有广泛社会公信力的中外合作办学质量标准和保障体系。这些中外合作办学通过引进境外办学主体和利用境外教育资源，推动了院校学科专业建设和教师培养，丰富了学校教育供给的多样性，推动了学校的教育教学改革，促进了教育国际交流与合作和学校的教育对外开放水平。另外，学校通过新设专业，加强薄弱学科建设，为经济社会发展培养了专门人才，为缓解实用人才的需求矛盾起到了积极作用。部分优秀毕业生因其具备了良好的职业能力和职业素质和较丰富的实践经验以及流利的外语沟通能力，受到学界和业界的广泛认可和好评。

三、湖北省轻工院校中外合作办学的挑战

湖北省高等轻工院校的中外合作项目经过历年的发展，积累了一定经验，在社会上取得了良好的反应。然而，中外合作办学也存在很多需要完善的地方，尤其是在如何立足轻工特色、充分引进国外的优质教育资源，获得可持续发展方面，还有待深入探索。

（一）如何坚持特色兴校观念，突出学校轻工特色

高等教育多样化的实现离不开学校专业特色的形成。轻工业特色已经成为轻工院校培养人才、科技创新、服务社会这三方面拓展发展空间的领域。如武汉纺织大学以时装设计和艺术设计为特色，成为中部地区最有特色和影响力的中外合作办学项目之一，是湖北省唯一拥有两个可以独立颁发外方文凭合作办学机构的高校。湖北工业大学坚持"服务地方经济，培养应用型人才，办出鲜明特色"，对接国家和地方绿色工业发展和传统工业绿色化的战略需求，实施以绿色工业为主导的"135＋"学科发展战略，做强"工程师摇篮"的品牌，突出绿色工业学科特色。武汉轻工大学的轻工食品类学科特色突出，农产品加工与转化领域相关学科优势明显。湖北轻工职业技术学院的德国"双元制"本土化的办学模式在全国高等职业教育领域影响广泛。武汉纺织大学的纺织服装特色鲜明、优势突出。在未来的发展过程中，这些轻工院校的中外合作办学如何进一步清晰定位本校的轻工特色，突出品牌优势并有效地衔接科研与成果应用还需进一步摸索。

（二）如何有效建设中外合作项目的和谐发展环境

高等教育的质量发展，应有着多元的价值取向。湖北省教育发展的新要求、新动向，需要理顺影响中外合作办学发展的各种关系。这除了要处理好满足社会需求与发挥自身办学特色的关系，还需处理好引进优质教育资源与满足社会多样化教育需求的关系、办学效益和办学质量的关系以及中外合作双方的关系。此外，在项目运行中，还要理顺项目管理体制和运行机制，处理好与学校及相关院系的关系。笔者观察到，一些中外合作办学项目的办学历史较短，

项目管理体制和运行机制尚在完善和成熟之中，相关院系和职能部门沟通和协作仍有一定障碍，教师管理、学生管理、课程与教材管理、教学管理等方面有一定矛盾。另外，外方和中方由于中外文化差异和管理理念不同、语言沟通等方面的障碍，也会发生一些冲突和矛盾，影响了管理过程中的相互适应和协同。只有逐步理顺中外合作办学发展的各方关系，充分调动各类管理人员、教师、学工干部的工作积极性，才能有效促进中外合作项目和谐发展环境的建设。

（三）如何加快中外合作办学的发展与谋划

目前，湖北省轻工院校大部分中外合作办学项目经过发展，初具规模，学科专业结构逐步优化，进入平稳和质量发展阶段。然而，受政策或条件的限制，部分合作办学项目面临停办的情况。如2016年，湖北省共有26个大学中外合作项目停止招生，涉及专业为计算机应用技术、电子商务、国际贸易等相对热门的专业。5个高中中外合作办学项目被要求限期整改，整改不到位将停止招生。另外，一些合作项目重复集中在本校办学成本相对低的商科、管理及计算机和信息技术等。一些积淀而来的问题，如投资、质量保障、收费、教学方式等问题无法有效解决，新问题逐步显现，机构和项目办学行为有待规范。因此，在推进中外合作办学发展的同时，如何根据学校整体定位，优化合作办学的规模和结构，扩展高质量和高层次的多个办学项目，更好地推进地区经济社会发展，是轻工院校面临的一个重要任务。

四、加强湖北省轻工院校中外合作办学的建议措施

（一）服务于当地及国家发展全局的需要

中外合作办学除了履行基本的培养人才功能，主要是通过教育引进国外优质的教育资源和教育方法，提高我国教育竞争力。合作办学的出发点是希望通过中外合作办学来满足区域及国家发展全局的需要，满足教育改革、社会发展和人才培养的需要和推进人才培养模式创新。湖北省最具竞争力的产业是交通运输设备制造业和通信设备、计算机系其他电子设备制造业；其次是纺织业、

卓越人才的培养

农副产品加工业、化学原料及化学制品制造业等；黑色金属冶炼及压延加工、电气机械及器材制造业和通用设备制造业也有较强的竞争力。因此应结合轻工院校办学的轻工业特色，结合学校的定位与特色，在湖北省优势轻工产业的中外合作办学上实现可持续发展，保持产业与人才需求之间的动态平衡，实现中外合作办学的专业设置与湖北经济社会发展的对接，服务于当地和国家发展全局的需要。

(二) 树立全面协同意识

目前，湖北省中外合作办学仍处于探索阶段，虽然呈现出蓬勃发展，但是个别合作专业仍存在着一些无序的态势，部分机构和项目存在一些设计不合理、招生困难大、办学规模小、引进资源少等问题。只有通过发展的手段解决发展中出现的问题，树立协同意识，坚持依法治教、依法管理，齐心合力健全相关制度，才能推动中外合作办学健康、有序、快速发展。其次，加快对中外合作办学领域专业建设的步伐，还需要不断听取行业专家、师生员工、校外同行等方面的意见，注重对合作项目的过程性反馈、评价、调整和完善，对合作办学的基本教学条件、教学质量、学生满意度进行评估，不断加大对合作专业的投入和建设力度，才能将合作项目办出特色、办出质量，让社会各界认可。

(三) 积极引进优质教育资源

引进国外优质教育资源是开展中外合作办学的核心。"引进优质教育资源的标准应当是有利于全面推进素质教育和培养创新能力，有利于提高高等教育、职业教育的质量，提高教育的国际竞争力，有利于培养现代化建设急需的各级各类人才，培养全面发展的、实现中华民族伟大复兴的一代新人。"中外合作办学为湖北省教育改革发展提供了广阔的前景，其成功的重要因素是科学的设计教学方案。从宏观上来看，湖北省中外合作办学在引进国外教育资源的同时，对湖北省整个教育领域将产生有益的影响。引进外国优质教育资源的关键在于消化和吸收的同时不断创新，建立外籍教师的师资认证系统，严格审查外籍教师的教学资格和水平，提高国际教育水平和竞争力。因此需要积极引导、支持、提供和鼓励省内各级各类教育机构，将国外优质教育资源转化为自身改革和发展的动力，为当地和国家培养出优秀人才。

（四）加强中外合作办学品牌建设

教育质量是教育品牌的核心。国内知名中外合作办学高校如西安交通大学利物浦大学、宁波诺丁汉大学、东北财经大学萨里学院的教学质量已经获得一定社会声誉，具有一定的社会影响力。这些学校注重国际复合型人才的培养，对合作办学教学质量把关严格，在学生、家长和校友形成较好口碑。可见，教学质量是合作办学的重心。另外，随着消费者对品牌意识的逐渐增强，高校的商标品牌已成为高校走向市场的通行证。知名度高、信赖感强的高校能够显著增强其竞争力。相比经济、文化较发达的东部沿海省份的其他高校，湖北省高校在中外合作办学品牌意识和宣传上并不够，使得社会公众对湖北省的了解，仅限于文本资料和网络资料等，缺乏对湖北省中外合作办学项目的直接观察。湖北省高校应利用新媒体技术，实现多元化品牌推广，加强对外宣传建设，展示湖北省教育事业的发展与成就，提高湖北省轻工院校中外合作办学的知名度和竞争力。

（五）迈出走出去的步伐

全国首家中外合作办学研究机构主任林金辉教授指出，"引进来"与"走出去"是高等教育中外合作办学的两种重要形式。增加境外学生招收数量及直接开展境外合作办学，可更深入地参与高等教育的国际交流、合作与竞争，拓宽高校办学视野，提高高等教育的国际化与现代化水平。目前众多学校的合作办学的重心仍然是围绕以不同方式加大对优质教育资源的引进和利用力度。面对国际教育新形势，我们需要思索如何通过引进和利用优质资源来推动湖北教育走出去的新步伐，坚持引进来与走出去并重，以更加积极主动的姿态深度加强湖北教育对外开放与区域教学合作，塑造开放型教育发展新优势，从而使湖北中外合作办学之路越走越宽敞，实现可持续发展。

五、总结和展望

本文以湖北省轻工院校中外合作办学为例，分析了湖北省轻工院校中外

卓越人才的培养

合作办学的发展现状和面临的挑战，并提出了相应建议。在经济全球化、教育国际化的世界潮流影响下，湖北省中外合作办学呈现多样化发展趋势，中外合作办学已日益成为国际教育合作和交流的重要领域。虽然当前湖北省轻工院校在中外合作办学方面取得了一定成就，但仍存在不少问题，需要在更大范围、更广领域和更高层次上参与教育对外合作。湖北省轻工院校中加合作办学应根据学校的轻工特色整体定位，密切结合地方和区域经济发展对人才的需求以及学校学科建设需要，实现优质教育资源与地方经济社会发展有机结合。只有合理吸收和借鉴国外先进的教育技术、管理经验和教科研成果，提高学院中外合作办学的水平和层次，以务实态度、创新的思路和高效的管理，才能把学校办成中外合作有鲜明特色、省内外有较大影响的新型高等学校，这是湖北省轻工院校中外合作办学长期可持续发展的根本条件。

参考文献

[1] 李鑫. 高等教育国际化趋势下的中外合作办学 [J]. 中国成人教育, 2014 (2): 78-80.

[2] 张丽军. 高等教育国际化背景下的中外合作办学问题研究 [C]. 辽宁省高等教育学会学术年会暨中青年学者论, 2013.

[3] 祁小峰, 明晓峰. 高等教育国际化背景下的中外合作办学实践研究 [J]. 漯河职业技术学院学报, 2013, 12 (2): 143-145.

[4] 曾健坤. 高等教育国际化背景下我国地方院校开展中外合作办学对策研究 [D]. 湖南师范大学, 2010.

[5] 林金辉. 中外合作办学中引进优质教育资源问题研究 [J]. 教育研究, 2012 (10): 34-38.

[6] 林金辉, 刘梦今. 论中外合作办学的质量建设 [J]. 教育研究, 2013 (10): 2-78.

[7] 傅智能, 贾慧英. 湖北九大工业产业竞争力评价 [J]. 当代经济, 2011 (4): 9-11.

[8] 娄玉英. 浅论国际化背景下中外合作办学的品牌建设 [J]. 内蒙古教育, 2016 (10): 24-25.

从案例探讨高校工程人才"订单式"培养

夏 露

(湖北工业大学经济与管理学院,湖北 武汉 430068)

【摘 要】 本文从湖北工业大学工程人才"订单式"培养案例出发,阐述工程人才"订单式"培养知行合一、资源优化配置、以人为本的理论支撑,分析工程人才"订单式"培养的现实需求和有利条件,提出推进工程人才"订单式"培养良性运行过程,包括:调研论证企业需求、运作过程的互动及多元化考核评价。

【关键词】 工程人才;案例;"订单式"培养

一、案例

2011年4月,湖北工业大学与光庭导航数据(武汉)有限公司建立联合实验室,12名学生以公司员工身份进入实验室,深度融入"订单式"人才培养,在学校教师和企业专家指导下,参与公司车载导航仪项目。

2011年5月,"东方雨虹班"成立,作为国内唯一拥有防水工程与材料专业的高校,湖北工业大学与北京东方雨虹集团等12家企业签订了联合建设防水专业协议。校企共同参与"订单班"人才培养标准确定、教学开展、学生就业。

[基金项目] 2014年湖北省教学研究项目,"'订单式'人才培养模式的效应分析与风险防范"(项目编号:省2014179)。
[作者简介] 夏露(1971~),女,汉族,湖北大悟人,湖北工业大学经济与管理学院教授,研究方向:经济法与现代企业管理、教育教学管理。

卓越人才的培养

2014年3月，湖北工业大学与中国南车集团长江车辆有限公司签订战略合作协议，交流科技合作的车辆轻量化研究、搅拌摩擦点焊高等项目，在共建研究院、"订单式"人才培养等方面取得实质性进展。

2014年12月，湖北工业大学与台湾MINTH（敏实）集团就"订单式"人才培养合作举行洽谈，台湾MINTH集团是专业设计、生产、销售汽车零部件的上市集团公司，会上，MINTH集团详细介绍了公司的文化理念、人才培养、薪资待遇、发展空间等。会后，经过现场笔试和面试，43名机械、材料和化工等专业学生，2015年进入MINTH集团订单培养。

为深化湖北工业大学教育教学改革，探索培养具有特色的应用型本科工程人才的成功之路，校企业合作，"订单式"培养，湖北工业大学还开办有"湖工大——商道在线管理精英班""湖工大——易时科技精英班""湖工大——简图电商先锋班""湖工大——外贸精英班"等。

围绕区域经济社会需求，湖北工业大学依托行业和政府与企业，校企业联合，开放办学，协同育人，"订单式"培养构建以产业促进教学上质量、出人才，教学带动科研上水平、出成果，以科研推动产业上规模、出效益，服务于人才培养，强化学生工程实践和创新能力，学生受益最明显，部分学生项目已产生经济效益，如，由4名同学设计的在电油混合动力汽车上安装一个小电池管理系统，实现了汽车节油三成的效果，该项发明经产业化，在武汉510路公交线路上成功投入使用；暑期社会实践项目——"焦作易生园酒庄建筑设计与实体模型制作"，制作精美、设计先进，实体模型一经展示，就有地产公司前来联系，希望学生团队为公司制作地产模型，等等。①②③

二、工程人才"订单式"培养的理论支撑

就人才类型而言，目前比较一致的看法是：总的人才可分为学术型、工程

---

① 黄兴国，李学锋，陈凌. 湖北工业大学打开校门协同培养创新人才［N］. 中国教育报，2012，9（6）.

② 鉴定. 湖北工业大学与中国南车集团长江车辆有限公司签订战略合作协议［DB/OL］. http://xcb.hbut.edu.cn/news/detail/2de9b70e-8ba5-4ea8-a62f-d66f60ecb163.html. 2014/04/24.

③ 机械学院，轻工学部. 与台湾敏实携手，校企协同探索订单式人才培养模式［DB/OL］. http://xcb.hbut.edu.cn/news/detail/e77fccb6-3aa6-49fd-af23-0c7ba28236d4.html. 2014/12/25.

型、技术型和技能型四类。根据《现代汉语词典（修订本）》，广义的工程概念不仅包括"硬件"的设计与制造，而且包括诸如预测、规划、决策、评价等社会经济活动过程，相应地，工程人才不但要从事规划、策划和设计，还需具备对某项系统工作决策、规划、实施和评价的能力。如表1所示，工程属实践范围的概念，工程人才主要强调实践应用能力养成，工程人才培养的研究，最关注的是实践教学和产学合作。

表1　　　　　　　　　　　工程与工程人才培养

工程		工程人才培养	
范畴	实践范畴	培养目标	卓越工程师
目标、任务	解决"做什么"、"怎么做"，以创新、实践和应用为目标和任务	培养内容	解决现实工程问题的能力，从事规划、策划和设计，及系统决策能力
方法	综合考虑经济、时间、效用等限制因素，侧重综合，采用折中处理办法	思维方式	强调实践性和综合效率，重视设计、过程、制造及团队协作
评价标准	工程方案可以是多种，评价标准实施后可能的效用	学习方式	"实践教学"、"产学合作"，实践和经验学习

"从工程中来，到工程中去"，"订单式"培养切合实践教学和产学合作，培养旨在开发企业为主体的社会力量参与到高校人才培养，利用高校与企业不同环境的教育资源，有计划地推动校内课堂教学与企业实践的结合、学生学习目标与职业目标的结合，防止过度"知识"教育，是"知行合一""资源优化配置""以人为本"教育理论的实践。

（一）"知行合一"思想

王阳明的"知行合一"，强调"知中有行，行中有知，以知为行，知决定行"，其教育思想的核心是理论与实际相结合，学校与社会相联系，为社会培养有用人才，"订单式"人才培养继承了"知行合一"实践教育的思想，强调根据行业对人才能力、规格等需求开展教学，改变高工程人才培养"重学术、重课程、轻质量、轻能力"的局面，解决学生在校学习的针对性、应用性问题。

案例中，湖北工业大校与深圳商道在线（ERP）软件有限公司、北京易时科技有限公司、武汉简图信息科技有限公司、上海项信设备股份有限公司、上海保险汽车科技服从有限公司等企业联合，利用企业的工程环境优势，在公司创建"订单式"人才培养基地，有计划地对"订单"班学生进行技能强化训练并参加企业工程实践，知行合一，培养学生工程意识和工程能力。

（二）"资源优化配置"理论

"订单式"培养是市场经济条件下企业人力资源配置的必然选择，"资源优化配置"由市场机制调节，不是人的主观意志而是由市场根据平等性、竞争性、法制性和开放性的一般规律实现。传统高校人才培养，用人单位——企业没有发言权，只能被动接受高校输出毕业生，企业招聘时希望他们有一定的工作经验，能直接上岗，对缺乏实践能力的毕业生进行全新人才培养计划，才能适应工作。"订单式"培养把企业发展的长远思路和具体要求注入人才培养环节，利用学校与企业两种环境教育资源，推动校内课堂教学与企业实践的结合，防止过度"知识"教育，培养学生的创新和实践能力，缩短就业过渡期，降低企业储备人才的成本。

案例中，湖北工业大校与中国南车集团长江车辆有限公司项目对接，为学校科研提供市场导向与需求，为企业技术升级拓宽视角、拓展思路，双方都有很大触动与收获，校企双方约定，共同拟定计划研发项目，企业技术研发活动于高校，促进高校教师提升学术水平和研究能力，企业利用高校的智力资源，孵化高校科研成果，获取领先技术，工程人才"订单式"培养良性互动，诠释了"资源优化配置"。

（三）"以人为本"理念

"以人为本"理念以人为"根本"，强调人的主体存在，着眼于人的全面发展，注重人的内在价值。高等教育的根本任务是培养适应市场需要的有知识和技能的高素质人才，"以人为本"强调学生的主体地位，强调学生主观能动性的发挥。"订单式"人才培养体现了"生本"理念，它不仅是一张用人需求的预订单，还包括从培养目标、学校的课程设置、教学方法、评估方法在内的"订单"培养规划。围绕学生的主体发展，建立以胜任岗位要求为出发点的培养体系，从培养目标的确立、教学策略的选择、培养过程的合作、人才质量的考核，在教育教学观、教学过程、教学方式、教学评价等方面重点培养学生的实践能力和创新能力。

案例中，湖北工业大学提出"订单式"培养，针对70%的高素质应用型人才，即培养一线工程师、经济师等高级专门工程人才，其核心理念是"以生为本、因材施教、分类培养、自由发展"，以提高实践能力为主体，强化实践环节，在教学实践中对学生设置差异化课程，满足学生个性需求，"以人为本"地促进人才培养。

三、工程人才"订单式"培养的现实需求和有利条件

实践层面推行高校工程人才"订单式"培养，满足工程人才的多元化和个性化需求，提高学生实践与创新能力，是培养高素质工程人才的需要。

（一）工程人才"订单式"培养的现实需求

我国今后一段时期，人才培养需求为：数以亿计的高素质劳动者，数以千万计的专门人才和一大批拔尖工程人才[1]。然而，与国家经济建设与社会发展需要大量工程人才不相适应的是，目前越来越多工程专业毕业生，无论毕业于重点工科院校还是普通工科院校，都很难找到与专业和学历相符的工作。有研究表明，尽管社会对工程人才有较大需求，但大量工程专业毕业生仍面临着失业[2]。工程专业毕业生主要问题是：缺乏工程创新意识和工程实践能力、专业面窄、动手能力差，无法直接适应工程岗位。究其原因，传统高校人才培养模式"重理论、轻实践"与工程人才多元化发展需求的矛盾突出，单一固化的人才培养模式和以灌输式为主导的教学方式，阻碍学生创新能力的培育与发展。

---

[1] 肖义平. 应用型本科高校"721"人才培养模式探索与实践[J]. 长春教育学院学报，2014（9）：125 - 126.

[2] 林健. 高校工程人才培养的定位研究[J]. 高等工程教育研究，2009（5）：11 - 17，88.

卓越人才的培养

"订单式"人才培养较好地解决上述矛盾,旨在开发不同环境的教育资源,推动理论教学与企业实践的结合、学生学习目标与创业能力目标的结合,提升创新和实践能力,提高就业适应力。

(二)工程人才"订单式"培养的有利条件

1. 顺应"卓越工程师教育计划"的政策导向

如何能让中国的工程师卓越起来,是高校和企业普遍关注的问题,2010年6月23日,教育部启动"卓越工程师教育培养计划",为工程人才"订单式"培养提供了有力的支持。"卓越工程师计划"强调创新高校与企业联合培养人才的新机制,旨在面向工业界、面向世界、面向未来,培养造就一大批创新能力强、适应经济社会发展需要的高质量各类型工程人才,为建设创新型国家,实现工业化和现代化奠定坚实的人力资源优势,增强国家核心竞争力和综合国力。"卓越工程师计划"同时列入《国家中长期教育改革和发展规划纲要(2010~2020年)》,强化校企的深度合作,主要是针对传统校企合作内容狭隘、合作目的单一、缺乏互惠共赢的利益机制等弊端提出的,从我国走新型工业化道路的战略目标出发,培养卓越工程师后备人才为总体目标,立足人才培养这一根本任务,实现合作办学"合作育人""合作培养工程师"等全方位、深层次、持续性的合作。

2. 满足工程人才的多元化和个性化需求

市场经济条件下社会对工程人才的多元化需求以及用人单位的个性化需求,为"订单式"培养推行提供了可能。传统上,高校过于注重专业理论完整构建、知识的传授和学科的系统化,校企合作不够深化,近年来,许多工科院校导向培养应用型人才,人才培养方案修订中加强实践教学环节学分、削减纯理论课时、鼓励学生参加各种创新创业竞赛等,是对普遍推行的"学科型""精英型"教学的补充,但覆盖面有限,缺乏与市场用人规格的调查和沟通,人才培养仍存在知识面不够宽、复合性不强、所学不能所用、沟通与合作缺乏等问题。从这一角度,高校和企业较普遍认可校企联合"订单式"人才培养。创立高校与企业联合工程人才"订单式"培养新机制,加强校企合作的深度融合,提高学生社会责任感,培养创新精神和善于解决问题的实践能力,是培养卓越工程人才的关键。

3. 国外成功经验可借鉴

国外先进的办学理念和教育模式为"订单式"培养提供了可供借鉴的依据。美国工程院院长查尔斯韦斯特指出："拥有最好工程人才的国家占据着经济竞争和产业优势的核心地位"。德国、日本、美国等国家"双元制""产学结合""合作教育"教育模式，强调对学生能力特别是应用能力的培养，发挥企业在高等教育中的作用。作为校企联合人才培养方式，研究理论体系已经比较成熟，为我国高校工程人才培养发展提供可供借鉴的依据。一是强调学校与企业密切合作。改变从教学计划到课程体系的实施人才培养过程相对封闭的状态，打破高校是唯一培养主体的现状，与企业合作，让企业参与人才培养计划的制定、课程的讲授，增强人才培养的开放性。二是强调理论与实践结合。首先分析人才市场，掌握市场所需要的人才及需求量，作为学校确定专业、确定培养目标和培养规格的前提，再根据工程人才技能内容和要求，开发相应的教学内容，包括培养技能应理解或掌握的基础理论知识、实践教学内容以及方法等。

四、推进高校工程人才"订单式"培养良性运行

如何有效推进实施高校工程人才"订单式"培养，过程控制是关键。必要结合经济社会发展需求，从调研了解企业需求，完善培养方案，到考核评价，规范运行过程，探讨推进"订单式"培养理论内涵，增加可操作性，如图1所示。

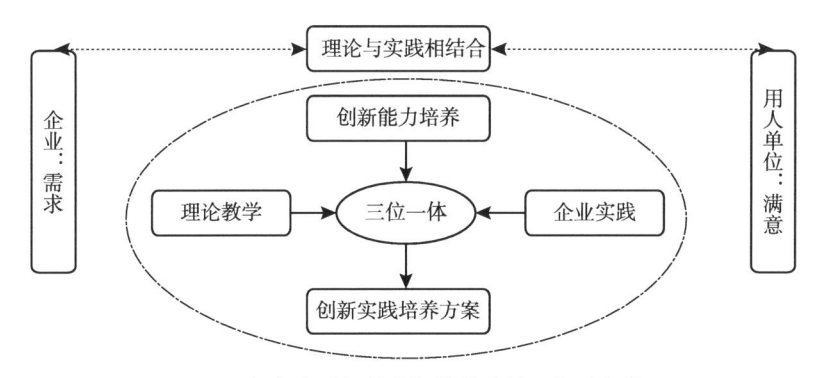

图1 工程人才"订单式"培养良性运行过程体系

卓越人才的培养

（一）调研论证企业需求

高校树立为区域经济发展、为企业发展服务的理念，关注企业需要，研究工程人才的产出规律，需要建立一种外部论证体系，保证"订单式"培养的质量，即与更多具备相当资质的企业对接，建立企业信息库，了解企业需求前提下，对工程人才"订单式"有需求意愿的企业做调研与可行性论证。

（1）企业发展潜力。即考察企业实力和基础，判断学生毕业后是否愿意去，其衡量标准以其是否为当地经济发展中的主导产业为主，围绕地方经济主导产业的企业通常具有好的就业前景。

（2）企业经营能力和管理水平。经营能力和管理水平包括市场开拓、资金运作、市场决策、风险化解等的能力和水平，考虑学生能否从中学到知识与技能，能否学以致用。

（3）企业人才需求规模和规格。了解企业"订单式"人才需求的动机和出发点，考察企业"订单式"培养的积极性，保证培养稳定性预期。

（二）运作过程的互动

企业的"订单"不仅是一张人才需求的预订单，还包括培养目标、课程设置、教学方法、评价体系在内的"订单"培养规划。工程人才"订单式"培养理想状况是既满足企业要求，又考虑学生及家长利益，产学耦合，良性互动。

（1）构建多元化教师团队。有符合"订单"教学需要的"双师型"（企业工程师、教师）队伍，是校企稳定的"订单式"培养关系的前提。目前高校教师大都源于高校，理论知识强，而社会实践能力薄弱，工程人才"订单式"培养前提是教师具备了相应的实践能力，除了强化教师队伍适应产学研合作教育的要求，全面提高教师队伍综合素质，提升教师实践能力外，将企业工程师引入学校教学，师资优势资源共享是有效途径，高素质、多元化的工程人才"订单式"培养教师结构，扩大学生与企业的契合点。

（2）加强对学生实践指导。将分层次教学"订单式"培养的学生引入产学研基地复合型科研课题中，由科研能力强的教师融入企业组建科研团队，提高学生研究视野，培养学生综合分析解决问题能力和探索发现能力。结合学生学习能力及兴趣，引导参与"订单"人才企业各种创新竞赛，如机械设计、电子设计等，激发学生创新能力。

（3）兼顾知识通用性与实践针对性。校企确定共同的人才观、质量观、教学观，企业把对"订单式"培养对工程人才的要求、企业文化、企业运行状态等带入高校，并反馈到培养方案（含教学定位、实践教学等），共同制定适应企业需求的具备实践教学工程人才培养质量标准的教学大纲，并对各实践教学环节任务分解，兼顾学生基础专业知识学习，与满足企业要求的企业实践与社会适应能力的培养，学生学习中熟悉企业生产实际，激发求知欲望。

（三）多元化考核评价

检验"订单"培养的成效，重在对学生考核评价，对工程人才"订单式"培养提供客观、合理的评定参考，帮助培养对象自我定位与提高。

（1）根据不同课程性质、地位及在专业中的作用，考核评价标准体现多元化，如对基础课程，重点考核学生对知识的接受程度和理解能力；对专业课程，重点考核分析问题、解决问题的能力，结合"订单式"培养中学生表现综合考评，含学生企业认同度、实践与创新能力。

（2）根据不同培养对象，采用不同的考核标准，如对"订单"中应用型人才减少理论考试成绩在总成绩中所占权重，增加实践技能成绩权重；对复合型人才除了专业课成绩，应适当增加辅修课程和创新实践在总成绩中的权重；对创新型人才的原创理念、团队协作、赛事获奖等综合性实践能力的成绩应在总成绩中占较大比重。此外，参与的研发项目、实习报告等，都可作为考核评价依据。

综上所述，工程人才"订单式"培养打通校企产学研结合的路径，案例高校——湖北工业大学是一所以工为主的地方高校，以培养合格的高水平的工程师，适应地方经济社会发展需求为人才培养主要目标，自2010年，进行了一系列工程人才"订单式"培养的研究与实践探索，有"订单班"至今开展了三轮，深化校企产学研合作，较好地激发了学生学习积极性和创新实践能力，也较好地证明了"订单式"提高工程人才培养质量的作用。工程人才"订单式"培养发挥企业、学校在高校人才培养中的主体地位，体现教育面向企业、服务经济发展，为高等教育注入活力。

卓越人才的培养

参考文献

[1] 林健. 高校工程人才培养的定位 [J]. 研究高等工程教育研究, 2009 (5): 11-17, 88.

[2] 林健, 孔令昭. 供给与需求: 高校工程人才培养结构分析 [J]. 清华大学教育研究, 2013 (2): 118-124.

[3] 吴绍芬. 校企深度合作培养卓越工程人才的思考 [J]. 现代大学教育, 2011 (6): 100-104.

[4] 曹问, 高丹桂. 基于社会需求导向的地方普通本科院校应用型人才培养改革探索 [J]. 西南师范大学学报, 2014 (4): 224-229.

论大学生非专业素质的培养

——以《能源金融》课程教学为例

向碧华

(湖北工业大学经济与管理学院,湖北 武汉 430068)

【摘 要】 在高校人才培养中的素质教育不仅包括专业素质的教育,更要重视非专业素质教育。经济新常态下,社会更紧缺的是复合型人才,而非专业素质培养关系着大学生综合素质的提升。高校教师应有意识地在课程内容设计、教学活动实施、教育教学理念等方面进行改革,将非专业素质教育融入课堂教学中去,通过非专业素质与专业素质相互促进,以提高人才培养质量。本文以《能源金融》课程为例,阐述了非专业素质在专业课程教学中的培养方式及需要注意的问题。

【关键词】 人才培养;素质教育;参与式教学;竞争力

我们一般把学生的素质教育分为专业素质教育和非专业素质教育。所谓非专业素质指的是学生在所学专业知识与技能之外应当具备的、对人的成功有非常大的作用,有时甚至起决定作用的素质。根据其内容的特点,常常分为四大类:一是观念类,包括世界观、人生观、价值观和敬业精神、创新精神等;二是品格类,包含道德、诚信、毅力、性格、修养、心理等;三是能力类,包括领导能力、组织能力、观察能力、分析能力、表达能力、动手能力、沟通能力

[作者简介] 向碧华(1978~),男,汉族,湖北仙桃,讲师,博士,主要研究方向:区域经济学、产业经济学。本文系湖北工业大学校级科研项目《提升大学生就业能力下的非专业素质教育体系研究》成果。

卓越人才的培养

等；四是知识类，是指专业知识以外的非专业知识，如社会知识、人文知识等。

面对日益激烈的市场竞争，高校学生所具备的专业素质和非专业素质同样不可或缺。高校作为人才的摇篮，加强非专业素质教育既是高校适应市场对人才需求的客观要求，也是完善人才培养的重要举措。

一、专业课程教学过程中融入非专业素质教育的重要作用

（一）创新教学思路，丰富教学模式

创新是一个民族的灵魂，是一个国家兴旺发达的不竭动力。创新教育既是培养学生创新能力的过程，也是教师教学过程的创新。"90后"大学生见识广、思维活跃、有个性、喜欢表现并渴望得到认可，传统的灌输式教学方式和方法已经不能适应他们，他们希望看到一个与高中、初中不一样的教学环境。因此，新常态下要提高教育教学质量，就必须与时俱进，不断创新现有的教学模式，逐步改善学生被动学习的局面，教学以学生为本，让学生不断地思考、总结，引发求知欲，自觉地去解决问题，培养学生的动手动脑能力，让学生在教学过程中能表达、会表达、要表达，从而打造高效课堂，提高学习效率，提升学习效果。

（二）专业素质与非专业素质教育能有机结合、相互促进

专业素质和非专业素质就好比"人"字的一撇一捺。一个人只有同时具备专业素质和非专业素质，他才是一个健全的人——一个健全的人必须是专业素质和非专业素质的有机统一体，即专业素质和非专业素质共同构成学习主体的成功素质，两者缺一不可。一方面，专业素质教育是基础。专业素质的培养是高等教育有别于其他教育的特征，是培养高、精、尖人才的必经之路；另一方面，非专业素质教育是大学素质教育的关键所在。传统的高等教育模式下培养的人才普遍具有表达能力、沟通能力、心理素质、创新思维等非技能方面素质的不足。这些缺陷往往成为"短板效应"，阻碍专业素质获取和发挥，限制了个人的全面发展。

在社会主义市场经济的环境下，专业素质和非专业素质并非鱼与熊掌，存

在不可兼得的矛盾。非专业素质教育的基本特色就是与专业素质教育有机结合，相互促进，共同培育大学生"先进的理念，优秀的品格，卓越的能力，科学的方法，广博的知识"。

(三) 非专业素质教育和培养需要多维度的介入

非专业素质教育和培养是一项系统工程，需要学生、教师、学校和社会多维度的介入，才能取得应有的效果。而专业课程中非专业素质教育和培养又有着不可取代的优势，第一，专业课程的教师能够在专业课程的学习过程中言传身教，对学生而言可以海纳百川；第二，学生比较重视专业课程的学习，因此在专业课程的学习过程中进行非专业素质的培养，既可以取得较好的培养效果，又能促进专业课程的学习，一举两得。

二、非专业素质在《能源金融》专业课程教学中的培养方式

(一) 实行累进式考核，优化评价体系

在广大高校，很长一段时间来，一直囿于"应试教育"思维。在传统的课程考核体系中，期末考试成绩在最终成绩的比重较高，即使专业课程有较好的非专业素质培养方案，也没有办法在课程成绩中充分体现出来。实行累进式考核，建立以"能力取向"为主导的多元化考评体系，并适当加大过程考核在最终成绩中的比重。在考核过程中，强调专业素质与非专业素质的结合，让非专业素质把专业素质转化为分析问题、解决问题的能力，而不仅仅是一种专业知识。

《能源金融》课程申请的累进式考核，将最终成绩分为平时成绩、能力成绩和考试成绩，分别占比为30%、30%和40%。其中平时成绩包括课堂出勤和课内外作业；考试成绩是期末考试成绩；能力成绩则包括参与式教学得分和实验室模拟交易成绩之和，参与式教学得分采用学生互评、小组打分、教师评价等多种形式进行；实验室模拟交易成绩由教师根据模拟交易结果给分。期末考试前，会将本课程的平时成绩和能力成绩公布，加强学生考核结果的及时反馈，适时调整教学方式，不断提高教学质量。此方式的目的是逐渐改变当前"唯成绩论"的评价方式，正确引导学生全面发展。

(二) 推行参与式教学，加强师生互动

参与式教学过程是指受教育者在明确的教学目标指导下，运用科学的方法，在民主、宽容的课堂环境中，积极主动地、具有创造性地介入教学活动的每一个环节，从而接受教育、获取知识并发展能力。教师与学生以平等的身份参与到教学活动中，他们共同讨论、共同解决问题，因此，参与式教学是一种师生共同推进教学的教学形式。参与式教学实现了从"应试教育"向"素质教育"转变，使学生从被动"受教"转向主动参与、积极思维、大胆创造、表现自我。

《能源金融》课程参与式教学的具体安排如表1所示。

表1　　　　　　　　《能源金融》参与式教学考核方式

小组编号	小组题目	小组构成	小组分工	评分	个人得分
01	题目1	张三	主题发言	A1	$A1×60\% + B1×40\%$
		李四	PPT制作	A2	$A2×60\% + B1×40\%$
		王五	论文写作	A2	$A3×60\% + B1×40\%$
		赵六	资料收集	A4	$A4×60\% + B1×40\%$
		学习小组整体得分		B1	
02	……	……	……	…	…

备注：1. 小组题目可以自拟或选取老师指定题目，自拟须经老师同意；
2. 评分结果中其他学习小组评分和教师评分各占50%；
3. 每个学习小组主题发言前2天把相关资料电子档发给老师，老师会在小组主题发言后针对每个同学提问2个，问题回答作为小组评分依据；
4. 分工和小组评分依据详见评分细则，其中A1，A2，A2，A4，B1均是汇总成绩。

《能源金融》课程安排在能源经济专业第四学期，学生具备了一定的专业知识和分析能力。课程的理论教学总共8章40课时，其中36课时以教师讲授为主，最后4课时以学生发言为主。当教学进度到达60%时，教师首先会根据章节安排给出8~10个论文题目，并把全班按照4人一组分成若干个学习小组；然后进行小组选题，小组成员进行合理分工，课外完成小组任务；最后学

习小组进行主题发言,现场回答提问。根据发言表现和问题回答情况,由其他学习小组和老师评分,汇总形成该环节的成绩。此方式的目的亦在培养学生的表达能力、协调能力、写作能力和办公软件的运用能力等。

(三)强化实验、实践教学,提高学生动手能力

实验、实践教学对提高学生素质,培养学生的创新精神和实践能力,有着其他教学无法替代的特殊作用,是理论联系实际的重要环节。《能源金融》课程的实验和实践教学分为两个部分,第一,实验教学。本课程除了40课时理论教学外,单独安排8课时实验教学,通过老师讲解,操作模式软件来完成外汇和期货的模拟交易,培养学生的动手能力、对金融市场判断能力和对风险的认知能力。第二,实践教学。在《能源金融》课程的理论学习基础上,积极参加与本课程相关的学科竞赛,调动学生参与知识竞赛的积极性,培养学生敢于挑战、敢于表现的创新精神和竞争意识。2015年我校14级能源经济专业的学生参加了首届全国大学生碳交易模拟大赛,感受竞争压力的同时,也让学生全面熟悉了碳交易系统及相关规则,探索碳市场价格变化规律;2016年15级能源经济专业的学生参加第二届全国大学生能源经济学术创意大赛分别获2等奖、3等奖各一项,取得了不错的成绩,这些都与他们赛前的团结合作、大胆创新、敢做敢想以及比赛论述过程中的能言善辩、自信是分不开的,这更是专业素质与非专业素质相结合的典型代表。

三、现行非专业素质的培养应注意的问题

非专业素质的培养和深化,除了要我们在思想上足够重视外,更需要建立一套长效机制,并在实践中不断完善,才能达到预期目标。

(一)大学生非专业素质培养要形成体系

大学生非专业素质的培养并非一朝一夕能够完成,而应循序渐进,因此在培养的过程中必须有计划、有步骤地建立多层次、形式不一、类型多样的非专业素质培养体系。首先,专业课程任课教师要将非专业素质融入专业课程的教学设计中去,作为教学任务的重要组成部分,尽可能使专业素质培养与非专业

素质培养形成良性互动；其次，合理安排本专业的公选修课程。在修改人才培养方案时，根据专业需要，开设10门左右的与专业相关的非专业素质选修课程供学生选修，既能体现本专业共性要求，又能兼顾学生个性发展；最后，大学生非专业素质培养要课内课外相结合。课外，各方要齐抓共管，学校要加强非专业素质教育的宣传，并通过校园文化加以引导；院系要多组织活动，可以是专家座谈，辩论大赛，也可以是专题讲座，体育比赛；学生自己也要加强对非专业素质教育的认识。

（二）大学生非专业素质培养要建立全面的考核体系

非专业素质教育实施最关键的是要有一套行之有效的考核与评价体系。考核与评价体系要客观和全面，这对学生的素质发展能起到较好的导向作用。为了实现考核的客观性与全面性，第一，评价标准要提前公布，做到有理有据；第二，要实行定量考核与定性考核相结合，以定量考核为主的考核方法。在非专业素质培养过程中，属于达标型的指标，直接采用定性考核，简化考核与评价程序；对于需要量化分级的指标，要规定比较合理的考核分值，尽量采用民主考评，体现考评结果的客观性。

四、结束语

非专业素质教育的开展是一项系统工程，非专业素质培养方式需要根据不同学校不同专业不同课程进行科学规划、合理设计；非专业素质培养的量化考核指标体系也需要逐步细化，适时调整，增强可操作性；非专业素质的培养同时需要建立一支踏实工作、富于开拓、敢闯敢拼的非专业素质教育工作者队伍。

参考文献

[1] 赵作斌. 大学成功素质教育理论与实践 [M]. 武汉大学出版社，2009：60-80.

[2] 罗中秀，谭聪杰. 非专业素质教育与大学生就业力提升研究 [J]. 湖南财政经济学院学报，2013，2（141）：155-160.

[3] 黄娟，甘英. 人才强桂战略下广西高校大学生非专业素质培养体系的构建 [J]. 人力资源开发，2016（8）：34-35.

运用"不完全讲授法"帮助学生构建完全的能力体系

——以《政治经济学》课堂教学为例

徐 彬

(湖北工业大学经济与管理学院,湖北 武汉 430068)

【摘 要】传统的课堂讲授方法在内容上极力求全,力求给予学生完整的知识体系,在方法上过多地使用演绎推理法,力求用严密的逻辑说服学生,实际上,这些做法并不利于培养学生的能力。不完全讲授法要求教师在讲授内容选择上故意"留白",引导学生自己重构知识,形成新的知识体系;在教学内容铺陈上,改变以演绎推理为主的课堂讲授方法,使用归纳推理法组织教学,引导学生发现问题,综合运用多种方法分析问题和解决问题,提高学生的学习能力,认知能力、判断能力和创新能力。

【关键词】不完全讲授法;能力体系;课堂讲授

长期以来,人们对教师的课堂讲授颇有微词,似乎教师的讲授挤占了学生思考的时间,影响了学生的创新品质和创新能力,于是,以"学生讲、教师导"为特点的翻转课堂、MOOC、对分课堂等教学模式和教学方法应运而生。在我看来,减少教师的课堂讲授时间固然重要,更重要的是要改变教学内容选择的原则和课堂讲授的方法。

[作者简介]徐彬,男,1964年6月生,湖北武汉人,汉族,经济学博士,湖北工业大学经济与管理学院教授,研究方向:中国经济转型与发展,社会冲突治理。

卓越人才的培养

大学生的能力表现在多方面，其中，发现问题、分析问题和解决问题是大学生最重要的能力。同时具备以上能力的学生，其能力结构就是完整的和全面的，换言之，这样的学生就具备了完全能力。培养学生的完全能力可以有多种平台和多个路径，课堂教学是最基础的平台和最可行的路径。

课堂教学改革的出发点和落脚点是提高学生的完全能力，然而，在传统的课堂讲授中，教师习惯于运用演绎法阐述问题并得出结论，力求给予学生完整的知识体系。课程内容铺陈方法的偏差和教学目的识别的错误，导致学生虽然获得了完整的知识，但却获得了并不完全的能力。因为在传统的课堂讲授方法中，教师过分追求知识的系统性和完整性，势必挤压学生的思维空间，长此以往，就会让学生产生惰性，形成对知识消极等待（而不是积极探求）的心理；长期接受演绎法教学的学生很容易形成思维定式，受其影响，他们只会套用现成的定理、名人的论断或做过的例题，养成唯书、唯上、唯教师所言的思维习惯，能力结构不完全的缺陷就会显现出来。

克服以上弊端，就必须改变教师的讲授方式，实施"不完全讲授法"是一个有效的尝试。

一、"不完全讲授法"的基本要求

"不完全讲授法"首先要改变讲授内容上的求全原则，在讲授内容的选择上，教师故意"留白"，让学生补全；其次要改变以演绎推理为主的课堂讲授方法，在教学内容铺陈上，不仅多变且有意设置"悬念"，激发学生的探究欲望。具体地讲，就是要做到：在课堂讲授中，教师对有些内容，或者有意不讲授，或者不正面直接讲授，让学生通过自主学习、课堂提问和课后讨论等方式补充完整，重新建构自己的知识体系；同时，教师采用多样化的讲授技法，让学生接受思维方式训练，掌握分析问题的基本思路，主动探究问题的答案，在探究问题的过程中逐渐形成自身的能力体系。

不完全讲授法不同于传统讲授方法之处在于：第一，弱化教师对教学内容的讲解（因为，讲授内容既不全面，也没有遵循按部就班的体系），强化教师在方法上的引导作用。第二，在课堂讲授中，弱化教师的地位，突出学生的中心地位。通常，教师的作用重在提出问题和引导学生的思维，学生在探究和回答问题的过程中修补不完整、不系统的知识体系。教师和学生在课堂上的地位翻转，增强了学生在课堂上的主动性。第三，教学目的上，引导学生从关注教学内容向关注思维方式转变。思维方式的习得成为课堂教学的落脚点，培养学生的创新品质，提高学生的完全能力成为教学的终极目标。两种讲授方法的区别如图1所示。

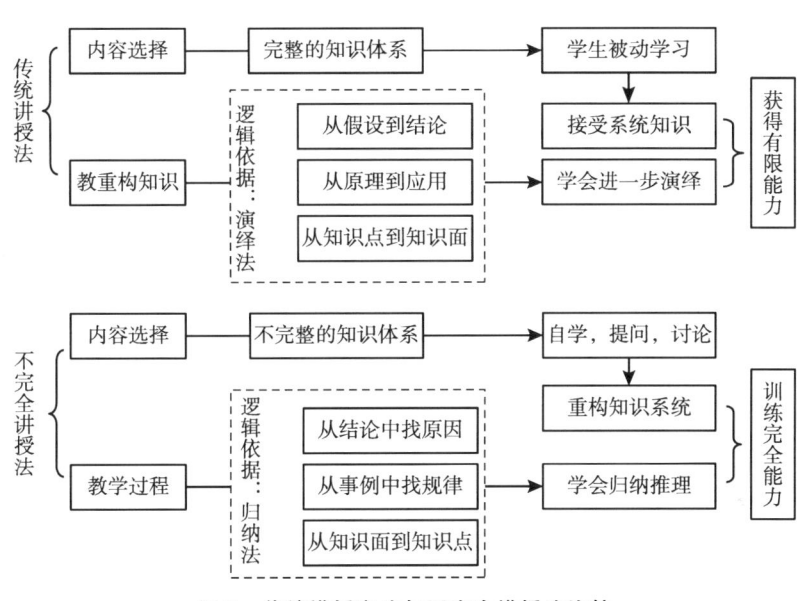

图1 传统讲授方法与不完全讲授法比较

不完全讲授法可以被认为是一种广义的教学模式，也可以被看成是一种狭义课堂讲授的技法，作为广义的模式，它不仅包含了课堂讲授方式，还包括了教学管理办法、课程考试方法等方面的内容。以上仅从狭义上展示了该教学法与传统教学法的差异，提出了不完全讲授法的基本要求。

二、"不完全讲授法"的教学实践

大学教育的目的在于培养学生的完全能力，这些能力体现为发现问题、分析问题和解决问题的能力，具体包含学习能力，认知能力、判断能力和创新能力等，实施不完全讲授法能够在一定程度上达到以上目的，在此，以《政治经

卓越人才的培养

济学》的教学为例，探讨该教学法的设施过程。

（一）只讲事例，不讲问题，让学生归纳事例后提出问题和分析问题，培养学生的归纳分析能力

传统的课堂讲授方法通常遵循"原理（定义）—典型的事例（例题）—结论"的陈述范式，这是演绎推理法的典型运用。它的操作规程是：教师首先提出一个抽象的概念和原理，然后讲述几个典型的例子证明它的存在性，最后要求学生记下这些概念和原理，并在以后的学习和考试中能够套用它们，这就完成了一个从知识点提出到知识被接受的完整的闭环。

在此，撇开这种讲授过程的科学性不论[①]，单就这种方法对学生的定位而言，它就不利于提升学生的思维能力和创新品质。因为，在这个过程中，学生始终是在被动地接受知识，不仅如此，在接受知识的过程中，学生又被置于严丝合缝的逻辑之中，找不到质疑的突破口。具体表现为：在从基本原理到原理的逻辑证明和事实证明，再到课后作业的学习过程中，学生始终被正确的原理和严密的逻辑所牵引，只有被动地接受教师给予的知识体系，欣赏教师讲授过程中的逻辑之美，结果是学生因此失去了质疑和探究的勇气，陷入这种思维范式的学生，其创新品质和能力无从谈起。

运用不完全讲授法，就是要一改传统的课堂讲授方法的范式，主要运用归纳推理的逻辑组织课堂教学，它要求教师只讲事例，不讲问题，让学生归纳事例，提出问题和解决问题。具体的做法是：教师找出一些有代表性的事例，让学生通过对事例的分析和归纳，推导出结论，然后，教师将对学生的分析及结论进行梳理和综合，上升到基本原理的高度，对学生中不同的观点，教师不是一味地否定，而是鼓励他们再作深入的探究，目的就是要引导学生学会归纳和提炼问题，提升学生的学习能力和认知能力，初步具备推理和总结的能力。例如，在讲授"生产工具是划分社会经济时代的标志"的观点时，教师给学生罗列石器工具、铁器工具、蒸汽动力工具、电动工具开始使用的时间，描述每一类生产工具对自然的依赖性逐渐减小的事实，然后，提出如下问题：推动生

[①] 实际上，用事实来证明某一原理的正确性，这本身就是不科学的。列宁曾经说过"如果用事实来证明某一理论的正确性的话，那么任何理论都可以被推翻"。

产工具进步的原动力是什么？生产工具进步对经济发展的影响体现在哪里？学生将生产工具进步的时间表与社会形态变迁的时间表进行比对，很容易得出正确的结论。将这个结论推而广之，学生就会对"现代社会生产力发展对社会经济发展模式变迁的互动关系"产生探究的兴趣。在这个过程中，我们看到，结论是学生推导出来的（运用归纳推理），新问题也是学生主动提出的（运用演绎推理），对这些问题的进一步探究，则是学习能力和认知能力提升的表现。

熟练运用这一讲授技法要求教师有较宽的知识面，所举的事例必须有代表性，同时必须及时识别、归纳和引导学生提出的观点；学生也必须有一定的知识基础，要准确捕捉到教师提出的事例的共性特征并高度概括这些特征。这种讲授技法的突出优点是可以扩大了学生的知识面，提高了学习的兴趣，训练了学生归纳分析的能力。

（二）只讲结论（结果），不讲前提（原因），让学生根据结论补充前提，寻找原因，培养学生逆向思维能力

从前提（原因）到结论（结果）的教学内容铺陈方法，可以给予学生完整的知识体系，也能让学生感受到严密的逻辑推理的魅力，但长期接受这种方法的学生容易养成墨守成规的习惯，将这种方法翻转过来，由结论（结果）推出前提（原因），则能让学生逐渐养成逆向思维方法，养成探究未知的良好习惯。

尽管逆向思维也是从已知条件推导出未知的结果，但不同的是，它将客观存在的事实作为已知条件，将寻找这些事实存在的原因作为课程讲授的最终目的，且将这个探究过程交给学生。实际上，就是将从由假设、原因推导结论的思维过程颠倒过来，让学生反向追索事实背后的真正原因，这就有利于调动学生的积极性，启发学生探求真知的冲动。

例如，在讲授《平均利润的形成》一节时，教师可以首先按教材的顺序讲授"三大转化"①，在学生完整地掌握了平均利润形成的三大过程之后，教师向学生提出如下问题：平均利润形成的前提条件和关键点是什么？面对这一

---

① 三大转化即，资本家实际耗费的不变资本与可变资本之和转化为成本价格；剩余价值余价值转化为利润；利润转化为平均利润。

卓越人才的培养

问题，学生不得不将所学的知识回放一遍，经过认真的思考，他们通常能够认识到：平均利润形成的关键点是资本在部门之间的转移没有人为的和技术的障碍，前提是资本家将剩余价值的源泉理解为生产剩余价值的条件。认识到平均利润形成的关键点和前提条件，也就真正理解了本节内容的逻辑起点，对平均利润形成过程中"三大转化"的理解就更加深入；认识到平均利润形成的关键点，不仅真正理解了平均利润的形成过程，也为以后正确理解绝对地租的来源扫清了障碍，因为它也是理解绝对地租来源的关键点。

又如，在讲授"土地价格有上升的趋势"的观点时，教师可以列举房地产市场价格不断上涨的事实，这些事实是学生能够感知到的社会现象，他们也有探寻房地产价格上涨的原因的冲动。教师有意识地引导学生寻根问底找出影响房地产价格上涨的各种因素，就能最终找到土地价格变动的趋势及其原因。这个探索的过程需要学生运用多学科的知识，需要学生将政治经济学课程中多章的内容连贯起来综合思考和反向推导。图2揭示了教师引导学生由结论反推出原因、多视角探寻房地产价格上涨原因的思维过程。

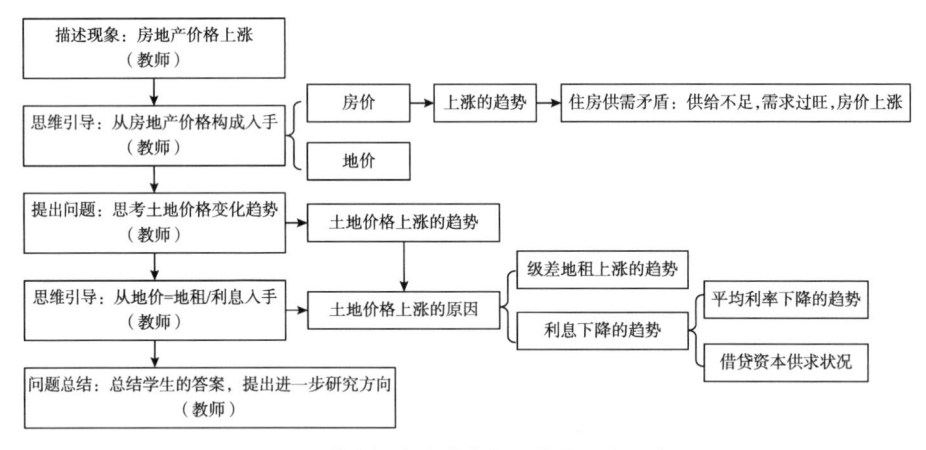

图2 学生探究地价变化趋势的思维示意

由图2可知，教师的连环提问和思维引导直接牵引了整个课堂。在课堂上，教师从房价上涨中引出了地价上涨的趋势问题，然后引导学生从地价的基本概念入手逐层反向追索原因；学生则从现象入手，沿着教师提供的思路逐渐找到了影响房地产价格变动的表面原因（住房供需矛盾）、直接原因（地价上涨）和根本原因。在这个过程中，教师全程参加了问题的讨论，但始终没有直接提供问题的答案，学生始终被问题牵引，反向地层层剥离出问题的答案。

（三）只讲思路，不讲内容，培养学生学习的主动性，培养学生理论联系实际的能力

政治经济学中有大量的方法论，学习马克思对社会经济问题的研究方法和叙述方法是该课程的核心目标。课堂教学的根本目的就是要告诉学生这些有用的方法，也就是要做到"授予渔"。学生掌握了这些正确的方法，才能正确地理解教材中的相关内容，而且可以从根本上提升课程学习能力。

如在讲授"地租的两种形态"时，教师不直接讲级差地租和绝对地租的形成过程，而是要求学生根据平均利润形成的理论，遵照价值规律的要求，根据平等、公正的原则，联系资本有机构成的理论，总结出两种形态的地租的形成过程。在这个过程中，教师紧扣平均利润理论、资本有机构成的理论提出问题，引导学生的思路，通常情况下，学生能够得到正确的答案。

运用这种方法的首要前提是，教师的思路必须是正确的，对思路的讲解必须是清晰的。

（四）只讲一种方法，或者只提供一个答案，让学生寻求一题多解，培养学生的发散式思维

在自然科学的教学中，一题多解是很常见的方法。在社会科学的教学中，对同一个问题从不同的侧面进行分析，也是常用的方法。在政治经济学教学中，一些基本原理不能改变，但对基本观点的论证方法可以有多重选择，从不能的维度、不同的侧面进行论证，不仅能够更加有力地证明这些基本原理的正确性，而且可以训练学生的思维。

因此，在课堂教学中，教师没有必要也没有可能用尽所有的方法，没有必要告诉学生相关问题的全部答案。教师只需要告诉学生一个答案，或者只从一个侧面对问题进行深入的分析，让学生打破思维定式，主动探求问题，寻求新的答案或从新的角度认识问题，对一个问题进行多维度的论证，这不仅可以改变学生浅尝辄止的思维惰性，而且让学生感受到殊途同归的乐趣，更重要的加深对问题的理解，进而看到理论问题的应用价值。

卓越人才的培养

在讲授"垄断资本主义经济发展的趋势"时，教师仅从垄断对经济发展的阻碍作用入手，系统讲解垄断资本主义的局限性。让学生从其他的侧面分析当代资本主义发展的特点和发展趋势。学生往往从垄断与竞争的关系、国际经济关系对各国经济发展的影响、新技术革命对经济发展提出的新要求、垄断资本国家国内政策调整及其局限等方面进行分析，通过这些分析，学生们能够更加深刻地理解垄断资本主义经济发展的停滞趋势的准确含义，既看到垄断资本主义经济"快速"发展的可能性及其原因，也看到其经济发展停滞趋势的不可避免性。在课堂教学实践中，我们发现，学生的许多知识既在书中，又在书外，许多鲜活的实例有力地证明了学生的观点，从而进一步佐证了教材中的观点，学生对当代资本主义国家的许多"新现象""新表现"都有比较客观准确的评价。

这种方法可以大大激发学生学习的积极性，开拓学生的思路，有利于学生将所学的知识系统起来，将所学与所见进行比较，并在不断的总结和比较中深化对所学知识的理解。

（五）罗列所有观点，但不作具体的评述，让学生作出评判，训练学生的综合判断能力

与以上的方法相反，教师可以只直接罗列所知的全部观点而不加评论，让学生判断这些观点的正误。这种方法要求教师对有关的问题有较充分的研究，熟悉各门各派的基本观点。在这个过程中，教师的工作重心是进行文献梳理和文献综述，因而对教师的专业素养有很高的要求。同时，它给学生提出的要求也不低：首先，学生必须对教师提出的观点进行认真的思索和综合，并对这些观点进行明确的分类归纳；其次，必须在这些观点中找出自己认为正确的观点（判断正误的标准来自教材和从其他学科），或者在对这些观点进行综合分析的基础上，提出自己独到的见解。这种方法对学生的判断分析能力提高具有明显的作用。

（六）只讲理论评述，不讲理论本身，让学生在倾听评述中领会理论的要义，培养学生思维的纵深度

传统的讲授方法从理论讲到学界对该理论的评述，在讲授中，教师通常选

择正面评述以显示其理论的正确性,目的是希望学生全部接受其基本理论。这种讲授方法没有根本性的错误,但是它在极大程度上挤占了学生质疑和探究的时空。运用不完全讲授法,就是要从理论评述入手,让学生在了解各种评述的过程中逐渐理解理论的核心内容。

学界对一个理论的评述通常从基本概念的内涵与外延、理论假设的现实性、观察问题的视角、理论模型的科学性、理论的学术价值和应用价值等多个侧面进行,学生认真了解以上内容,也就掌握了理论本身,教师在课堂上引导学生对这些评价进行归纳,进而作出新的分类(最简单地可以作出"正反""对错"的两极分类),然后进一步佐证自己认为中肯的评价和批评自己认为不实的评价。这个过程就是学生将各家观点进行再归纳再加工的过程,也是将所学的知识进一步系统化的过程,更是深入研究问题的过程,它的价值在于:一方面,加深了对基本理论的理解,因为学生全程了解到理论提出——理论演绎——理论运用中的相关问题,从而对基本理论的理解更加系统和完整;另一方面,为学生进一步开展更深入的研究创造了条件。因为学生全景式地看到了不同学者在评述该理论时表现出来的分歧,学生可以沿着"描述分歧的实质——探寻分歧产生的原因"的路径进行深入的分析并作出自己的判断。

在讲授"平均利润与生产价格的意义"时,教师直接讲授学界关于生产价格理论的争论,介绍资产阶级政府和学者对该理论的态度,不正面回答该理论的学术价值和实践意义。学生通常能够从资产阶级政府及御用文人的指责和批判声中,体会到马克思的这一理论的重大意义。

这种讲授方法没有对知识点进行直接的讲授,但留给学生的印象是深刻的。因为别人的评述往往从不同的角度和不同的侧面展开,这些评述本身就有一定的理论深度和思维广度。不仅如此,在此过程中,学生接受的最多的不是理论本身,而是一系列的方法,这正是课堂教学的目的。

这种方法的优点在于:学生一开始就在一个较长的时间流中感受到理论的发展过程,同时在一个多维的空间中感受理论的博大精深。在这样的时空中学习理论,学生的求知欲被刺激起来,学习的积极性被调动起来,创造性被激发出来。

为了使这种讲授方法达到预期的效果,通常要求教师在讲授前给出一定的时间,让学生对书本知识有一定的了解;在讲授过程中,教师对别人的评述可以不加任何评论（不代替学生做出判断和选择），但是对这些评述的介绍必须全面具体；教师在听了学生的讨论以后，对其观点进行综合的分析是必要的。

（七）只讲概念的内涵，不讲外延，让学生指出概念的外延，培养学生思维的发散性

概念是判断的基础，对概念的正确理解包括对其内涵和外延的全面掌握。在传统的讲授方法中，教师对概念的内涵和外延都作全面的介绍。运用不完全讲授法，教师只讲概念的内涵，不讲外延，让学生指出概念的外延。这种讲授方法的优点在于：学生指出概念的外延的过程，就是"寻找相似形"的过程，也是对相似性进行再归类的过程，"寻找相似形"需要学生进行发散性思维，对相似形进行再归类需要学生具备归纳推理的能力。

资本是政治经济学中的基本的，也是最重要的概念之一。在讲述这一概念时，教师详细地讲解"资本"的定义，让学生回答资本的外延。接受指令后，学生通常能够找出资本的不同形态，并按照一定的标准对资本进行分类，经济与管理专业的学生还会将在专业课中所学的知识移植过来，对资本的外延的理解更加具体。学生对资本的分类和归纳，不仅对理解后续的知识是很有帮助，而且对构建政治经济学知识体系具有重要作用。

（八）只提供议题，不作说明和讲解，让学生自由讨论，学以致用，锻炼学生的综合素质

在课堂上，教师设定议题让学生在课堂或课后完成，既可以检验学生的听课效果，也能够引导学生运用教师在课堂上使用的方法分析议题。议题可以来自社会热点，也可以重大理论前沿中的具体问题，议题不易过大，议题的答案不能是唯一的，否则无法进行讨论。讨论的目的是让学生逐渐形成质疑和探究的习惯，逐渐熟悉常用的归纳分析和演绎分析的方法，学会理论联系实际，锻炼学生的综合素质。

三、讨论与说明

对早已习惯传统教学方法的教师和学生而言，实施"不完全讲授法"可

能会留下一系列的疑问。在此，有必要对这些疑问作出简要的回答：

（一）实施不完全讲授法是否有利于学生完整地掌握知识体系

这种担心是多余的。实施不完全讲授法，在讲授内容的选择上，不讲次要的、非基本的、与正确理解基本观点没有直接关系的内容，并不追求知识点和分析方法的面面俱到，而是择其一点深入地分析。教师通常只是选择一个侧面、一个片段进行重点讲授，表面上看，教师的课堂讲授并不完全，但教师对学生提出的要求却是多层面和完全的，多层面和完全的分析问题的任务主要不是由教师直接完成，而是借助学生自学习、课堂（课后）讨论等方式主要由学生来完成。另外，不完全的讲授始终是与完全的指导相结合的。教师和学生在课堂上和课后的互动，可以使学生系统地完整地掌握一门学科的基本知识。更有价值的是，通过一系列的教学互动，学生完成了对知识体系的梳理和补全，就是知识的系统化过程。

（二）实施不完全讲授法学生无能力配合或不愿意配合，怎么办

这的确是一个问题。不完全讲授法成功与否，在很大的程度上取决于学生是否积极配合。对此，我的看法是，学生是有能力配合教师的，关键在于教师如何激发学生的配合热情。激发学生的教学参与率和参与度，需要教师有较强的课堂组织能力，更重要的是，必须提升教学内容的吸引力。

实施不完全教学法的过程中，教师在教学内容上的"留白"和"欲言又止"会激发学生的求知欲，教师不停地提问和引导可以集中学生的注意力，为了提升学生的参与，教师的提问不宜过难，让学生无言以对，无话可说，万一出现这种情况，教师必须及时进行引导，给学生提供思考问题的基本方向（不是代替学生说出答案），帮助学生厘清思路寻找正确答案。为由如此，学生才会在"提供一个满意的答案"的激励下，不断探寻下去，积极配合教师的课堂教学活动。

（三）实施不完全讲授法，需要怎样的课程考核方式

这是一个亟待解决的问题。传统的考试方法是与传统的教学方法相配套的。实施不完全讲授方必须有与之相适应的课程考核方法。这就需要做如下改

进：首先，在考试内容上，必须改变考核的重点，具体地讲，需要突出以下三个重点：即重点考查学生的思维方法，重点考查学生的知识面和知识体系，重点考查学生在所学的知识的基础上对某些重点问题理解的深度。其次，在考试方法上，必须抓好以下几个环节：以学生平时在课堂上的表现为主，引导学生从被动的以应试为目的的学习，向积极的以素质培养为目的的方向转变；以综合性的主观试题为主，考查学生综合应用知识的能力；以综合性较强的专题小论文的形式，测评学生的综合素质，特别是考查学生的创造性思维的品质和能力。最后，在评分标准上，不能根据"标准答案"评定分数，而应该根据学生在试卷中表现出来的创造性思维的能力，结合学生平时的表现，综合评定学生的成绩。

参考文献

[1] 杨淑萍，王德伟，张丽杰. 对分课堂教学模式及其师生角色分析 [J]. 辽宁师范大学学报（社会科学版），2015（9）：653-658.

[2] 李永安. 我国大学课堂教学的改革策略 [J]. 中国高等教育，2013（5）：33-35.

[3] 刘珍珍，周文学. 高等学校课堂教学方法改革思考 [J]. 内蒙古财经大学学报，2015（1）：138-141.

[4] 李茂森. 从学科知识的传递到问题意识的养成——试论当前高校课堂教学的重心转移 [J]. 当代教育论坛，2012（6）：109-112.

讨论式教学法在公共管理专业课程中的应用

杨爱葵　刘耀东

（湖北工业大学经济与管理学院，湖北　武汉　430068）

【摘　要】讨论式教学有利于提升公共管理专业学生的学习热情；有利于培养公共管理学生应对公共管理实际问题的能力；有利于使学生能够对政府现实问题有深入的理解。要使讨论式教学达到预期的效果，公共管理专业教师必须要综合应用多媒体设备来为公共管理课程讨论创设情境；要充分调动公共管理专业学生的学习积极性；要善于为学生创设公共管理现实问题的情境，要善于创设公共管理专业学生的民主氛围；注重讨论式课堂的正义。

【关键词】讨论式教学法；公共管理；专业课程；应用

一、何谓讨论式教学法

讨论式教学是以启发式教学与情境式教学的思想为基础的，为达到引发学生的情感体验和提高教学效率的目的而引入、制造或创设的与教学内容相适应的具体讨论场景或氛围，是以"合作学习""合作探索""研究式教学"为具体形式。学生应在老师的指导下，通过自己的思考与理解，发现事物发展的起因和事物的内在本质。讨论式教学法的基本原理在于：先是教师设定问题的讨

［作者简介］杨爱葵（1974~　），男，副教授，湖北松滋人，湖北工业大学经济与管理学院副教授。刘耀东（1976~　），男，湖北黄石人，湖北工业大学经济与管理学院副教授，管理学博士，硕士生导师。

论情境，学生在面对问题之时会产生困惑和矛盾；鼓励学生进行积极主动的讨论，进而提出问题解决的方案；然后经过归纳与分析，从而得出解决问题的新方法。其特点在于：①讨论议题选择的目的性。任何一个讨论议题必须围绕着一定的教学内容与目的展开的。一个讨论议题无论有多精彩，如果不是服务于一定的教学设计和目的，则是毫无意义的。因此，讨论教学法要紧扣教学的目的和主题，选择合适的议题进行分析研究，从而提高学生的分析问题和解决问题的能力。②讨论教学的互动性。传统的课堂教学方式往往是教师进行灌输式的授课，学生则被动地接受知识，学生往往只能跟着教师的思路进行学习，学生发言的机会多半是回答教师的提问、质疑。而讨论式教学法则不同，老师通过讨论的方式为学生设定了问题，这样一来，老师扮演的是一个引导者和设问者的角色，而学生则扮演着评判者和分析者的角色。在老师与学生角色之间的互动过程中，从而加强了学生对理论的理解能力和问题的分析能力。③学习方式的主动性。传统的教学方法属于灌输式的模式，教师主动将理论知识传授给学生，而学生则是简单地接受教师由外至内的灌输和传递。而讨论教学法则强调学生与教师以及学生与学生之间的互动，应该是所设置的问题并非只有一种解决办法和答案，学生可以主动地去认知知识载体，以自己的已有信息体系去分析和理解问题，并提出不同的解决方案。④教学技巧的综合性。讨论式课堂教学法可以熔启发、暗示、诱导、提问、质疑以至于讲解等为一炉。并且，与过去使用这些教学法不同的是，在讨论式教学的过程中，所谓启发、暗示、诱导、质疑以至于讲解等，已不单纯是老师一人的事，不是老师单向地对学生起作用。在活跃的讨论（包括辩论）过程中，老师要引导学生发言，而学生一人发言，其他学生听讲，老师也在听讲。这样不仅是学生之间互相交流，老师也可以从学生那里捕捉到大量信息。教师只有敏锐地抓住一切可能从学生得到的暗示和启发，才能使讨论不是简单地按照老师或某种参考书的思路发展下去，而是自由灵活地从多种角度展开。总之，讨论式课堂教学法，是教师让学生在课堂上有准备地针对某些问题进行分析讨论，从而达到预期的教学目的的一种教学方法。它与一般的课后讨论不尽相同。因为学生不仅仅是消化教师课上的内容，更多的往往是根据教师布置的课题，自己去阅读搜集材料，准备那些教师尚未讲解的内容。[①]

二、讨论式教学的现实意义

公共管理作为一门应用性的学科，对现实公共管理问题的关注程度较高。通过讨论式教学可以激发公共管理专业学生的思维，从而提升学生分析和解决政府部门管理领域现实问题的能力。由此可见，讨论式教学对于公共管理专业课程教学具有重要的现实意义。

首先，讨论式教学法有利于提升公共管理专业学生的学习热情。公共管理专业的有些课程注重理论分析，有的课程则注重现实问题的解决。要想让学生切实有效地掌握公共管理知识，培养学生的学习兴趣则变得尤为重要。传统的灌输式教学法往往强调教师的主体性地位，注重注入式的教学手段，从而使学生的思维得不到应有训练，缺乏灵活性和创造性，进而严重地阻碍了学生的智力发展。讨论式教学则与之相反，公共管理专业教师在教学中以学生为学习的主体，并从学生的实际出发，通过设问、质疑、反问等方式来启发和引导学生，就能够调动学生的学习热情，激发学生的学习的积极性、主动性和创造性，使学生能够做到积极思考、乐于学习，从而有效地掌握公共管理专业的相关知识和技能。

其次，讨论式教学法有利于培养公共管理学生应对公共管理实际问题的能力。公共管理既是一门科学，也是一门艺术。因此，要解决公共管理的现实问题，既要坚持科学的原则作指导，也要灵活地运用一些处理实际问题的艺术。传统的灌输式教学法有一套固定的教学格式或若干具体的教学环节，并遵循固定的程序、步骤、准则、手段进行教学，从而忽视了学生的主体性。这样一来，学生对于公共管理实际问题的分析解决能力则得不到有效的提高。而讨论式教学的目的在于培养公共管理专业学生独立思考的能力，促进学生掌握公共管理的理论与艺术，提高学生解决政府管理实际问题的能力。

最后，讨论式教学能够使学生能够对政府现实问题有深入的理解。讨论式教学是以学习者为中心的参与式学习模式，教师通过有意识的引导和启发，让

[①] 吕瑞峰. 讨论式课堂教学法的概念和特点［J］. 新课程，2005（2）.

学生对问题有深度的理解。公共管理现实问题的答案是开放式的,因此,通过个体或群体合作的方式做出分析和判断,积极寻找公共管理问题的多种解决方案,积极表达自己的观点和挑战其他人的观点,这样经过反复多次的碰撞和积淀后,就会增进学生"深度学习"的机会,延展、重组及更新学生既有的思维模式与发展其技能。整个重点在强调学生"会学"了多少,而非"学会"了多少。课堂讨论中教师重视的是得出结论的思考过程和解决问题的方法与技巧。通过大家进行各自发言的方式,也就是把公共管理的现实问题带进课堂,把学生已有的理论素养、知识、文化转化成领导和管理智慧。①

三、在公共管理课程中如何实施讨论式教学

公共管理专业讨论式教学的目的在于培养学生独立思考的能力,促进学生掌握公共管理的理论与艺术,提高学生解决政府管理实际问题的能力。要使讨论式教学达到预期的效果,公共管理专业教师必须要做好如下几个方面的工作:

第一,综合应用多媒体设备来为公共管理课程讨论创设情境。众所周知,多媒体是集文字、图像、视频与音频于一体的教学辅助工具,它能够将人的视觉、听觉与感觉等多种感官调动起来,从而达到形象直观的效果。因此,多媒体教学设备具有传统教学手段无可比拟的优势。恰当地运用多媒体能够收到事半功倍的教学效果。行政管理专业教师为了再现政府管理的典型案例,可以通过录音、录像、图片、VCD、幻灯片、投影仪、投影片等手段,还原行政管理案例发生的场景,使学生有身临其境的感觉,从而能够激发学生的学习热情。②

第二,充分调动公共管理专业学生的学习积极性。设法激发公共管理专业学生的求知欲望,使学生的大脑始终处于积极思维状态是讨论式教学的关键所在。讨论式教学强调在教师的指导下,努力调动学生的积极性与主动性,让学生就现实问题在课堂展开激烈讨论,使学生能够自己去发现问题和解决问题。为此,公共管理专业教师要以适当的方式方法帮助学生开启思路,然后教师应

---

① 刘耀东. 试论启发式教学在公共管理专业课程中的运用 [J]. 学习月刊, 2013 (16).
② 刘耀东. 情境教学法在行管专业课中的运用 [J]. 学习月刊, 2013 (20).

帮助学生理顺思路，把握事物的本质特征，进而用准确的语言进行有效的表达，使学生的学习积极性得到有效的提升。

第三，转变学生与老师的角色关系。传统的教学方法是一种灌输式的模式，教师充当"讲解员"的角色，而学生则充当"听众"的角色。而在公共管理课程讨论式教学过程中，教师充当的是"引导者"和"导航员"的角色，而学生则充当"评论员"和"仲裁员"的角色。教师要指导学生对公共管理的现实问题进行讨论，包括有针对性地选择公共管理现实问题，引导学生去思考、去争辩、去作出决策和选择，去"解决"公共管理中的特定问题，引导学生探讨公共管理中各种复杂的情形及其背后隐含的各种因素和发展变化的多种可能性。在这一过程中，教师既不能让课堂讨论放任自流，又不能严格控制讨论过程。要让学生说出自己想说的话，教师要让学生要充当"参与者"和课堂的主角。①

第四，要善于为学生创设公共管理现实问题的情境。公共管理专业教师要善于创设问题情境，培养学生的探索创新精神，鼓励学生自己去探索和发现公共管理领域的现实问题。公共管理专业教师在教学中以学生为学习的主体，并从学生的实际出发，通过设问、质疑、反问等创设问题情境的方式来启发和引导学生，让师生之间、学生之间在互设问答的过程中引导学生参与教学活动，调动学生积极思维空间，提高学生独立的创造性思维能力。这样一来就可以使学生能够做到积极思考、乐于学习，从而有效地掌握公共管理专业的相关知识和技能。

第五，要善于创设公共管理专业学生的民主氛围。只有建立民主的氛围才能够使学生坚持真理、修正错误。在公共管理教学过程中，教师不可唯我独尊，搞一言堂。教师要充分调动学生的主动性和能动性，让学生们能够围绕问题去讨论和争辩，从而形成学生们畅所欲言的民主氛围。对于学生的观点，不可太过求全责备，只要踊跃发言和争辩，如果没有什么原则性的错误，都一律鼓励。这样一来，真理就会在民主的氛围中越辩越明。

第六，注重讨论式课堂的正义。"讨论式课堂"给所有同学提供了平等机会，并且给少数"弱者"提供了优惠，因此"讨论式课堂"是"正义"的。

---

① 刘耀东. 试论启发式教学在公共管理专业课程中的运用 [J]. 学习月刊, 2013 (16).

卓越人才的培养

不仅如此,"讨论式课堂"的情景是同学们差异情况的真实反映——"优秀者"更优秀,"落后者"也进步。[①] 可见,讨论式教学法也要注重正义问题,要对一些学习成绩不够出色的同学要予以关注,有效引导这类群体通过参与课堂讨论来提升综合素质。

---

① 杨国华. 讨论式课堂教学中的"正义"问题 [J]. 中国大学教学, 2016 (6).

高校教师教学时间投入情况相关研究

杨 丽 王海波

(湖北商贸学院,湖北 武汉 430079)

【摘 要】教师的工作时间是社会各界十分关注的一个内容,教师工作时间也是影响大众对一所学校教学质量和态度看法的重要因素,因此这方面的相关研究,渐渐成了一个比较热门的方面。本文对各类院校教师的教学投入时间和工作时间进行了相关介绍,让读者了解其定义与区别。进一步对影响教师工作时间的因素进行分析,得出结论。希望本文能给各高校和相关部门制订更科学合理的教师工作计划提供依据。

【关键词】教学时间;教师工作时间;影响因素

随着社会与经济的发展,高等教育规模的扩张使得政府和大众对高校的关注大大提高,对高校教师的工作也提出了一些质疑。很多人认为高校教师的工作非常轻松,没有固定的"坐班"时间,每天与学生一样拥有寒假、暑假两个超长假期。事实上,高校教师是一个"有职责不界限"的职业,教师对教学和科研工作的投入程度无法用大众所说的"坐班"来衡量。在社会其他各行各业的从业者羡慕高校教师"轻松自由"时,高校教师却在内心感慨"时间都去哪了"?其中,研究型大学教师尤甚。教师工作虽然没有"朝九晚五"

[基金项目] 湖北工业大学校级教研(校 2011021)项目。

[作者简介] 杨丽,女,武汉大学法学院硕士毕业,湖北商贸学院学工处教师。王海波,男,1980年生,武汉大学测绘遥感信息工程国家重点实验室博士毕业,湖北工业大学经济与管理学院教师。

的工作时间限制，但其特殊性导致了教师工作的实际时间更长。教师工作时常需要思考，工作具有随时性，因此工作和休息时间的界限并不分明，教师需要不断地学习知识，提高自己，从而给学生传授最新最科学的知识。美国全国高校的教师调查结果表明，2004年全国大学教师周工作时间长达55小时，其中"985"高校教师的周平均工作时间也达50小时以上，而这些数据中，拥有教授职称的教师的工作时间更是长达56小时以上，这一数字已经超过了其他各职业的工作时间。虽然高校教师的工作时间投入已如此之多，但还是常常为合理分配教学和科研时间所困扰，经常受到轻教学的批评。这些批评者认为，高校教学质量的下降，主要是因为教师没有投入足够的精力和时间。基于人们对高校教师工作的时间、态度不理解，本文试图对于高校教师是否有合理的工作时间，投入教学的时间是否减少以及影响教师工作时间的因素等问题，进行分析解答，以此为高校教学和教师管理提供参考依据。

一、教师工作时间和教学投入时间相关研究

关于高校教师的工作时间，首先应该了解哪些活动时间应该包含在工作时间以内。库斯最早于1919年将教师的工作量定义成教学工作量，并且将教学活动和非教学活动区别划分。到了20世纪中后期，高校教师工作时间的相关定义变得宽泛，一般情况下，教师工作时间是指从事和职责、兴趣相关的所有活动时间的综合。包括了教学准备工作、课堂教学工作、课程考试组织、论文指导工作、研究创造性工作以及其他学术活动等。21世纪以来，教师工作时间的定义与之前有了很大变化，涉及了教师所有的工作，即包括教学、科研和服务。许多研究调查表示，中国、美国、韩国、日本、加拿大等地高校教师的周工作时间均超过了50小时。

由于对高等教育的关注，人们对高校教师的工作情况十分重视，对影响教师工作时间长短和分配的因素尤其关注。尤克的研究表明，影响教师工作时间的因素主要分为三点：第一，教师所在国家、学校、学科的区别；第二，教学安排的不同，如课程类型和深度，教师参与度等；第三，人口统计学的因素，如职称、性格、性别等。弥尔姆研究重点包括大学教师本人的学位、所属学科领域、任职机构泪奔等。这些因素对教师工作时间的影响，结论为：随着时间

推移，大学教师教学实践投入没有减少，而是明显得增多。研究型大学教师投入时间尤甚。林克对美国大学教师工作时间投入的研究中显示：终身制和支撑晋升制对大学教师工作时间投入分配有着很大的影响。女性教师比男性教师在大学服务上耗用更多时间，而在研究上耗用的时间相对较少。

与教师工作时间有所不同，教师的教学投入时间，仅指教师在教学活动中付出的时间、情感和精力的总和。一般情况下，教师的教学适量与教学投入时间成正比，教师在教学上投入越多的时间情感和精力，教学的质量和效果也就越好。教学投入时间是教师完成学校规定的教学任务时所耗用的时间，是衡量教学工作量的一个常用指标。教学投入时间，狭义上，仅包括教学和教学准备时间，而与学生指导交流的时间归属到了管理和服务时间范畴。但越来越多的学者指出，教师除了正式的课堂教学，与学生进行沟通交流也是一项非常重要的任务，应该包括在教学投入时间之中。因此，在广义上，教学投入时间应该是教师围绕教学互动所耗用的时间，具体包括备课时间、课堂时间、作业批改评价时间、学生指导时间四个方面。

对于教学投入时间的测量方法，主要包括自我报告发和日记记录法。自我报告法是教师对自己的投入的教学时间进行自我评估，这种方法存在记忆偏差，在汇报最长工作时间和最短工作时间时可能导致极端值的出现。而日记记录法相对科学，被更多的学者认可。但在雅各布（Jacob）1998年的研究中，自我报告法与日记记录法两者并不存在系统偏差，它们都会被随机误差影响。而日记记录法在实际操作中有一定难度，因此一般高校教师教学投入时间的相关调查都是使用自我报告的调查方法。

现有的研究中关于教学投入时间的定义还存在很多分歧，但有一部分结论是被研究者普遍认同的，即备课和课堂教学时间是教学投入时间的组成部分。对于与学生交流并进行指导的时间，根据大部分学者研究以及笔者自身理解，认为也应包括在教学投入时间之中。

综上所述，文中采用的教学投入时间包括四个部分：备课时间、课堂教学时间、学生指导实践、其他与教学直接相关的时间。研究数据，主要来源于"学术职业国际调查与研究"（CAP），数据样本包括68所高校，"985""211"高校和普通四年制本科大学（普通高校）均囊括其中。

二、教师教学时间投入情况

20世纪末，美国学术界对教师工作时间分配的研究大大增多，由于教师越来越多地把时间投入到学术研究之中，许多学者认为，教师教学投入时间开始慢慢减少。马西（Massy）等人认为，教师增加自我支配时间来提高自身的发展水平，导致减少学校的教学职责。迪马戈（DiMaggio）等人主要是运用制度同构（institutional isomorphism）理论。通过这一理论说明高等教育体系中相对较差的院校不经意地模仿着优秀院校，使它们间在制度和学术上的行为日趋相同，教学投入时间就自然而然地减少。杰弗里（Jeffrey）将近20年的研究中发现，高校教师教学投入时间有下降的情况。但是与此同时，教师和学生的交流时间也有所减少，但教师课堂教学和准备时间在1972~1992年间增加了0.71个小时。这对之前马西（Massy）的研究结果在一定程度上进行了解释，即在工作时间变化不大的情况下，教师通过减少教学和学生交流时间，从而增加了学术研究时间。联邦教育部国家教育数据中心组织的全国高校教师调查表明，在1993~2004年间，各高校教学时间基本都在上升，教学班级数也在增长。其中，两年制学院教学班级数量变化最大，增加数量达0.88个；班级教学学时中，授予博士学位的大学变化最大，增加学时数达0.63个（见表1、图1、图2）。所以从历史数据看，高校教师教学投入时间虽然有过减少，但在整体上是增长趋势。

表1　1993~2004年全美公立高校教师教学班级数量和教学学时

学校类型	教学班级数量 1993年	2004年	变化	所有班级的教学学时 1993年	2004年	变化
研究型大学	1.71	2.48	0.77	6.44	6.96	0.52
授予博士学位大学	2.33	2.98	0.65	7.60	8.23	0.63
综合型大学	3.12	3.48	0.36	10.03	9.95	-0.08
文理学院	3.02	3.72	0.70	10.04	10.51	0.47
两年制学院	4.06	4.94	0.88	12.70	12.70	0.00
所有机构	3.14	3.67	0.53	10.27	9.95	-0.32

（个）

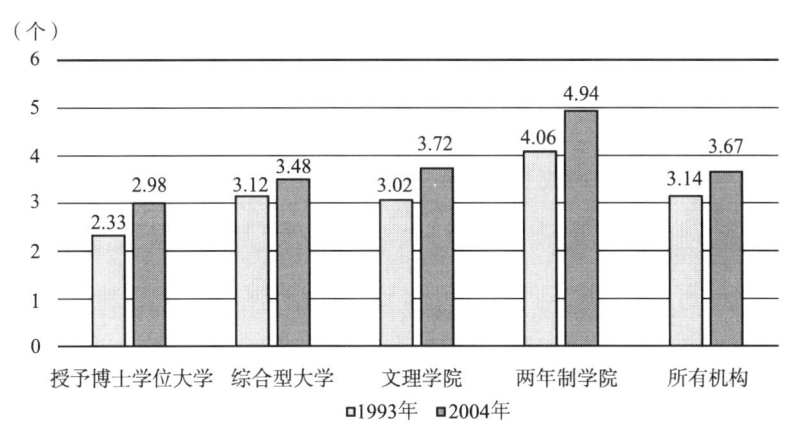

图1 1993~2004年教学班级数量变化

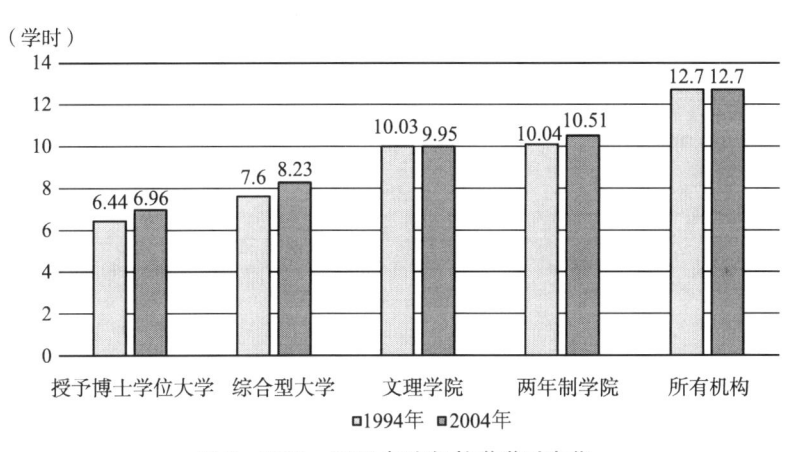

（学时）

图2 1993~2004年班级教学学时变化

三、影响教师工作时间的因素

研究假设

假设大学层次和职称是影响教师工作时间的主要因素。其中，职称越高，教师工作时间越长；大学层次等级越高，教师工作时间也越长。

1. 职称与教师工作时间的关系

一般来说，教师的职称不同，工作时间也不同。不同职称的工作重心存在

卓越人才的培养

差异，因而在各领域花费的时间各有差异。现将教师职称分为教授、副教授、讲师、助教五类进行分析，见表2。

表2　　　　　　　　　教师周工作时间对比　　　　　　　　单位：小时

职称	教师周工作时间
教授	48.0
副教授	44.0
讲师	40.3
助教	42.5
整体	43.7

从收集的数据中计算出不同职称的教师周工作时间的平均数，如表2所示。其中，教授的周工作时间最多，为48小时；副教授工作时间居第二，达44小时；助教的周工作时间较讲师要多出2.2小时，但因为助教职位的特殊性，该样本并不能直接成为与文中假设矛盾的依据。为了进一步探讨职称与教师工作时间的关系，我们对进入大学层次这一变量进行分析。

2. 大学层次与教师工作时间的关系

大学层次的不同，教师的工作重心和工作量自然会有不同，学校对教师的要求也各有差异，具体表现在学术准备、科研力度、科学创新等方面，这对教师的评价和晋升也产生了很大影响。因此大学层次显然会对教师工作时间的配方产生一定影响。

由表3、图3可知，不同大学层次对大学教师的周工作时间分配有很大影响。很明显可以看出，"985"大学比普通高校对科研的重视要大得多，教授从事科学研究的周工作时间分配比例高达53.9%，其中普通高校教授的科研周工作时间分配比例仅36.5%；副教授级"985"高校教师科研占周工作时间比例的45.9%，其中普通高校的同层级仅占30.9%；讲师级"985"高校教师从事科研周时间比为45.7%，普通高校同层级教师科研占周工作时间比围29.5%；助教层次科研时间比则是41.6%对24.6%。

表 3　　　　　　　不同大学层次的教师周工作时间分配比例　　　　　　单位：%

职称	工作时间分配比例					
	"985"			普通高校		
	教学	科研	管理服务	教学	科研	管理服务
教授	29.8	53.9	16.4	45.6	36.5	17.9
副教授	40.9	45.9	13.2	56.0	30.9	13.1
讲师	45.2	45.7	9.1	57.2	29.5	13.3
助教	31.9	41.6	26.5	57.1	24.6	18.3

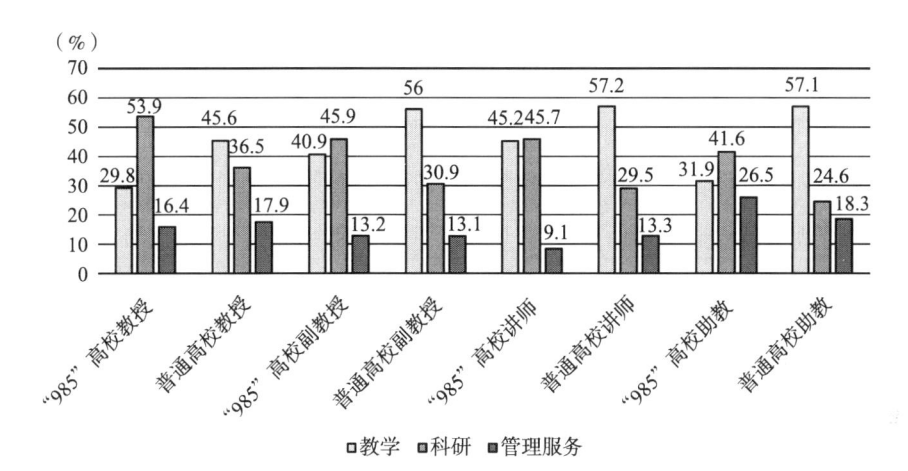

图 3　不同大学层次的教师周工作时间分配比例

不同大学同职称教师花在科研的时间比例差异高达 15% 以上。教学实践方面，"985" 高校和普通高校教授级周工作时间比例是 29.8% 对 45.6%，副教授级是 40.9% 对 56.0%，讲师级 45.2% 对 57.2%，助教级是 31.9% 对 59.1%。可以看出普通高校教师用在教学中的时间比例普遍高于 "985" 高校，其中助教级的差异最大，达 25.2%。另外，在不同层级高校中，副教授与教师在科研中投入的时间比例非常接近，分别是 45% 和 30% 左右。在普通高校中，副教授、讲师和助教在教学时间的比例上非常接近，都在 57% 左右。在管理服务时间方面，都出现了一个 "凹陷" 的情况，即副教授和讲师的管理服务时间较教授和助教相对较少。在副教授级两类学校几乎没有差异，在教授级差异也很小,但在助教级,两类学校差异可以说是巨大的。

在"985"高校中,作为学术研究和教学压力最大的教授团体,他们在教学、科研和管理服务中的比重分别为29.8%、53.9%、16.4%,而助教作为新进入学校的团体,教学时间与教授相似,但科研时间大大减少,管理服务时间比教授多出10%左右。在为学校培养储备人才这方面来说,可以适当增加助教科研时间的投入,减少管理服务,来促进其更加均衡全面的发展。在普通高校中可以发现,各职级教师教学投入时间比例比"985"高校教师多出10%以上,而科研时间也少了10%以上。为了教师本人和学校的发展,建议将教学时间适当减少,增加教师科研时间,可以达到更好的效果。

四、结论与建议

教师的教学投入时间是一个十分复杂的问题,本文虽然对高校教师的教学时间变化进行了分析,但因样本数据等问题,仍然存在着很多不足,需要更多的讨论和验证。在教师工作时间方面,学校层级和教师职称的不同对教师工作时间分配有很大影响。本研究的结论,对于当下社会上的一些谣言,比如"教授工作时间很少,当上教授后就不必努力钻研"等,使其不攻自破。教授整体的工作时间是最长的,教育管理部门和学校可以适当减少这一群体的工作压力,减少一些不必要的工作内容,如行政等,使其更好利用工作时间。讲师这一群体工作时间相对最短,但面对的压力也是最大。相关部门可以帮助讲师解决占用时间的一些其他问题,如子女上学等后勤条件,使讲师能够更加专心的工作。

参考文献

[1] YUKER H E. Faculty Workload: Facts, Myths and Commentary [J]. ERIC Higher Educationn Report, 1974, (6): 4-8, 15-23.

[2] YUKER H E. Faculty Workload: Research, Theory and Interpretation [J]. ASHE-ERIC Higher Education Report, 1984, (10): 1, 63, 68-72.

[3] MILEM J F, BERGER J B, DEY E L. Faculty Time Allocation: A Study of Change over Twenty Years [J]. The Journal of Higher Education, 2000, 71 (4): 454-

475.

[4] LINK A N, SWANN C A, BOZEMAN B. A Time Allocation Stdudy of University Faculty [J]. Economics of Education Review, 2008, (27): 365, 373 -374, 365.

[5] MASSY W F, ZEMSKY R. Faculty Discretionary Time: Departments and the "Academic Ratchet" [J]. The Journal of Higher Education, 1994, 65 (1): 2.

高校产学研协同创新生态系统构建研究

杨 瑶

(湖北工业大学经济与管理学院,湖北 武汉 430068)

【摘 要】高校产学研协同创新生态系统是实现技术创新和创新成果有效转化的重要系统。本文对以高校为核心的产学研协同创新生态系统的概念及其内涵、构成要素及其相互关系以及高校产学研协同创新生态系统模型进行了探讨,来构建运作良好、功效强大的高校产学研协同创新生态系统,促进产学研协同创新的优化和发展。

【关键词】产学研协同创新生态系统;系统构建;高校

一、引言

大学、企业和科研机构是技术创新的主要参与者,三者之间关系紧密,合作共生,构成的产学研创新系统是国家创新系统有效运作的重要环节,它不仅能够促进国家创新系统内知识的流动,也能够不断提升国家、地区和企业的产业技术能力和竞争能力。世界各国都十分重视产学研协同创新和协同创新系统的构建,并通过协同创新系统的构建来实现产业技术上的重大突破。我国早在1992年就开始组织实施产学研联合开发工程,并逐步形成了多种产学研协同创新模式,其中以高校为主体的产学研协同创新模式取得了较大的成效。但高

[作者简介] 杨瑶,女,1983年生,湖北工业大学经济与管理学院讲师,博士,研究方向为信息生态学,发表论文多篇。本文系湖北工业大学校教研项目"高校产学研协同创新生态系统构建与优化研究"研究成果之一。

校产学研协同创新也存在很多问题，诸如：产学研协同创新成效不明显、主体之间利益分配不均、产权不明晰、技术创新供需不匹配、主体定位不够合理明确、产学研分离现象严重、协同创新环境不完善等，大大降低了高校产学研协同创新的效果和效益，迫切需要我们予以解决。笔者从生态学视角来探讨产学研协同创新，构建运作良好、功效强大的高校产学研协同创新生态系统，不仅有利于高校产学研可持续协同创新目标的达成，而且能够较好地解决上述问题，促进国家创新体系的建设和和谐、稳定、可持续的发展，研究具有十分重要的理论意义和实践价值。

二、高校产学研协同创新生态系统的概念

产学研协同创新是指企业、高校和科研院所3个基本主体投入各自的优势资源，在政府、科技服务中介机构、金融机构等相关主体的支持下，共同进行技术开发、推广和应用等活动。高校产学研协同创新生态系统是指以高校为核心，结合企业和科研院所，在政府、金融机构和科研中介服务平台所提供的创新资源，构建的创新技术，制定的创新制度和创造的创新时空等的协同辅助、相互作用下，以创新思维为导向，结合各创新生态主体优势进行协同技术创新活动而构成的有机整体。高校产学研协同创新生态系统的概念内涵包括以下几个方面。

第一，高校产学研协同创新生态系统是由高校、企业、科研院所、政府、科技服务中介结构和金融机构等主体相互作用、相互联系而构成的有机整体。其中，高校是这些主体中最为核心的节点，企业、科研院所是系统的主导性节点，而政府、科技服务中介结构和金融机构是系统的辅助性节点，这些节点相互合作、沟通交流，共同构成高校产学研协同创新生态系统这一有机整体。

第二，高校产学研协同创新生态系统具备创新资源流转、创新资源共享、协同创新等功能。在生态系统中，系统要素之间是通过能量流动、物质循环来交流并实现系统目标的，是系统的主要功能。同样，高校产学研协同创新生态系统的本质功能就是创新资源流转，通过创新资源的流转实现主体之间的信息交流，确保技术创新的实现和成果的顺利转化。创新资源共享是高校产学研协同创新生态系统的基本功能，通过资源共享来确保创新资源的最大化应用，发

挥最大的价值。协同创新是高校产学研协同创新生态系统的核心功能，也是系统的目标之一，而协同创新是依靠创新资源流转和创新资源共享来实现的。

第三，高校产学研协同创新生态系统是国家创新系统的子系统。高校产学研协同创新生态系统是国家创新系统的重要子系统，不仅对国家创新系统有重要的影响，而且还与国家创新系统中其他子系统相互作用、相互交互、相互渗透。

第四，高校产学研协同创新生态系统是具有目标的。高校产学研协同创新生态系统的构建是为了完成一定目标，系统内产学研协同创新活动也是建立在一定的具体战略目标之上的，目标的达成意味着系统创新价值的实现，意味着产学研协同创新生态系统运行成功。高校产学研协同创新生态系统的核心目标是创新实现和科研成果转化，这一核心目标实现的过程中也会产生许多附加目标，包括协同创新生态主体创新能力的提升、高校和科研机构知名度的上升、人才培养、高校核心竞争力的提升等。

三、高校产学研协同创新生态系统的构成要素及其相互关系

生态学认为，生态系统是由生物和环境两大部分构成。高校产学研协同创新生态系统也不例外，是由协同创新生态主体和协同创新生态环境两大部件构成。其中协同创新生态主体是指系统中参与技术创新、需求创新技术的个人或组织，由协同创新生产者、协同创新传递者、协同创新消费者和协同创新监管者构成。协同创新生态环境是指协同创新生态主体进行创新活动和资源交流，对主体存在影响的一切环境要素的总和由创新资源、创新技术、创新制度和创新时空构成。高校产学研协同创新生态系统的构成如表1所示。

表1　　　　　　　　高校产学研协同创新生态系统构成

高校产学研协同创新生态系统构成	协同创新生态主体	协同创新生态环境
具体包含要素	协同创新生产者	创新资源
	协同创新传递者	创新技术
	协同创新消费者	创新制度
	协同创新监管者	创新时空

协同创新生产者是指拥有创新能力，进行创新活动，生产创新成果的个人或组织，例如高校、科研机构、科研人员、技术人员等。协同创新传递者是指传递并转化协同创新生产者创新成果的个人或组织，例如进行创新成果转化的企业等。协同创新消费者是指利用科技成果转化而成的新产品、新工艺或新材料的个人或组织，例如使用新产品的企业等。协同创新监管者是指对整个协同创新过程进行监督和管理的组织，例如政府、科研中介服务平台等。

创新资源是指协同创新生态系统中主体创造和利用的资源，包括知识、信息、人才、研究方法、经验和资金等。创新技术是指系统中协同创新生态主体进行创新活动所应用到的技术、设备和技能。创新制度是系统中由政府、协同创新监管者等制定的约束系统内部主体行为的政策制度、法律法规、创新标准等。创新时空是系统中协同创新生态主体进行创新活动的时间和空间。

构成高校产学研协同创新生态系统的各种要素并不是独立存在的，而是相互联系、相互作用，共同构成了一个完整的系统。各种要素之间的相互作用关系可以分为两大类：一是协同创新生态主体之间的相互作用，二是协同创新生态主体和协同创新生态环境之间的相互作用。

1. 协同创新生态主体之间的相互作用

协同创新生态主体之间的相互作用包括同类主体之间的相互作用和不同类主体之间的相互作用。同类主体之间的相互作用包括协同创新生产者与协同创新生产者之间、协同创新传递者和协同创新传递者之间、协同创新消费者和协同创新消费者之间、协同创新监管者和协同创新监管者之间的相互作用。不同类主体之间的相互作用包括协同创新生产者与协同创新传递者之间、协同创新传递者与协同创新消费者之间、协同创新生产者与协同创新监管者之间、协同创新传递者与协同创新监管者之间、协同创新消费者与协同创新监管者之间的相互作用。由于协同创新生产者和协同创新消费者是以协同创新传递者为中介进行交互的，两者之间不存在直接的交互，因此，生产者和消费者之间不存在直接的相互作用。

一般而言，同类主体间的相互作用以竞争合作关系和竞争关系为主。同类主体功能相同，在创新活动中，需要占用相同的创新资源，占据一定重叠的生态位，因此，同类主体之间存在竞争合作关系和竞争关系。但由于高校产学研协同创新生态系统是一个以协同创新为主的系统，且创新成果的生产、转化往往需要不同生产者、不同传递者的相互合作，因此协同创新生产者与协同创新生产者之间、协同创新传递者与协同创新传递者之间以竞争合作关系为主，协同创新消费者与协同创新消费者之间以竞争关系为主。

不同类主体间的相互作用以合作关系和监管关系为主。协同创新生产者、协同创新传递者和协同创新消费者这三类主体分别位于系统内协同创新生态链的不同层级，相互之间进行创新资源的交互，实现创新资源的流转，因此，协同创新生产者与协同创新传递者之间、协同创新传递者与协同创新消费者之间以合作关系为主。而协同创新监管者的功能主要是对其他类主体的创新活动进行监管，因此，协同创新监管者与其他类主体之间以监管关系为主。

2. 协同创新生态主体与协同创新生态环境之间的相互作用

协同创新生态主体与协同创新生态环境之间的相互作用主要表现在两个方面：一是协同创新生态主体作为整个系统中最具能动性的要素，可以对协同创新生态环境进行改造；二是协同创新生态环境又能够反过来作用于协同创新生态主体，影响主体创新活动的效率和效益。

首先，协同创新生态主体作为个人或组织，是具有主观能动性的，在主体进行创新活动过程中，会应用到协同创新生态环境中所提供的各种资源、技术等，如果环境提供的资源、技术不符合主体的需求或限制主体创新活动的开展，主体会对这些资源、技术进行改造，从而改造了协同创新生态环境。

其次，协同创新生态环境又能够对协同创新生态主体产生影响。其中，创新资源是主体进行创新活动的基础，使主体的创新活动得以实现。创新技术是主体进行创新活动的平台，能够拓展主体的创新能力。创新时空是主体进行创新活动的时间空间，影响了主体创新活动的效率。创新制度是制约着主体的创新活动，为创新活动提供必要的政策、制度、资金等方面的支撑。

四、高校产学研协同创新生态系统的模型

结合高校产学研协同创新生态系统的构成要素及外部环境，构建的高校产学研协同创新生态系统模型如图1所示。

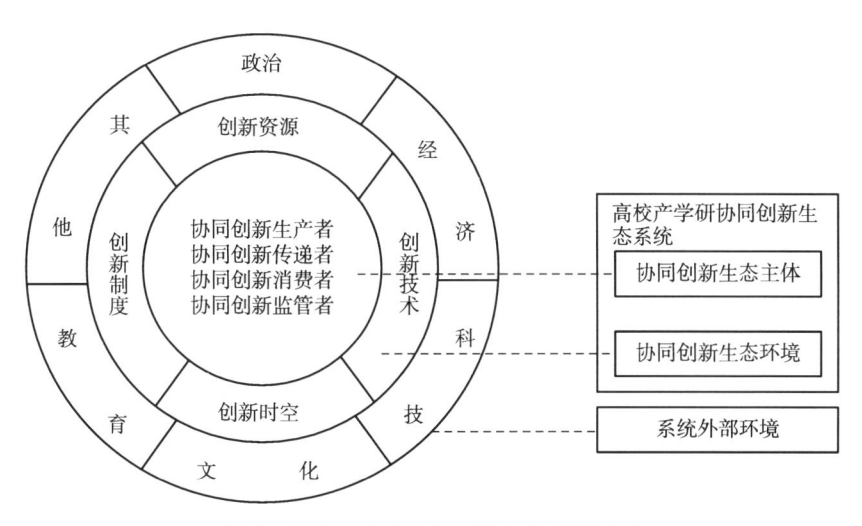

图1　高校产学研协同创新生态系统模型

在高校产学研协同创新生态系统模型中，作为系统核心要素的协同创新生产者、协同创新传递者、协同创新消费者以及协同创新监管者等协同创新主体位于系统的最内层，相互交流合作，完成系统的协同创新工作。创新资源、创新技术、创新制度和创新时空位于系统核心主体的外层，为各协同创新主体提供必需的各种支持。政策、经济、科技、文化、教育等位于系统的最外层，是系统的外部宏观环境，支撑并制约着系统的协同创新生态环境和协同创新主体。

五、小结

高校产学研协同创新生态系统的构建能够从新的视角研究产学研协同创新，解决当前产学研协同创新中存在许多问题；能够提高国家、产业创新能力和核心竞争力；还能够提高高校、科研机构和企业的创新能力和社会影响力，对高校产学研协同创新生态系统的研究具有十分重要的理论意义和实践价值。本文在界定了高校产学研协同创新生态系统概念及其内涵的基础上，分析了高校产学研协同创新生态系统的构成要素及其相互关系，最后构建了系统模型。但本文仅就高校产学研协同创新生态系统的基本理论，还未涉及高校产学研协同创新生态系统的优化和实证研究，这些都是后续需要研究的内容。

卓越人才的培养

参考文献

[1] 潘郁,陆书星,潘芳.大数据环境下产学研协同创新网络生态系统架构[J].科技进步与对策,2014,31(8):1-4.

[2] 王文亮,肖美丹,吴静,王力斌.产学研协同创新生态机制影响因素研究[J].技术经济与管理研究,2016(3):34-38.

[3] 商玉昌.普通生态学[M].北京大学出版社,2002.

证券价值投资的概念逻辑框架

尹华阳　崔　兵

(湖北工业大学经济管理学院，湖北　武汉　430068)

【摘　要】论文源自多年面向金融学专业、国际金融学专业、保险学专业、金融学专业双学位的证券投资学课程备课教学及实践的总结。尝试厘清由格蕾厄姆教授创立并由以巴菲特先生为代表成功实践的价值投资理念的证券投资概念逻辑框架。循着分析以股票和债券为典型代表的证券的本质落实到公司法人，默认对股票债券的选择分析的首选角色即将潜在投资者定位为公司永久的唯一所有者，证券投资策略提炼为"一个中心，两个支撑点"，即，以寻求证券价值与市场价格之间显著差异的安全边际（证券被误定的价格）为中心，以着眼评估拟投资资产的未来生产力为基础的证券价值为其一个支撑点，以理性看待资产市场价格波动的态度并身体力行为其另一个支撑点，建立证券价值投资理念，并实际执行应用于资本市场。厘清投资与投机的边界，即将分析智慧立足于评估拟投资资产未来生产力的归为投资，而将分析智慧立足于关注拟投资资产未来市场价格波动的归为投机。引用著名对冲基金经理马克·塞勒尔描述的伟大投资者的七个特质，引导同学们为未来从事证券投资评估证券的内在价值做好经济学、管理学、会计学和财务分析等方面的知识准备。

【关键词】证券；投资；安全边际；价值；价格

[作者简介] 尹华阳，博士，湖北工业大学教授。
崔兵，博士后，湖北工业大学教授。

卓越人才的培养

一、引言

　　世界经济从全球金融危机的海啸中复苏举步维艰,各个经济体尤其关注中国这个世界经济增长的引擎。2015年12月中央经济工作会议根据习近平总书记提出的供给侧结构性改革,提出2016年经济社会发展主要是抓好"三去一降一补"五大任务,即去产能、去库存、去杠杆、降成本、补短板。资本市场和证券投资领域可以为五大任务做直接贡献的在于"去杠杆"。

　　国内经济主体中,企业和居民个人,尤其是企业,目前采用了比较高的杠杆,直截了当地说,负债较高。高杠杆事关企业活力、经济金融整体系统风险。证券投资学课程教学过程中,引导同学们这个未来的经济建设者群体,从本质上理解以股票和债券为代表的证券,并在将来的经济建设实践中充分把握资产负债表中负债与股东权益之间互动关系,比如,目前正在展开的"债转股"工作,树立证券价值投资的理念并务实实践,引领经济健康快速运行,具有重要意义。

　　初学者涉及股票、债券、证券、投资等比较抽象的金融经济领域的名词,多少茫茫然不知所措。两个小故事可能会引发一些思考。一个是说,有一个旅行者从欧洲旅游归来,向其朋友圈发感叹,"哇,欧洲所有的大河都刚刚好从城市的中心流过";另一则故事说,有一位汽车销售员推销不去汽车,于是,公司安排一位汽车销售的世界冠军陪同他去推销,然后,汽车销售出去了,这位汽车推销员向他的汽车销售世界冠军同事发感叹,"你所以能够销售出去汽车,是因为你是汽车销售的世界冠军"。这两则感叹,乍一听的话,似乎说的有道理,但是,稍微仔细思考一下,会发现,他们都颠倒了逻辑。当涉及股票、债券、投资、专业的财经新闻等需要较长时间专业训练的领域,尤其同时涉及金钱财富的涨落时,海量鱼目混珠的信息铺天盖地滚来时,隐含在其中的抽象逻辑,还有多少人能够冷静理性的理清楚?

　　证券是什么,股票是什么,债券是什么,为什么要办企业,企业是什么,为什么能够投资证券,投资证券为什么,企业为了什么,挣钱为了什么,人生为了什么等,这些问题纷纷扰扰。本文尝试总结多年面向金融学专业、国际金融学专业、保险学专业、金融学专业双学位的证券投资学课程备课教学及实践，理清由格雷厄姆教授创立并由以巴菲特先生为代表成功实践的价值投资理念的证券投资概念逻辑框架。后续内容安排包括：价值投资理念的证券投资概念框架、证券的本质、默认分析角色——公司唯一所有者、内在价值 vs 市场先生、投资与投机、安全边际、退而结网做足功课。

二、价值投资理念的证券投资概念框架

本文阐述的价值投资理念下的证券投资概念框架如图 1 所示。图 1 抽象地描述了证券的典型代表为股票和债券；股票和债券本质上是公司法人；对股票和债券等证券进行分析的默认角色即将潜在的投资者看成是公司法人的唯一所有者；对股票和债券等证券的分析体现为对公司的内在价值进行全方位的量化评估，具体表现为采用贴现现金流量技术考察公司未来的生产力，与此同时，将外在的公司市场价格看成是潜在投资者的公司合伙人市场先生每天的报价；如果将分析智慧立足于评估拟投资资产未来生产力则归为投资，而将分析智慧

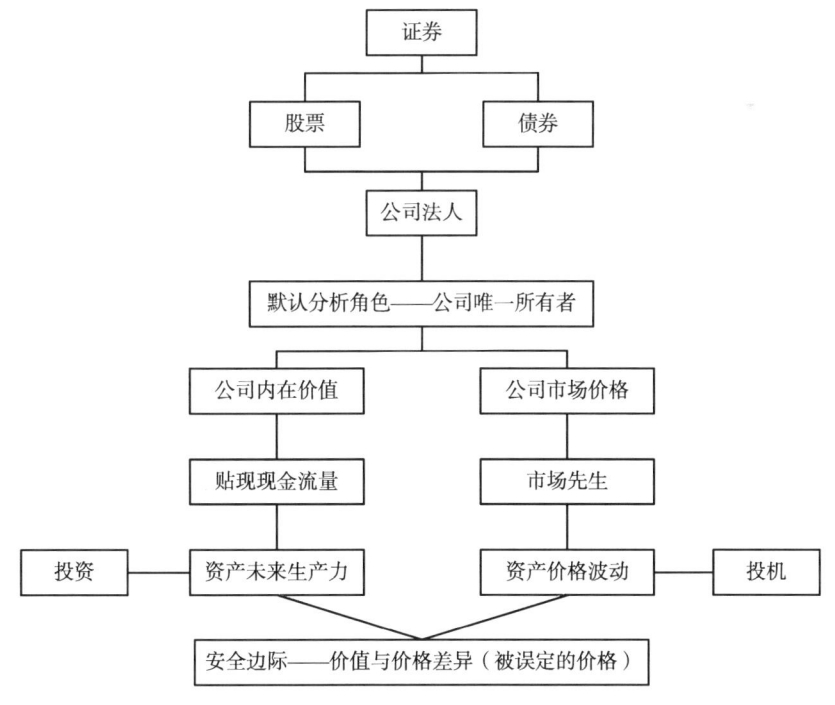

图 1　价值投资理念的证券投资概念框架

卓越人才的培养

立足于关注拟投资资产未来市场价格波动则归为投机；整个证券价值投资活动核心在于谋求投资的安全边际，即寻找价值与价格之间的差异，或者说，瞄准被误定的价格。

三、证券的本质

（一）证券的内涵

证券是有价证券的简称，是具有一定面额、代表财产所有权或债权的书面凭证。有三个属性：①财产所有权证书，证券使得财产以双重形式存在（物理实体；财产权利的载体），且其各自价格相对独立运动；②商品属性，具有使用价值和价值，能够在市场流通、交易；③金融工具（信用工具）属性，可以作为信用关系的载体。证券的典型代表是股票和债券。

（二）股票的内涵

股票是股份有限公司发行的，用以证明投资者的股东身份和权益，并据以获得股息或红利的一种可转让的书面凭证（有价证券），是公司所有权的载体，是股份有限公司股份的表现形式。

（三）债券的内涵

债券是债务人依照法律手续发行，承诺按约定利率和日期支付利息，并在特定日期偿还本金的书面债务凭证。债券的发行人是债务人，投资债券的人是债权人。

（四）股票和债券的共通点

公司法认定公司是法人实体，对股份有限公司有持续经营的假定，所以，规定入股股份有限公司后不得退股。相应地，在公司正常经营情况下，股票的期限无限长。而债券是有特定日期偿还本金的，其期限是有限的。如果将债券的期限无限延长，则在这个意义上，债券可以等同于股票，即，股票和债券都可以代表公司的所有权，换言之，股票和债券本质上是公司法人实体的载体。

实际上，当前正在大规模展开的"债转股"实践的依据，简单地讲，即债券和股票的期限转换，而且，会计账面先前记录的债券成本也随即消失，股东权益的成本在会计的账面是没有记录的。当然，公司效益的会计账面看起来会比其实际好很多。

四、默认分析角色——公司唯一所有者

（一）为什么去折腾公司

图2示意了一家公司现金流量的投资和生产循环过程。兴办一家公司首先得筹集一笔现金，然后会开始生产过程和投资过程。

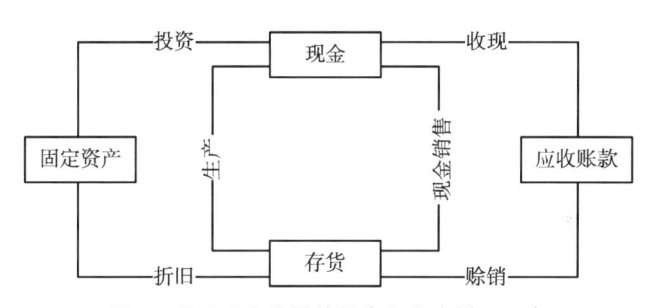

图2 公司现金流量的投资和生产循环示意

生产过程由现金开始，采购原材料、雇佣员工等生产产品或者提供服务，体现在会计账面记录为存货。存货以现金销售或者赊销的方式进行销售。现金销售完成，则现金回归了；赊销方式体现在会计账面记录为应收账款，应收账款收现则也回归现金。

投资过程亦由现金开始，购买固定资产等长期资产，会计账面记录为固定资产。固定资产通过会计分期折旧方式逐步记录到存货中，然后，存货采用上述生产过程中同样的销售方法归回现金。

尽管两者都完成了现金循环过程，但是，完成生产过程和投资过程之后，回归的现金数量上要超过最开始筹集的现金。这样的循环过程才是可以持续的，公司得以生存和发展，否则，没有必要去折腾一家公司了。

(二) 证券分析的默认角色

对以股票和债券为典型代表的证券的讨论表明，股票和债券本质上代表公司法人实体。相应地，对所谓备择证券选择的分析，转换为对公司法人的分析。一方面，有必要对公司进行人格意义上的分析，包括但不限于其思想和行为，当然也包括公司的管理层和员工的思想与行为；另一方面，包括但不限于对公司竞争优势的持续性，以及这种竞争优势的财务会计账面的现金流量等量化分析。

正如钱颖一教授在讲授经济学原理中所指出的，第一个经济学原理是人们对激励做出反应。除了价格因素、竞争因素之外，人们对产权、契约、制度规则做出反应。这就是制度经济学经常强调的非价格因素，这在中国的经济改革中非常突显。所以，对公司法人的分析的默认角色是将分析者看成是永久的公司唯一所有者。既可以获得公司产权的激励，又可以真正理解当角色转换成公司管理者、员工、供应商、客户、政府、银行、资本市场投资者等时，对公司形成投资价值判断。

五、内在价值 vs. 市场先生

(一) 公司的内在价值

想要赢得一场比赛，运动员的注意力是聚焦于赛场，还是记分牌？巴菲特先生建议学习投资的同学学好两门功课：一是学习评估企业的内在价值；二是学会正确客观地看待市场价格。

威廉姆斯（Williams）投资价值理论提出价值计算公式浓缩列示：今天任何股票、债券或企业的价值，都将取决于其未来剩余年限年度的现金流入与流出的净值，以一个适当利率贴现后所得的期望值。

威廉姆斯价值公式对股票与债券皆一体适用，不过有一点很重要却很难克服的差异：即，债券有息票与到期日可清楚定义未来的现金流量。但是，股票，投资者必须自己分析未来可能得到的票息。更重要的是，管理阶层的品质对债券的影响相当有限，顶多因公司无能或诚信明显不足而延迟债息发放，但是，对股票投资者，管理阶层的能力将大大影响未来票息发放的能力。

内在价值是个非常重要的概念，它为评估投资和企业的相对吸引力提供了唯一逻辑手段。内在价值可以简单地定义如下：它是一家企业在其余下生命中可以产生的现金流量的贴现值（巴菲特）。

（二）市场先生的报价

格雷厄姆教授以一个寓言阐明了在资本市场从事投资活动，面对证券市场价格波动的心态：将证券市场价格波动看成是市场先生（Mr. Market）每天给你的报价。

市场先生是与你合伙办私人企业的合伙人。市场先生对你们合伙企业的股份每天给你报价，想以其报价买你的股份，或将他的股份卖给你。

即使你们共同拥有的企业经营稳定，市场先生每天都会例行报价。市场先生情绪很不稳定，他高兴时，只看到合伙企业好的一面，为避免股份被你买走，他会报很高的价格，甚至想买你的股份；但沮丧时，就只看到这家合伙企业一堆的问题，他会报非常低的价格，要卖他的股份给你，还怕你将你的股份塞给他。

市场先生有个很可爱的特点，他不在乎受到冷落。若他今天报价不被接受，隔天他还会上门重新报价。要不要交易，完全由你自己做主。所以，市场先生的行为举止越失措，你可能得到的好处就越多。

六、投资与投机

天堂与地狱往往就在一念之间。格雷厄姆40年前曾讲过一个故事说明为何专业投资人员会如此：一个老石油开发商蒙主宠召，天堂门口遇到了圣彼得，圣彼得告诉他1个好消息和1个坏消息，好消息是他有资格进入天堂，坏消息是天堂里已没有位置可以容纳额外的石油开发商。

老石油开发商想了一下，跟圣彼得说，只要让他跟现有住户讲一句话，圣彼得觉得没什么大碍，只见老石油开发商对内大喊："地狱里发现石油了！"，不一会儿，只见天堂的门大开，所有的石油开发商，争先恐后往地狱狂奔，圣彼得大开眼界，对老开发商说："厉害！厉害！现在你可以进去了！"，但只见老开发商顿了一下后,说道:"不!我还是跟他们一起去比较妥当,传言万一可能是真的呢!"

"我能计算出天体运行轨迹,却难以预料到人性的疯狂。"这是英国伟大的数学家、物理学家、天文学家和自然哲学家牛顿买卖英国南海公司股票(1711~1720,英国)之后所发出的感叹。1720年4月20日,牛顿卖出所持英国南海公司股票,获利7000英镑,大概感到自己"踏空",牛顿稍后又买回南海股票。伴随南海泡沫破灭,牛顿亏损2万英镑出局。

2万英镑对牛顿意味着什么呢?以1699年英格兰皇家造币厂厂长年薪2千英镑计算,牛顿在南海公司股票赔掉10年薪水!史料不能得出牛顿"不熟悉金融"的结论。事实上,皇家造币厂厂长牛顿因在任时主张货币重铸,才维系了英国常年金银比价稳定,进而助力于英国金本位制确立——据此说他是金融家也不过分。然智如牛顿者,也难免随着芸芸众生,陷入南海泡沫的大众幻想和群体性癫狂。英国第一部证券法称作气泡法案。

《财富》杂志2014年2月25日刊发了沃伦·巴菲特2013年度致股东信的节选。信中引用了格雷厄姆的名言,"最聪明的投资,是像做生意一样投资(Investment is most intelligent when it is most businesslike)"。巴菲特针对2008年金融经济危机给世界经济造成的影响,以自己至今依然持有的内布拉斯加州的农场和紧邻纽约大学的商业房产两项非股票投资为例,再次阐述了投资和投机的界限。

如果投资人将自己的分析智慧聚焦于拟投资资产的未来生产力,其所从事的活动就是投资;如果投资人将自己的分析智慧聚焦于拟投资资产的未来价格变动,则是在从事投机。

七、安全边际

格雷厄姆教授在《聪明的投资者》中首次提出:"我大胆地将成功投资的秘密精炼成四个字的座右铭:安全边际。"安全边际实际上是证券的价格与价值之间存在显著差异。"安全边际概念可以被用来作为试金石,以助于区别投资操作与投机操作。""为了真正的投资,必须有一个真正的安全边际,并且,真正的安全边际可以由数据、有说服力的推理和很多实际经验得到证明。"

"在正常条件下，为投资而购买的普通股，其安全边际即其大大超出现行债券利率的预期获利能力。"

"在一个10年的周期中，股票盈利率超过债券利率的典型超额量可能达到所付价格的50%。这个数据足以提供一个非常实际的安全边际——其在合适的条件下将会避免损失或使损失达到最小。如果在20种或更多种股票中都存在如此的安全边际，那么在完全正常的条件下，获得理想结果的可能性是很大的，这就是投资于普通股的典型策略，并且不需要对成功概率做出高质量的洞察和预测。"

巴菲特也认为安全边际是投资中最为重要的概念："在《聪明的投资者》最后一章中，本·格雷厄姆强烈反对所谓的匕首理论：'面对把正确投资的秘密浓缩为三个单词的挑战，我斗胆地提出一个座右铭：安全边际。我读过这句话已经42年了，至今我仍然认为安全边际的概念非常正确。投资人忽视了这个非常简单的投资座右铭，从而导致他们从20世纪90年代开始遭受重大损失。""……我们在买入价格上坚持留有一个安全边际。如果我们计算出一只普通股的价值仅仅略高于它的价格，那么我们不会对买入产生兴趣。""用贴现现金流公式计算出的最便宜的股票是投资者应该买入的股票，无论公司是否在增长，无论公司的盈利是波动还是平稳，或者无论市盈率和股价与每股账面价值的比率是高是低。"

"当然即便是对于最好的公司，你也有可能买价过高。买价过高的风险经常会出现，而且我认为实际上现在对于所有股票，包括那些竞争优势未来必定长期持续的公司股票，这种买价过高的风险已经相当大了。投资者需要清醒地认识到，在一个过热的市场中买入股票，即便是一家特别优秀的公司股票，他可能也要等待一段更长的时间后，公司所能实现的价值才能增长到与投资者支付的股价相当的水平。"

八、退而结网做足功课

爱因斯坦曾说，宇宙间能量最大的是复利，复利是世界的第八大奇迹！立志将来以价值投资理念指导自己投资实践的潜在投资者需要努力做足功课。

著名对冲基金Sellers Capital Fund创始人马克·塞勒尔，2008年在哈佛大

卓越人才的培养

学商学院的演讲,归纳了伟大投资者的七个特质,有志于证券价值投资的投资者,可以对照着去弥补和学习实践。

(1) 在他人恐慌时果断买入股票,而在他人盲目乐观时卖掉股票的能力;

(2) 伟大的投资者是那种极度着迷于此游戏,并有极强获胜欲的人;

(3) 从过去所犯错误中吸取教训的强烈意愿;

(4) 基于常识的与生俱来的风险嗅觉;

(5) 伟大的投资家都对他们自己的想法怀有绝对的信心,即使是在面对批评的时候;

(6) 左右脑都很好用,而不仅仅是开动左脑(左脑擅长数学和组织)。

最后但最重要的,也是最少见的一项特质:投资过程中大起大落却丝毫不改投资思路的能力。

钱颖一教授在讲授《经济学原理》时,归纳经济学的两个出发点:第一个假定是资源的稀缺性(scarcity);第二个假定是个人理性(rationality)。一个落脚点,即,经济学最重要的价值判断标准是效率(efficiency)。三个经济学原理:一是人们对激励做出反应;二是市场通常是资源配置的有效方式;三是创新是经济持续增长的最终力量。

第一堂课上总喜欢讲一个笑话:目标是要去南非抓一头大象。找了三个人,一个是学数学的,一个是学计算机的,一个是学经济学的。

学数学的人做的第一件事是要证明南非至少存在一头大象。如果南非没有大象,为什么要去抓呢?这就是数学的严谨性。

学计算机工程的人非常实在,立马就去了南非。他编制了一个非常好的程序,从好望角开始,往北走50米停下来,画一个半径为50米的半圆,抓住这里面所有四条腿的动物,与他电脑里的大象图做比较,误差在一定范围之内就把它叫作大象。没有的话继续前行。这就是工程的实干性。

轮到经济学家了,他用什么办法去抓大象呢?经济学家说,我既不去证明存在大象,也不去南非,因为我相信,只要我把价格定得足够高,大象自己就来了。这个笑话表明了"人们对激励做出反应"这个经济学的基本原理。证券价值投资在国内资本市场的实践成功将激励越来越多的人崇尚价值投资,同时也会为公司企业以及资本市场的持续健康发展奠定根基。

参考文献

［1］巴菲特致股东信（Warren Buffett's Letters to Berkshire Shareholders），http：//www.berkshirehathaway.com/.

［2］本杰明·格雷厄姆（美）.聪明的投资者（第四版）［M］.王中华，黄一义，译.人民邮电出版社，2010.

［3］罗伯特·C.希金斯（美）.沈艺峰，等，译，财务管理分析（第8版）（Analysis for financial management）［M］.北京大学出版社，2009.

［4］钱颖一.理解经济学原理，http：//www.aisixiang.com/thinktank/qianyingyi.html.

［5］所有者手册（Owner's Manual），http：//www.berkshirehathaway.com/.

［6］沃伦·巴菲特.2013年度股东信节选［J］.财富，2014（2）.

［7］中华人民共和国公司法，http：//www.csrc.gov.cn/pub/newsite/flb/flfg/flxzsf/201312/t20131205_239324.html.

基于创新型人才培养的习明纳教学法在《会计学原理》双语课程中的应用研究

游 怡 杨 霞

（湖北工业大学经济与管理学院，湖北 武汉 430068）

【摘 要】本文以在湖北工业大学"国英班"的学生为调查对象，将问卷调查、深度访谈和课堂观察等方法相结合，以期找出习明纳（seminar）教学法在《会计学原理》双语课程实施效果。"Presentation"是习明纳教学法应用在会计学原理双语课中的具体实施方法。作为能激发学生创造性的创新教学模式，虽在师生互动、激发学生自主学习、提高学生批判性和创新性思维等方面取得了较好的效果，但仍存在着 presentation 的深度不够、学生参与度不尽如人意和学生畏难情绪等问题，据此，不仅要充分发挥教师的引导作用，采取综合性的考核方式，激励学生积极参与到习明纳教学中，更要改革教师的评价和激励机制。

【关键词】创新型人才；习明纳教学法；会计学原理

培养具有探究精神、自主学习和合作学习能力的创新型人才是高校发展的目标之一。湖北工业大学为进一步提升人才培养质量，针对学校人才培养工作实际，提出"721"人才培养模式，即针对 20% 左右的学生，实施"1 + X"双专业拓展教育，培养具有一专多能的创新型复合人才，整体推进学校本科教

[基金项目] 湖北工业大学教研项目（项目编号：校 2014089；项目编号：校 2013034）。

[作者简介] 游怡（1982 ~ ），女，湖北浠水人，湖北工业大学经济与管理学院副教授；杨霞（1974 ~ ），女，湖北洪湖人，湖北工业大学经济与管理学院副教授。

育教学改革工作。经济与管理学院"国际贸易英语班"(简称"国英班")是在湖北工业大学统一规划下,根据办国际贸易专业多年的经验设置的,以期培养既适应社会需求,又能熟悉国际贸易操作,更要掌握高水平外语能力的双专业创新型人才。会计学原理作为国内外大学公认的经管类核心基础课程,如何不断完善其教学质量,以培养创新型人才一直是教师们普遍关注的问题。《会计学原理》双语课作为"国英班"学科基础课,其开设目的不仅是要学生能理解会计专业基本理论,提高英文听说读写的能力,更要培养学生系统的逻辑思维,进而激发学生的创新性思维和能力。本文结合"国英班"会计学原理双语课程的教学实践,探讨了通过使用习明纳教学法对于学生批判性和创新性思维的建构,总结并反思采用该教学法实施后的效果,以期探索出利于创新型人才培养的新型习明纳教学法。

一、习明纳教学法应用于会计学原理双语课的运用对象和方法

会计学原理双语课程的主要特点是理论性和实践性非常强。课程内容涵盖主要包括会计的含义、会的职能与目标、会计的基本原则、会计的基本操作等,这些内容对于学生认识会计、理解会计、树立分析会计问题的理论框架和实践能力等有着重要的意义。

"国英班"学生是通过多渠道选拔,综合素质高,发展潜力大。湖北工业大学经济与管理学院要求该班在夯实国际贸易专业课程的基础上,大力加强应用英语课程体系中相关专业知识的建设,以期培养国际贸易英语的高级复合型经济活动人才。该班学生的英语综合能力要求非常高,从大一开始每门课均采用双语教学。因此,会计学原理双语课程采用了由莱斯利 K. 布莱特纳 (Leslie K. Breitner) 原版英文教材 Essentials of Accounting,全英文课件和中英文讲解。鉴于该班学生的培养目标是创新型人才培养,旨在培养他们的探究精神、自主学习和合作学习能力,笔者在会计学原理双语课教学中引入了习明纳的教学方法。

采用了习明纳教学法的会计学原理双语课是在教师以传统讲授方法将会计学原理的重点、难点讲解完后,学生以 presentation 的形式运用已学的知识对老师给出的时下热点、难点问题进行讨论,目的是训练他们批判性和创造性思

维方法，从而使学生初步建立起会计学的基本知识结构体系。Presentation 作为习明纳会计学原理双语课教学的初步探索，即教师在本门课开始时，告知"国英班"学生们自由组合成 5~6 各小组，并给出多个于本门课程相关的当前热点问题，每个小组自由选择一个问题作为报告的内容，但不能选择同一个问题；教师讲授完以后，每个小组推选 1~2 名同学在课堂上做报告；在课堂报告评价方面，教师和其他小组同学共同参与评分，该得分为报告小组每位同学的成绩。

二、习明纳教学法应用于会计学原理双语课的作用

（一）有助于培养学生批判性和创造性思维能力

"国英班"学生综合素质高，学习和思考能力比较强；教师在授课过程中，注重教给学生学习的批判性和创新性思维方法，而不仅仅是学习的内容；学生通过运用批判性和创新性思维，学会了本门课程的方法，完全可以自学掌握部分有会计学基本内容，有助于理解现实中的会计实务问题。由此可见，会计知识的传授很重要，没有会计知识，就不可能有会计技能。会计知识是会计技能的基础，会计技能是会计知识的延伸。会计实务不是不需要批判性和创新性思维，但是会计专业批判性思维和创新性能力的形成必须以会计知识作为铺垫，没有知识，就没有质疑，也不可能深思与创新。习明纳教学法需要学生在课下自己查找资料，并将其归纳，分析和总结。通过该方法，有助于扩大学生的知识面，唤起对知识的好奇心，激发批判精神并有助于在独立思考的基础上去辨别是非。因此，在实施习明纳教学法的过程中，可从知识、能力和认知三个层面提高学生批判性和创造性思维能力：

（1）知识层面。采用习明纳教学法，其所涉及的内容与课程中会计科目的定义、账务处理、报表列示等知识点紧密关联，有助于学生展开实务应用。习明纳教学法需要学生查阅、搜集、分析相关资料，了解事件的来龙去脉，并联系课程内容明确需要讨论内容中与知识点相关的会计事项、相关账务处理及报表列示等问题。

（2）能力层面。习明纳教学关注培养学生运用知识点发现问题并解决问

题的能力,从而掌握从会计学角度的分析方法和思考方式。如可让学生们可利用企业的公开数据(如年报)并运用课程中的知识点比较分析企业的会计处理是否正确,是否遵循了会计准则的要求,让学生学到独立分析企业对具体经济事项的会计处理方法。同时,小组报告和后面的即兴问答环节,更需要学生们在课下大量的学习,扩大知识面。这不仅提高了学生的交流和表达能力,更提高了学生思考能力和应变能力,有助于其批判性思维和创新思维的提高。

(3)认知层面。习明纳教学有助于实现相关知识点的升华,引导和培养学生从企业的视角更为深入地思考会计实务的真正意义。学生通过运用已学的知识点进一步理解企业会计事项背后的经济实质,从而实现对批判性和创造性思维能力的培养。

(二)有助于建立"学生为主,教师为辅"的课堂

采用"Presentation"教学形式,突出培养学生自主学习的能力、口头表达能力、临场应变和快速思考的能力。"国英班"是创新型人才,因此,笔者尝试将欧美大学普遍采用的习明纳教学法引入到"国英班"会计学原理双语课堂。不同于欧美课堂报告的每位学生独立做presentation,由于课时有限,且人数多于欧美习明纳课堂,"国英班"的presentation小组通常是由5~6人自由组合而成,由于教师建议使用英文,每组最多可让2位同学做presentation。"国英班"presentation的题目是和当前的时事热点紧密相连,需要学生在课下查阅大量相关资料,而这些问题又没有标答,因此,有助于培养学生的批判性和创新性思维,提高分析问题和解决问题的能力;同时通过报告后提问环节(其他组学生根据报告内容提问,由报告组中未做报告的同学来回答),既可以有助于学生知识的积累,又可以提高学生的英语水平,更可以训练了学生的口头表达、临场应变和快速思考的能力,另外也有利于学生知识的积累;做presentation的同学代表整个习明纳小组的同学,presentation所得的成绩也是学习小组每位同学的成绩,由此培养学生的团队合作精神。此外,学生均需用英文PPT,若用英文做presentation的小组成绩可以加分。总之,presentation旨在培养学生自主学习的能力、英语能力、分析和解决问题的能力、口头表达与临场应变和快速思考的能力,以及团队合作精神。在这个课堂中,教师的作用主要是维持课堂次序,点评知识点和解答有争议的问题。

三、习明纳教学法在会计学原理双语课的具体实施与效果讨论

(一) 习明纳教学法在会计学原理双语课的实施

习明纳教学法已经连续 2 年在湖北工业大学经济管理学院的 2014 级（36人）、2015 级（33 人）"国英班"的《会计学原理》双语课中开展。授课教师提出了 6 个题目，每个题目均有一个包含 5~6 个学生的小组选择。每个小组在课后查找资料，做成英文 PPT，选派 1~2 名学生作为代表，尽量采用全英文的方式在课堂上做 presentation。每组小组所分配到的时间均为 15 分钟，其中 presentation 的时间不得少于 8 分钟，不得超过 12 分钟，剩余 3~7 分钟时间为提问交流时间。每组 presentation 的得分是根据 presentation 内容和问题回答情况，由老师分数和同学分数两部分组成，每部分各占 50%。其中，同学给出的分数由其他 5 个小组每个同学给出分数后，算出平均分。

(二) 习明纳教学法在会计学原理双语课实施的效果

"presentation"是习明纳教学法在会计学原理双语课的具体实施方法，注重培养学生自主学习的能力、分析和解决问题的能力、口头表达与临场应变能力、有助于批判性思维和创新思维的培养，更有助于团队合作精神的提高；课堂显示出良好的教学氛围，课堂次序好，研讨氛围强。

同时，笔者设计了问卷调查对 2014 级和 2015 级"国英班"的学生分别进行匿名的问卷调查，以期了解习明纳教学法对"国英班"学生在学习会计学原理双语课程时所产生的影响；以及在习明纳教学法实施过程中，有哪些经验和挑战。问卷调查见表 1。调查结果表明：

表 1   经管学院"国英班"会计学原理双语课问卷调查表

编号	问题
1	培养了自主学习能力
2	提高了分析问题、解决问题的能力

续表

编号	问题
3	形成了批判性和创新性思维
4	提高了口头表达能力
5	提高了自信心
6	提高英语听说读写的水平
7	激发了学习积极性
8	增加了对本门课前沿知识和热点问题的理解
9	促进了师生间的交流
10	增加了同学间的互动

总体来看，学生对习明纳教学法的效果评价较高。2014级约有90%的学生认同习明纳教学法；2015级约有92%的学生认同习明纳教学法。其主要原因是：首先，学生们认为习明纳教学法对学生专业知识的掌握和拓宽起着积极作用。习明纳课堂需要在课下花费更多的时间进行预习、查阅和分析资料、准备presentation，这对于了解会计学发展的前沿动向、将理论与应用的结合有着重要的帮助。2015级"国英班"的Z同学说"如果不是要求在习明纳课堂上发言，课下也不会去查找这么多资料，更不会想去了解这么多的最新信息和知识"。

其次，学生综合能力的提升是其另一因素。学生的综合能力包括学生的批判性思维和创新性思维的培养和提高、态度与价值观的提升。2014级"国英班"的W同学表示"在准备习明纳课堂的presentation过程中，通过查找国内外的资料，不仅扩大了专业英语词汇量，提高了英语阅读水平，还通过和同学的讨论，不断思考，这样能完善自己的观点。"2015级"国英班"的L同学说"以前很少使用PPT，更没有在这么多人面前用英语演讲，感觉自己胆子大了，能力也提高了，自我提升了不少"。

最后，由于习明纳教学的教师能够及时对presentation进行点评、总结和补充，提高了课堂上师生间和学生间的互动程度，激发了学生对于会计学的兴趣和热情。2014级和2015级均有过半的同学表示在学完会计学原理课程后想进一步学习会计学的知识，部分同学还提出以后要参加注册会计师考试。

习明纳教学法实施在会计学原理双语课中虽取得了一些成绩，然而，从学生的反应来看，仍有不尽如人意的地方：

（1）学生 presentation 的深度和创新把握不够。由于会计学原理双语课是开在"国英班"大一下学期，学生的专业知识有限，阅历不够丰富，对 presentation 的题目理解不完善，资料查找也不尽全面。因此，对于 presentation 的内容和创新，以及后面的自由提问的回答质量还有待提高。

（2）全体学生的参与性和积极性仍需加强。虽然 presentation 环节有 1~2 名学生发言，在自由回答问题时间是由同小组未做报告的同学来回答，但是，大部分的问题仍是由其中的 1~2 位同学回答，其他同学或因准备不充分，或因自身性格特点未能积极参与到讨论中。

（3）部分学生的畏难情绪阻碍了习明纳教学法的开展。部分学生由于受到传统教学模式的影响，尚未习惯课下花较多的时间去收集、查找、分析资料，课上积极发言，参与讨论的新模式。因此，部分学生认为习明纳教学法"太麻烦""占去较多的课外时间""任务太重""对于学生要求太多"等，这种畏难情绪使得他们表示需要较长的时间来适应习明纳教学法。

四、习明纳教学法在会计学原理双语课应用的反思

习明纳教学法应用在会计学原理双语课中虽在师生互动、激发学生自主学习、提高学生批判性和创新性思维等方面取得了较好的效果，但仍存在着 presentation 的深度不够、学生参与度不尽如人意和学生畏难情绪等问题，据此，提出以下建议：

（1）发挥教师的引导作用。在正式实施习明纳教学法之前，教师应引导学生通过期刊、报纸、杂志等各种有效渠道获取与会计相关的知识和信息，使得学生尽可能的全面收集 presentation 所需要的资料，有助于学生理解选题的内涵和研究状况。在学生资料收集过程中，教师应引导学生做好资料的甄别工作，避免选择较为陈旧、观点偏颇的素材。通过这种及时且有针对性的方法，既可以降低学生们在资料收集和处理中的畏难情绪，又可以提高学生们实际应用能力，在一定程度上可以改善因资料原因导致的学生 presentation 的深度和创新把握不够的问题。

教师的引导作用还体现在习明纳教学法实施的过程中。在以学生为主体的习明纳课堂，教师在每组学生做完 presentation 和回答完问题之后，对于该主题的内容进行归纳总结，并继续提问，引导学生回答，或者下去就某些重要的知识点继续查找资料，进行深入思考，不断提高学生的批判性和创新性能力。

此外，教师还需在习明纳教学法实施以后，引导学生将 presentation 的内容进行提炼、总结，并撰写成为报告。教师应根据学生已经学到的专业基础，将后面完善的资料进行汇总，归纳出问题的前因后果，建立起自己的关于主题的知识框架，加深自己对于专业问题的认识，并提高自己分析处理问题的能力，这就是对批判性和创新性思维的培养。

（2）采取综合性的考核方式，激励学生积极参与到习明纳教学中。传统的会计学原理双语课堂对学生的考核是基于期末考试的。这种单一的考核方式抑制了学生参与到习明纳教学的积极性。因此，极有必要对这种传统的考核方式进行改变，即应降低传统期末考试的比重，增加多项 presentation 表现考核指标，从多个层次对学生进行综合考核。①参考文献的质量和数量。通过参考文献的引用和使用情况可了解学生的学习积极性，把握学生批判性思维能力。②presentation 的效果。这包括了 presentation 结构的安排，内容的深度和新度，逻辑连贯性和严谨性，及语言的表达能力。Presentation 的效果受到两个因素的影响：一个是小组成员相互合作的紧密程度，另一个是做 presentation 同学英语功底和表达能力。③即兴问答环节能否及时、准确回答其他小组同学的疑问。该指标反映了是否每个学生都参与到了资料收集和分析，批判性和创新思维以及临场反应能力。④报告的撰写。报告论据的充分性、结论的合理性反映了学生解决问题的能力。⑤PPT 的制作。

（3）改革教师评价和激励机制。习明纳教学法是一种新的教学手段。这种教学法不仅改变了传统的教学模式，更建立了一种新的师生关系。这种教学法能否实施有效在很大程度上依赖于教师观念的转变和不断地自我提升。习明纳教学法需要教师从传统的"管理者""领导者"的角色转化为"引导者""协同者"，从差异化的学生个体出发，实施"个性化"教学。这就要求教师在课下，不断汲取新的资讯和信息，紧跟本学科理论前沿。此外，要经常和学生沟通，以便找出其兴趣点和薄弱的地方，引导他们向具有批判性和创新型思维的"主动"学习者转换。此外，习明纳教学法要求较强组织能力和应变能力，以应对习明纳教学法实施过程中的各种意外。由此可见，习明纳教学法的实施需要教师在课下付出更多的投入，而传统的教师评价方法和激励机制无法合理、有效地对教师的工作进行评估。必须进一步完善传统的教学管理制度、教学评估与考核制度、教师学术评价与职称晋升制度、教师培训等配套支持，提高教师进行教学改革的积极性。

五、结语

习明纳教学法应用于会计学原理双语课，有助于学生夯实知识基础，提高学习能力和沟通能力、口头表达与临场应变和快速思考的能力，以及团队合作精神。通过对"国英班"2014级和2015级学生的教学实践，证明习明纳教学法有助于培养具有探究精神、自主学习和合作学习能力的创新型人才。

参考文献

[1] 于卫兵．高校金融学专业的会计学课程教学探讨 [J]．财会月刊，2013（3）：122-124．

[2] 刘桂玲，张超，工科背景下会计人才培养问题探究 [J]．财会月刊，2013（8）：113-117．

[3] 孙燕君，卢晓东．小班研讨课教学：本科精英教育的核心元素——以北京大学为例 [J]．中国大学教学，2012（8）：16-19．

[4] 周光明，段书凯，杜彬恒，等．拔尖创新人才培养的典型模式和实践反思 [J]．西南师范大学学报（自然科学版），2013（5）：150-157．

[5] 叶俊飞．从"少年班""基地班"到"拔尖计划"的实施——35年来我国基础学科拔尖人才培养的回溯与前瞻 [J]．中国高教研究，2014（4）：13-19．

成果导向的《可视化编程》课程教学模式探讨

余 凌

(湖北工业大学经济与管理学院,湖北 武汉 430068)

【摘 要】基于成果导向的教育模式,结合当前信息化发展趋势,从定义、实现、评估和使用学习成果等方面对可视化编程课程教学进行探索,以期改善现有教学模式,从而更好地激发学习兴趣,培养多种能力,实现教学质量的提高,并为其他基于成果导向教育理念的高水平课程提供借鉴。

【关键词】成果导向;可视化编程;教学模式

一、成果导向理论概述

高等教育质量一直备受关注,重视学生的学习成果成为教育改革的重要方面。1981年Spady首次提出成果导向(outcome-based education,OBE)理念,该理念在全球范围内产生了广泛影响,从20世纪末开始欧美国家的教育认证机构均改革认证标准,将学习成果作为评价教育质量的一则重要标准。近年来,国外学者就成果导向教育研究注重了为从中观层面的人才培养以及宏观层面的教育质量等领域,而国内学者的成果导向研究主要体现在专业认证方面,尤其是工程专业认证。虽然国内外学者对成果导向教育模式进行了不断探索,但研究基本框架和基础原则均没有脱离Spady(1994)对成果导向教育理念的

[作者简介]余凌(1981~),女,湖北枝江人,副教授,管理学博士,研究方向为技术经济。

卓越人才的培养

体系性解读。

成果导向模式与传统教学模式十分不同。以往的教学模式中，重视内容和过程，以教师讲授知识体系为中心，然而成果导向模式更关注学生这一个体，强调了学生的学习成果和效果，其成果的核心在于学生完成学业后可以带得走的能力。那么，在成果导向模式中需要所有的课程体系、教学过程以及评价工作都以最终成果为导向进行设计和实施，在这一模式下学生能充分明确自己的学习目标，了解学习进度和存在的不足，最终通过教育者和被教育者的共同努力，提高人才培养质量。

二、成果导向模式在可视化编程课程教学中的探索

成果导向教育模式以预期学习成果为中心来组织、实施并评价教育活动。下面，我们从定义、实现、评估和使用学习成果等方面对可视化编程课程教学进行探索。

（一）可视化编程课程的学习成果定义

学习成果的内涵丰富，例如 Spady 构建了标志不同层次学习成果的显示性高山模型，Bakarman 提出用 ASK（attitude，skill，knowledge）模型来评价学习成果。在成果导向理论研究成果丰硕的工程专业领域，工科院校普遍采用麻省理工学院等四所大学在研究、探索和实践基础上提出来的《CDIO 大纲与标准》[①] 中评价工科毕业生学习成果的国际通用准则。该准则强调以学生为中心，从工程基础知识、个人能力、人际团队能力和工程系统能力等四个层面培养学生成为优秀工程师的综合能力。与工程专业课程一样，可视化编程课程正是强调了系统思考、解决问题、应用与实践导向等。因此，本文尝试探讨 CDIO 理念和标准在可视化编程课程中的应用，围绕信息管理专业的人才培养目标、课程定位，参考《CDIO 大纲与标准》来定义其学习成果。

---

① CDIO 是构思（conceive）、设计（design）、实施（implement）和运行（operate）的缩写。

（二）基于成果导向的可视化编程课程教学设计

在信息管理专业的课程体系中，"可视化编程"是本科教学的专业核心课程，为学生的专业学习提供学科基础。其授课对象主要是大三的学生，通过本课程的学习力求使学生能够达到：有效处理与展现数据的需求；利用可视化方法表现数据中隐含信息，发掘数据中包含规律；通过技术手段增强用户对数据的深层认知。该课程的教学目标是让学生掌握各类数据特性和应用领域，提高其数据处理和分析能力，拓展学生的专业知识及个人素质。为此相关的教学活动遵循成果导向反向设计的原则，根据可视化编程知识体系特点，将教学内容分为三大模块，八个子模块，同时参考《CDIO大纲与标准》，明确各教学模块需要培养的毕业生预期能力，将其落实到课程计划中。

可视化编程课程学科基础知识主要分为三大模块：基础部分—数据可视化的历史沿革，从人、数据、可视化流程等三个层面阐述数据可视化的基础理论和概念；数据—复杂多变量、非结构化、非几何的抽象数据的可视化方法；应用—面向不同类型数据的可视化综合应用及实用系统。其中，将基础部分细分为了数据可视化简介、视觉感知与视觉通道、数据与数据可视化基础共三个子模块；将数据细分为了时空数据、地理空间数据、高纬非空间数据与层次、网络数据四个子模块；应用部分主要采取了软件操作及作品展示，根据所选择可视化开源软件、文献管理与信息分析可视化软件，进行数据选取，实际调试，并制作相应答辩PPT、Word文档进行结果展示。这里列举课程计划中相应的匹配矩阵见表1、表2。

表1　　　　可视化编程课程学科基础知识及教学策略（部分）

知识点					
一级	二级	三级	四级	显示性成果形式	教学策略
基础部分	视觉感知与认知	感知与认知理论	从认知概念与过程认识信息加工系统	课堂讨论、案例分析报告	讨论教学、心理测试、视频教学

续表

知识点					
一级	二级	三级	四级	显示性成果形式	教学策略
视觉通道	类型、特性	熟悉各个视觉通道的特性差异，掌握挑选合适的视觉通道的方法	课堂汇报、小组汇报	探究教学、讨论教学、小组作业	
……	……	……	……	……	……

表2　　可视化编程课程预期学习成果及教学策略（部分）

能力点					
一级	二级	三级	四级	显示性成果形式	教学策略
个人能力、职业能力和态度	推理和解决问题的能力	发现问题和表述问题	围绕实际科学和社会问题的求解设计高效的人机交互界面	实验报告、作业报告	讨论教学、范例教学
	数据处理与分析能力	处理问题和分析问题	针对实际科学和社会问题，会运用复杂数据的处理和分析方法	实验报告、数据集	讲授教学、项目教学
……	……	……	……	……	……

（三）基于成果导向的可视化编程课程实现策略

课程层面的预期学习成果必须落实到具体的课程模块和课堂教学中，其核心环节是确定课程模块的学习成果。教师根据学习成果类型，基于教育与认知科学理论，运用讲授教学、实操教学、合作教学和多媒体教学等多种方式，设计课堂展示、团队协作和作品制作、互评等丰富的教学活动，让学生积极参与到教学过程中，实现有效的预期学习成果。当然，网络资源的使用也能推动师生互动交流，开展线下的学习讨论活动，既提升了专业知识水平，又促进了沟通与表达能力的提升。

在课程评估层面，由于成果导向的学习成果是多方面的，所以对学生的学习评价也应是多方面的。课程评价中，教师采用随堂提问、实操报告、小组作业和同组、分组互评打分等主体多元化、内容多维化、方法多样化的评价方法，并对总结性评估和过程性评估同样重视。同时，从人才培养的角度出发，知识、能力和素质成果类型不同，体现的形式不同，所以必须有与之对应的评价方法。例如，知识成果的评价可以通过纸笔测验的方式考察，能力成果的评价可以结合纸笔测验与主观测评两种方式。客观、真实的评价有利于学生正确认识自我、建立自信，有利于教师反思教学过程、改进教学，促进学生综合能力的提升。

三、结语

随着数据时代的来临，针对实际科学和社会问题，涌现了许多新的复杂数据的处理和分析方法，对信息化人才的要求越来越高。为了提高信息化人才培养的质量，本文借鉴了工程教育的学习成果标准《CDIO 大纲与标准》，围绕信息管理专业人才培养目标、课程定位等，定义了可视化编程课程的学习成果。同时，CDIO 提出的从学科基础知识、个人能力、人际团队交往能力和综合系统能力等方面培养学生能力的框架，可以作为构建通用信息化人才培养标准的一种参考。

参考文献

[1] Spady W. Outcome-based education: critical issues and answers [M]. American Association of School Administrators, Arlington, Va, 1994: 1.

[2] 赵昱，庞娟，杨传喜. 成果导向的管理学课程教学模式探讨 [J]. 高教论坛，2016 (2).

[3] Spady W. Choosing Outcomes of Significance [J]. Educational leadership, 1994, 51 (6): 18 –22.

[4] Bakarman A. Attitude, Skill, and Knowledge: (ask) a New Model for Design Education [C]. Proceedings of the Canadian Design Engineering Network (CDEN). 2nd International Conference, Kaninaskis, Alberta: [s, n.]. 2005.

[5] 申天恩. 论成果导向教育理念的大教学战略构想 [J]. 吉林师范大学学报（人文社会科学版），2016 (3).

[6] 蒋丹，陈静，武双. 成果导向下的生物化学课程教学改革研究 [J]. 生命的化学，2016 (5).

研究生参与校企合作项目的知识学习与创新

——以企业管理咨询项目为例

喻红阳

（湖北工业大学经济与管理学院，湖北 武汉 430068）

【摘 要】面对国家对应用型高端人才的旺盛需求，对研究生的社会实践教学要求增强。管理类专业因为它的专业性质，更应该加强社会实践教学。参与导师的企业管理咨询项目是一个比较好的一种校企合作实践教学的机会。本文论述了校企合作管理咨询项目的一般做法，综合利用干中学、探索式学习与知识螺旋的理论解释了研究生参与管理咨询项目的知识学习与创新，并详细阐述了在项目研究过程中研究生的知识学习与知识创新。

【关键词】合作项目；知识螺旋；实践教学

知识经济时代，社会对知识、科学技术、高层次应用型人才的需求越来越强烈。高层次的应用型研究生培养成为响应这一需求的举措。国家教育部明确提出："硕士研究生教育基本是以面向实际应用为主。"管理类专业与其他专业相比，更加注重将所学知识应用到实践，更加注重与实践的结合，管理研究生培养要求其具有坚实的企业管理理论基础、较强的企业管理技能、能胜任各类工商企业管理工作。

[基金项目] 本研究受省教育厅教研项目（2013279）"工科背景下管理学科校企协同人才培养模式研究"；湖北省教育科学"十二五"规划项目（2013B067）"经管类专业校企协同实践教学理论与实践"及湖北工业大学校教研项目（2013032）"经管类专业校企协同实践教学体系的研究与实践"支持。

[作者简介] 喻红阳，女，湖北钟祥人，副教授，博士。

与其他类型的实践相比,研究生参与导师的与企业合作项目是一种比较能够将学生在校所学的知识进行应用,并且深化的一种方式。

一、校企合作管理咨询项目的一般做法

（一）校企合作管理咨询项目介绍

改革开放,国门打开,我国企业蓬勃发展,同时竞争也非常激烈,提升企业竞争力非常重要。企业一方面和高校工科学院进行技术开发合作,进行产品创新;同时与经管学院的老师进行管理咨询合作,对企业的战略、生产、质量、品牌、营销、组织、技术创新管理各个方面进行优化与提升。学校老师提出的解决问题的方案成为企业提升管理效益的手段,项目成功与否直接与企业的经济效益挂钩,问题的解决与理论知识的灵活运用得到很好的体现。

经管学院的老师承接的企业咨询项目是面向企业需求的、具有很强的实战性、问题导向性与应用性。与一般的校企合作技术攻关不同,技术合作更多的是面向的客体是技术,而管理咨询项目面向的是企业、市场,这要求项目团队成员一方面对企业自身与整个行业发展水平有很好的了解,另一方面是将自身掌握的理论知识灵活地运用到企业中解决现实问题。因此,在项目研究过程中包含大量的企业调查、行业调查,工作要求细致,工作量巨大。

（二）高校企业管理咨询项目的一般过程介绍

当某个企业在管理中面临管理问题时,需要管理专家协助解决,企业可能需要流程优化、制度建设、企业文化建设、薪酬设计生产管理优化、质量体系建设与贯标、组织结构变革、战略变革、制定长期战略等,或者是全面企业管理工作的梳理。通过长期的校企合作关系,企业很快找到可以解决企业某方面需求的教师,与之接洽。一旦高校教师提出的想法被企业认可,就可能被企业项目立项。项目一旦立项,对承接项目的老师而言,意味着要组建项目团队,开展项目研究工作。在这个过程中,导师会根据研究生本人的情况对他们进行工作上的分配。

通常一个企业管理咨询研究项目经历一下十个阶段,每个阶段研究生的参

卓越人才的培养

与情况和承担的角色有所不同。

1. 研究课题可行性调查阶段

导师根据企业的痛点，自己或者与研究生一起到企业进行走访、高管访谈，了解企业需要解决问题的需要与解决问题的可能性，并初步提出项目研究方案。

2. 研究团队组建阶段

老师根据企业已经审批的项目计划书进行研究团队的组建、团队成员的选择。团队成员除了来自高校还要来自企业的人员。导师自己的研究生或者其他老师的研究生有可能进入项目团队。在团队初建阶段，研究生往往负责成员联络工作。

3. 研究计划制订阶段

导师自己或者导师要求研究生根据企业的意图和导师的指导编写项目研究计划书。

4. 研究项目分工阶段

根据研究计划书，项目研究小组开会进行研究项目模块的研究细化和研究模块分工。研究生会被分配相应模块的研究工作或者协助老师的研究模块的研究工作。

5. 前期预研究

小组成员根据分工，查询相关资料，对企业所处行业、国家宏观政策、涉及的经营管理相关知识进行梳理。

6. 进驻企业，进行企业调研

这个过程非常重要，往往决定了一个管理咨询项目的成败。项目小组进驻企业，开展实地调查，进驻企业的期限根据研究内容和调查广泛性来确定。在这个过程中研究生起非常重要的作用。研究生在前期弄清楚研究目的，重新梳理相关知识的基础上，通过调查、访谈、企业管理文件等全方位对企业进行现状了解，进而提出了解企业现状存在的问题以及原因探究，即对企业的诊断。学校的老师与企业的项目负责人全面开始对接，就企业如何配合项目组进行全面沟通，研究计划进行沟通，需要企业的配合（联络人员、调查协助、企业资料提供、企业流程的讲解与调查等）。

起草访谈提纲，对企业高管、部门领导进行访谈。访谈要做好录音或笔记。对访谈录音或者访谈笔记进行整理，提炼。

对全体企业员工进行问卷调查。首先要根据调查目的设计调查问卷，进行小范围的试调查，修正问卷，进行全员问卷调查。收集问卷，整理问卷，对问卷数据进行统计。

访谈与调查一方面是找企业目前可能存在的问题以及问题的原因，另一方面是寻找解决问题的思路与方向。

7. 形成管理建议研究报告

企业调查完毕，项目小组成员根据各自分工，分别撰写正式报告。通过前面的企业资料的收集、访谈与问卷调查，对企业的现在进行诊断，并利用所学到的管理知识与理论，对问题进行挖掘，提出解决问题的思路和企业实施整改的方案与计划。最后，所有的资料汇总到项目负责人进行通稿与修订。

8. 企业审阅报告、高校修改报告阶段

报告初稿提交给企业相关领导进行审阅，并提出相关的修改意见。课题组的成员可能要与企业相关人员进行汇报与宣讲，并接受修改意见，对不清楚或不一致的地方进行沟通，达成一致意见。这个过程可能会反复多次，直至企业方满意为止。

9. 报告通过

项目小组根据企业反馈的修改意见完善报告。报告修改完后提交给企业管理者审阅。如果企业方对项目组提交的报告无异议，就可以进行到下一步：企业整改落实。

10. 建议执行与执行反馈阶段

企业整改落实阶段，项目组会根据企业的要求对相关人员进行知识培训、对未来的变革进行宣讲。对项目组提出的企业新文件、新流程、新组织或新制度进行实施。项目组队企业实施情况进行实施跟踪，过程纠偏。

二、研究生参与校企合作项目知识学习与创新的理论解释

（一）干中学理论

所谓"干中学"（learning by doing），就是在实践中学，提倡实践精神。

卓越人才的培养

经济学家阿罗（Arrow）1962年提出了干中学效应认为，人们是通过学习而获得知识的，技术进步是知识的产物、是学习的结果；学习又是经验的不断总结，经验来自行动，经验的积累体现在技术进步上。这种学习效应会带来国家的经济增长。具体到个人，"干中学"会使人的人力资本水平提高。

研究生在本科和读研期间学到了很多专业理论知识，但是还没有将理论知识应用到实践中，检验所学知识，加深对所学知识的印象。研究生通过参与老师的校企合作咨询项目，将所学的知识用于具体管理问题的诊断与解决，在具体问题中学习知识，用知识指导学习。

（二）探究性学习

探究性学习（inquiry-based learning）是从问题、情景开始，将学习用来解决具体问题或回答问题的结构式模型。学习聚焦在有意义的、难以明确定义的问题，问题需要从多个角度来考虑以认清楚问题。探究式学习围绕问题，提出问题、通过观察、研究、实验等获取数据，数据分析、解释、解决问题。探究性学习具有主体性、探究性、实践性、合作性、过程性等五个重要特征（马楠，2010）。校企合作探究式学习主要的过程：

（1）互动。在整个项目过程中，研究生与同学、专家、老师、企业领导、企业员工进行互动。整个互动体现在项目小组会、访谈、宣讲、一起工作等形式。由于是小组多人参与，因此看问题的视角更加全面，提出的方案更加多样，提出的解决方案更加让人接受。研究生在这个过程中能够看到自己的不足，发挥自己的长处。

（2）澄清。是对现有的资料、数据进行总结、分类，澄清错误的概念和错误认识。用图形、图表等组织和分析他们获得的数据。强调思维技巧，如分析、综合和评价。在对企业的资料进行分析过程中，需要研究生具有分析、综合、评价能力，认清问题，才能够提出解决方案。

（3）提问。在学习过程这不断地提出自我引到的问题，进行深入学习，需要发散性和创造性思维。在合作项目进行中，研究生要善于向企业员工、企业领导提问，也要善于向导师和课题组其他成员提问，或者向自己提问，不断地加强对问题的认识。

（4）设计。设计是通过以上学习对提出的问题进行解决，需要有发散性和创造性思维，提出问题解决方案。企业的合理化建议提出、制度的修订、管理方案的提出。

（三）知识螺旋

知识螺旋（knowledge spiral）是野中郁次郎（ikujiro nonaka）在1989年提出，个人的隐性知识，经由社会化（socialization）、外部化（externalization）、结合（combination）、内部化（internalization）四种力量循环性的运作，将个人的知识转移到组织之中，并扩大个人与组织的知识基础，进而创造出更多的知识。

在校企合作项目的运行过程中，研究生与自己的导师和其他老师、企业的项目负责人、高管、部门领导、一般员工在一起合作，每个人都各自有自己教育背景、工作背景、社会阅历，都累积了不同的隐性知识。在一起合作、讨论中，项目组成员进行知识分享，各自的隐性知识进行了交流（社会化）。研究生在项目的研究过程中，碰到问题，这时候自己的导师会进行当面指导，或者想企业相关人员请教，这也是一种知识社会化的过程。而导师、企业相关人员在这个过程中通过语言沟通或者演示，将自己过去领会到的知识外部化，让参与项目的研究生学习到。研究生通过学习其他知识丰富的专家的知识，再结合自己以前学过的理论知识，加上在企业的所见所闻，通过自己的思考，知识的消化吸收，新知识与原有知识的结合，产生自己的新知识。这种新知识成为自己学到的独特的内隐知识。在这个参与校企合作项目过程中，是无数次知识碰撞的过程，无数次的碰撞、沟通、思考会产生新的想法、整合成新的知识，加深了人们对问题的理解、也加深了过往学到的理论的认识。

在这个过程中，企业参与项目的人员通过项目组活动，需要不断地回答项目组的问题，进而引发企业员工的不断思考，他们也许有很强的实践知识，但是还缺乏将知识上升到理论高度，通过与项目组的合作，他们的知识不断地被总结出来，进行理论提炼，使他们的知识更加具有系统完整性，看问题更具有深度。或者基于企业个体的经验知识，通过提炼与完善，通过来自高校课题组总结，个人知识最终都被转化成对整体有价值的组织知识。

三、校企合作项目中研究生的知识学习与创新分析

(一) 知识的分类

根据知识能否清晰地表述和有效的转移,可以把知识分为显性知识(explicit knowledge)和隐性知识(tacit knowledge)(Michael Polanyi,1958)。显性知识是能够被人类以一定符码系统(如语言、数学公式、各类图表等)加以完整表述的知识,即编码知识。隐性知识难以通过语言、文字、图表或符号明确表述,存在于个人头脑中的,它的主要载体是个人,它不能通过正规的形式(例如,学校教育、大众媒体等形式)进行传递,因为隐性知识的拥有者和使用者都很难清晰表达。

彼得·德鲁克(Peter F. Drucker)认为,隐性知识是不可用语言来解释的,它只能被演示证明它是存在的,主要来源于经验和技能的,学习的唯一方法是领悟和练习。野中郁次郎认为隐性知识是高度个人化的知识,是主观的经验或体会,很难规范化,不易传递给他人。

(二) 企业管理知识的性质

企业管理知识兼有显性知识与隐性知识。温特(Winter)、尼尔逊(Nelson)、斯班德(Spender)等认为企业内部存在着隐性的组织知识。企业隐性知识存在于员工个体和企业内各级组织(团队、部门、企业层次等)中难以规范化、难以言明和模仿、不易交流与共享、也不易被复制或窃取、尚未编码和显性化的各种内隐性知识,同时还包括通过流动与共享等方式从企业外部有效获取的隐性知识。

(三) 研究生在校企合作项目中知识的学习与创新

1. 研究生在课题中能够学习到企业的隐性知识

学生在课堂上学习的知识主要是显性知识,并没有和现实情况相结合。野中郁次郎强调隐性知识和知识环境对于知识创造和共享的重要性。

研究生在校企合作项目中承担一定的知识创造活动,需要对该模块的显性

知识与隐性知识的结合，产生新的知识。研究生接到研究任务，首先对涉及的相关显性知识进行梳理，然后在和企业员工一起工作、访谈、问题请教、观察过程中，可能会通过知识螺旋的四个过程，对知识进行整合学习。在研究中，研究生对自己负责研究的内容可能会发现问题、并提出问题，通过请教老师、企业员工，或者互动讨论解决问题。可锻炼研究生对新问题、新思路的分析把握能力。

企业的隐性知识只有身临其境，通过观察、指导、一起工作可能会转移到研究生身上。研究课题来自企业管理实践，把研究生置身于企业实际当中，体验、体会、挖掘企业隐性知识，更能接近于生活实际和社会实践，因而更有利于培养研究生的实践能力和应用能力。

2. 导师在课题中对研究生的指导，升华显性知识

导师对于研究生来说，既是学术指导者，也是研究的评论者、科研活动的支持者。每位导师能结合研究生的科研能力指导研究生，都有自己的方式与方法。

导师始终在校企合作课题中对研究生提供研究问题、研究方法、解决方案提供指导。管理咨询项目是导师提供的具有问题导向性、实践性与指导性研究课题。在研究课题中，导师往往引导学生发现问题、思考问题，探索问题，解决问题。导师指导研究生完成项目的同时，将项目的完成过程分为提出问题、研究生思考展开讨论、导师加以引导等环节，充分培养研究生敢于发现问题和提出问题，促进了研究生科研的主动性、能动性和创造性，激发研究生学习的积极性和创新精神。当研究生遇到问题时，导师给予指点与点拨，有利于学生将显性知识与现实问题相结合进行思考，用已有的理论做指导，在实践中总结规律，升华所学的显性知识，进行新知识的创造。

3. 研究生参与课题过程中的知识创新

科研创新可以分为：知识理论创新，方法论的创新，研究视角的创新。通过让研究生参与实践性很强的校企合作项目，培养研究生的学习精神、创新精神，提高研究生解决实际问题的能力，在这个过程中可能会存在知识的创新。面临企业的管理问题，研究生一方面要对企业的情况有全面的了解，要善于发现问题，还要善于透过现象看本质，找出问题的根源，并能够解决问题。研究生要具有独立思考的能力、收集信息的能力。研究生要用批判性思维来提高他

卓越人才的培养

们对知识、材料带来的信息的选择、理解、消化与评价能力。用独立思考和独立判断的能力了解决问题，具有自主学习意识、批判反思意识、探索创新意识、问题发现意识。

在课题组成员之间经常就课题问题进行交流活动，各抒己见，碰撞思想的火花。研究生不仅自己需要知其然，还需要之前所以然，才能在课题交流中讲清楚问题。同时加强了研究生间、研究生与课题组老师间、研究生与企业人员间的交流、学习和合作等，帮助研究生提高在项目中发现问题—提出问题—分析问题—解决问题的能力。让研究生开阔眼界，拓宽知识面，不仅丰富了的学识，也提高了研究生科研能力，产生了独到的知识见解。

四、结语

校企合作管理咨询项目不仅为企业解决了管理问题，为导师带来课题经费，更重要的是为导师培养应用型研究生提供了实践训练的平台。依托这个平台，研究生可以通过在企业干中学、探究性学习来加强知识的学习；它还是一个社会交往的过程，在这个过程中，通过知识螺旋，使研究生的知识得到升华，学到了平时在学校难以学到的隐性知识，锻炼了解决问题的能力，加深了对显性知识的理解，同时，也产生出了自己独到的新知识。

参考文献

[1] 张爽. 以攻关项目为纽带：校企合作培养人才的新模式 [J]. 教育发展研究, 2013 (19): 9-13.

[2] 王勇, 樊建新. 基于讨论互动与项目结合制的研究生培养模式探析 [J]. 物流工程与管理, 2013 (11): 184-186.

[3] 黄仁亮, 苏荣欣. 全日制专业学位研究生培养模式探索——以应用型项目为载体视角 [J]. 2014 (5): 77-80.

[4] 刘琼. 硕士研究生参与导师科研项目的现状研究 [D]. 上海师范大学, 2014.

[5] 马楠. 基于课题培养研究生科研能力的研究——以研究生创新基金项目为例 [D]. 江西师范大学, 2010.

面向战略规划的高校平衡计分卡实施过程

张冀新

(湖北工业大学经济与管理学院,湖北 武汉 430068)

【摘 要】平衡计分卡的平衡逻辑性对各类组织都有一定参考性和适用性,高校也不例外,英国利兹大学等国外高校先后实施平衡计分卡并取得良好效果。我国也开展了平衡计分卡"中国化"项目,但并未选取高校试点。本文在借鉴国外高校战略地图、平衡计分卡应用经验基础上,构建了我国高校平衡计分卡实施过程,以期对高校的战略规划实施起到积极推动作用。

【关键词】平衡计分卡;战略规划;战略地图;驱动力量;绩效监控

一、引言

2005年中澳两国政府合作实施平衡计分卡"中国化"项目,在企事业单位和地方政府进行试点,选取黑龙江海林市作为地级市政府试点,取得良好效果。海林市将平衡计分卡应用优势总结为依据平衡谋划工作,按照因果传递战略,利用无形资产夯实基础,运用考核考评激励干部。国外高校重视战略规划对大学发展的引导,如卡内基梅隆大学从战略分析、战略选择、战略决策及评估的一系列战略规划过程,英国利兹大学以战略地图展示战略规划。国内高校对平衡计分卡集中在定性指标量化处理和行政管理应用,建立知识平衡计分卡

[基金项目] 湖北工业大学人文社科基金项目"基于高校战略规划执行力的目标管理方法研究"(2015SW0202)。

[作者简介] 张冀新,男,1982年6月出生,湖北工业大学经济与管理学院副教授,研究方向:创新管理。

卓越人才的培养

模型，设计高校行政部门绩效指标体系，建立战略地图。本文通过描述从指标设计、战略地图、路径选择一系列的高校平衡计分卡构建过程，阐述平衡计分卡对高校战略规划执行的推动作用。

二、高校战略地图模版

（一）驱动力量

2010 年《国家中长期教育改革和发展规划纲要（2010～2020 年）》提出："到 2020 年，高等教育结构更加合理，特色更加鲜明，人才培养、科学研究和社会服务整体水平全面提升，建成一批国际知名、有特色、高水平的高等学校，若干所大学达到或接近世界一流大学水平，高等教育国际竞争力显著增强。"人才培养、科学研究、社会服务始终是高校肩负的使命，高校承担着人才培养、学科建设、师资建设、科学研究等职能，相互影响，相互制约，共同驱动高校完成使命，如图 1 所示。

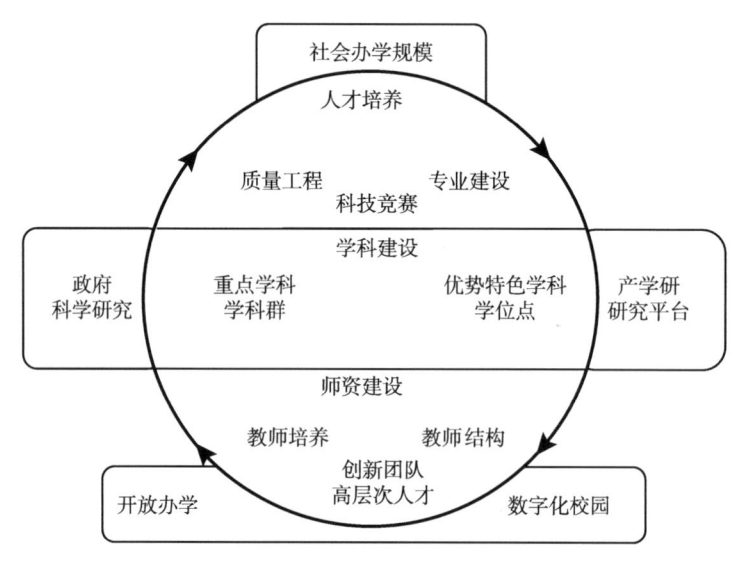

图 1　动态循环的高校使命驱动力量

（二）战略地图设计

战略规划流程覆盖规划制定、细化、执行监控、反馈优化。平衡计分卡的战略地图是对高校战略的有效描述，将驱动力量转换成战略地图，如图2所示。高校战略地图分解到学院的战略地图，如图3所示。

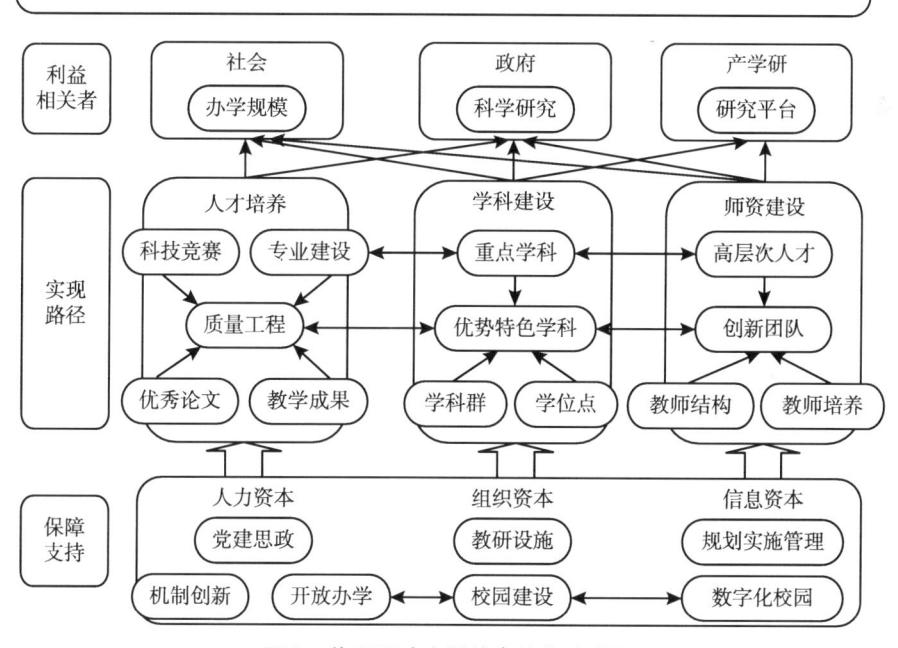

图2　体现驱动力量的高校战略地图

三、平衡计分卡设计

（一）高校三维度平衡计分卡

平衡计分卡是对战略规划实施过程的评价，是战略地图因果关系的指标反映，更能体现横纵结合的思想。平衡计分卡横向覆盖战略层面、战略目标、衡

卓越人才的培养

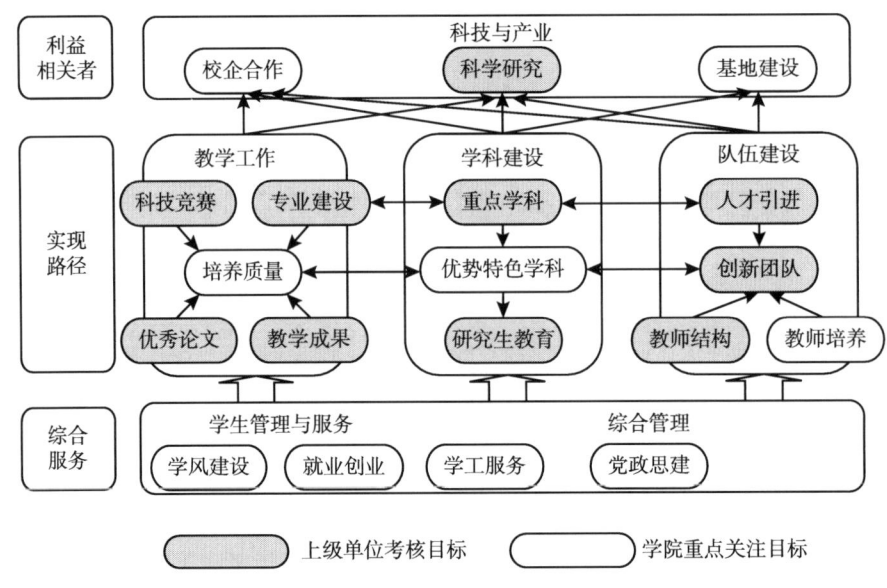

```
                    科技与产业
利益      ┌─────────────────────────────────────┐
相关者    │  校企合作      科学研究      基地建设  │
          └─────────────────────────────────────┘

          教学工作          学科建设          队伍建设
实现    ┌──────────────┐ ┌──────────────┐ ┌──────────────┐
路径    │ 科技竞赛 专业建设│ │   重点学科    │ │  人才引进     │
        │    培养质量     │ │  优势特色学科  │ │   创新团队    │
        │ 优秀论文 教学成果│ │  研究生教育   │ │ 教师结构 教师培养│
        └──────────────┘ └──────────────┘ └──────────────┘

          学生管理与服务                 综合管理
综合    ┌──────────────────────┐ ┌──────────────────┐
服务    │ 学风建设 就业创业 学工服务│ │    党政思建       │
        └──────────────────────┘ └──────────────────┘
```

■ 上级单位考核目标　　□ 学院重点关注目标

图 3　层层分解的学院战略地图

量指标、目标值、行动方案及承接部门，纵向覆盖战略地图的各维度。财务维度是企业平衡计分卡的最重要维度，但对不以营利为目的的高校而言，社会、政府、产学研各利益相关者整体价值最大化是高校战略规划的核心目标。以中等发展水平高校为例，设计平衡计分卡，如表1所示。显性指标易于对战略规划的定量考核，但不能全面反映发展水平，隐性指标考核较难，但有助于体现战略规划的长期导向。

表1　　　　　　　　　　显潜平衡的平衡计分卡

战略层面	战略目标	衡量指标	5年目标值	行动方案	承接部门
利益相关者	社会	办学规模	本科生	数量		
			研究生	数量		
			留学生	数量		
	政府	科学研究	国家级项目	100 项		
			纵向经费	年均增长率		
			国家级奖励	2~4 项		

续表

战略层面		战略目标	衡量指标	5年目标值	行动方案	承接部门
利益相关者	产学研	研究平台	横向经费	年度经费		
			重点实验室 工程中心	2~3个		
			重点实验室 人文社科基地	3个 1~2个		
			校企共建国家平台	1个		
实现路径	人才培养	专业建设	新增专业	1~2个/年		
		质量工程	省级质量工程 国家级质量工程	15项 10项		
		教学成果	国家级教学成果	1~2项		
		优秀论文	硕士论文省级优秀率	2%		
	学科建设	重点学科	省一级重点学科 国家级	5~8个 突破		
		优势特色学科	全国同类学科排名前10名的优势学科数量	1~2个		
		学科群	工科优势学科群	3个		
		学位点	一级硕士点 博士点	23~25个 1~2个		
	师资建设	教师结构	副高比例 博士比例 国外经历比例	比率 比率 比率		
		高层次人才	国家级领军人物 省部级拔尖人才	3~5人 15~20人		
		创新团队	国家级团队 省级团队	1~2个 10个		
保障支持	人力资本	开放办学				
	组织资本	校园建设				
	信息资本	数字校园				

卓越人才的培养

(二) 平衡计分卡的分级实施

分级实施是在学院各个层次设计平衡计分卡。为了评定对实现学院总体目标的贡献，通过明确目标与指标，使系主任平衡计分卡与最高层平衡计分卡协调起来，部分目标和指标在整个学院内推广，并显示在各个层次的平衡计分卡上。选取硕士论文省级优秀率指标为例，对平衡计分卡进行层层分解，如图4所示。

高校平衡计分卡		
目标	指标	目标值
人才培养	硕士论文省级优秀率	2%

学院平衡计卡分		
目标	指标	目标值
研究生教育	硕士论文省级优秀数量	1

学院副院长个人计分卡		
目标	指标	目标值
研究生教育	硕士论文省级优秀数量	1

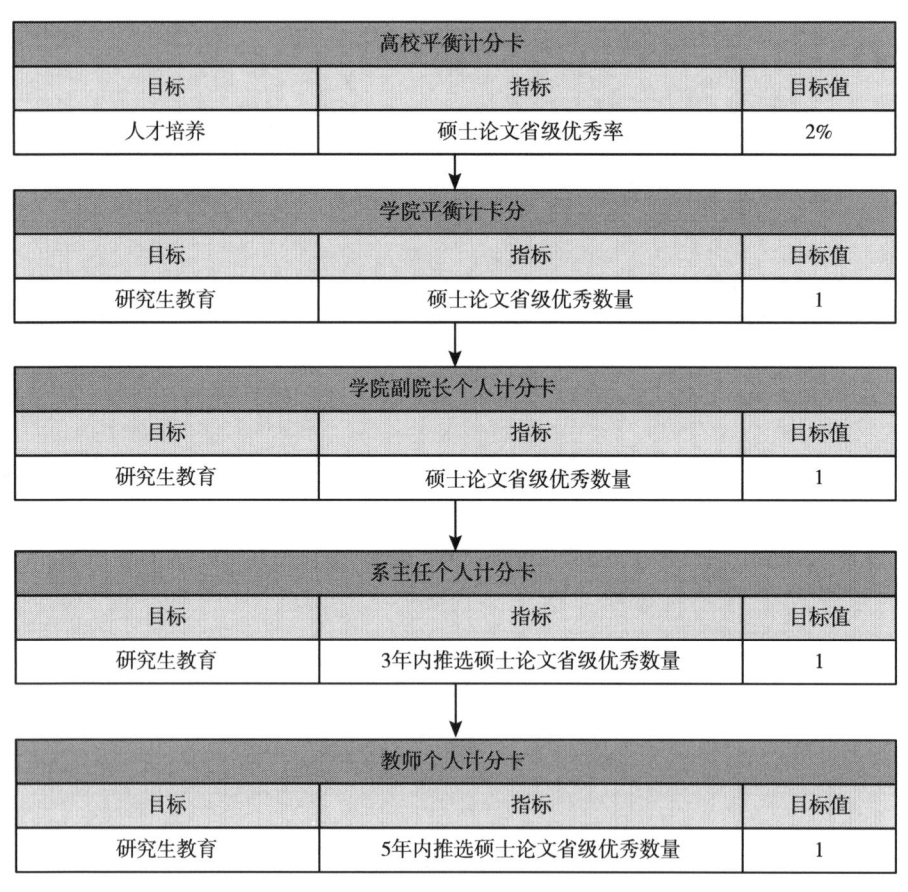

系主任个人计分卡		
目标	指标	目标值
研究生教育	3年内推选硕士论文省级优秀数量	1

教师个人计分卡		
目标	指标	目标值
研究生教育	5年内推选硕士论文省级优秀数量	1

图4 平衡计分卡的分级实施

个人计分卡也由各层次的目标、指标、目标值等组成的，但允许层面缺失

(不是所有层面都全),允许指标设置失衡(可以不考虑各个层面间的因果关系)。

四、平衡计分卡绩效监控

(一) 指标处理

高校平衡计分卡的突出特点是从战略出发,关注重点目标及关键指标。平衡计分卡实现了从重视绩效指标的罗列向到重视流程优化的转变。平衡计分卡绩效管理的目的是提高高校各层管理水平,实现结果与过程的结合,加强目标与行动的对接。平衡计分卡的难点之一是在绩效考核时各指标权重的确定,可以通过熵值法或变异系数法进行客观赋权,然后将所有指标分为投入类和产出类,用以衡量各学院的效果和效率。效果衡量实现目标能力,可直接用产出类指标衡量效果,各产出指标可汇总为教学、科研、社会服务三大类。效率衡量资源使用能力,用产出类指标占投入类指标比重衡量效率,各投入指标汇总为教工、经费、场地设施三大类。将各学院季度指标汇总加权后,按效果和效率两个维度进行聚类分析,以对不同类别学院采取分类指导的原则。

(二) 监控过程

绩效管理的过程大致可分为绩效计划、绩效监控、绩效评价、绩效反馈四个阶段。高校通过实施平衡计分卡工作,将这四阶段连接在一起,构成完整管理过程。平衡计分卡监控的内容一般为所确定的目标及指标,但不同阶段有所侧重,短时间内重点监控实施方案的完成情况,较长时间里关注目标及指标完成情况。通过工作过程的引导监控,确保学院或个人按计划完成或超额完成预定工作,从而通过提高个体绩效水平来改进学院和高校的绩效。通过绩效监控,对照实施方案检查工作进展,考察绩效是否达到了目标。通过分析工作结果,讨论改进实施方案,为高校平衡计分卡的后续调整提供依据,实现持续改进,动态平衡。

参考文献

[1] 方振邦. 构建基于平衡计分卡的政府绩效管理体系 [J]. 理论学刊,2008 (9).

卓越人才的培养

[2] 魏海苓. 战略规划与大学发展——以卡内基-梅隆大学（CMU）为例 [J]. 比较教育研究，2007（9）.

[3] 柴旭东. 战略地图与大学发展战略制订——以英国利兹大学战略地图为例 [J]. 教育发展研究，2008（3）.

[4] 麦海燕，麦海娟. 基于平衡计分卡的高校绩效评价定性指标的量化研究 [J]. 财会通讯，2008（5）.

[5] 张婧姝，邬长明. 基于知识平衡计分卡的高校行政绩效指标体系构建 [J]. 科技与管理，2010（7）.

[6] 教育部. 国家中长期教育改革和发展规划纲要（2010~2020年）. 新华社，2010年7月29日.

本科经济学课程教学改革探讨

张健威

（湖北工业大学经济与管理学院，湖北 武汉 430068）

【摘 要】经济学课程的教学效果受到诸多因素的影响。通过教学模式、教学内容、教学方法及考核评价等方面的改革，在经济学课程教学中实施双语教学、课堂实验、案例教学以及学生互评等，可以活跃课堂气氛，激发学生的学习兴趣和热情，促进学生学习的自主性和参与度，从而有效提高经济学课程的教学质量。

【关键词】本科；经济学课程；教学改革

本科的经济学课程通常包括微观经济学和宏观经济学这两门课程，是经济类、管理类各专业本科生必修的学科基础课。通过教学模式、内容、方法及考核评价等方面的课程教学改革，改善经济学课程的教学效果，为后续开设的专业核心课程夯实基础，对于提升经济类、管理类专业本科培养质量具有重要意义。本文从改革教学模式、革新教学内容、探索教学方法、改进考核评价四个方面探讨本科经济学课程的教学改革（见图1）。

一、改革教学模式：双语教学

双语教学一般是指除使用汉语之外，另外使用一门外语作为课堂语言进行

[基金项目] 湖北工业大学教研课题《创新班教学中同伴互评的应用研究》（项目编号：20140812）。
[作者简介] 张健威，男，1969年4月出生，湖北工业大学经济与管理学院副教授，研究方向：经济学。

卓越人才的培养

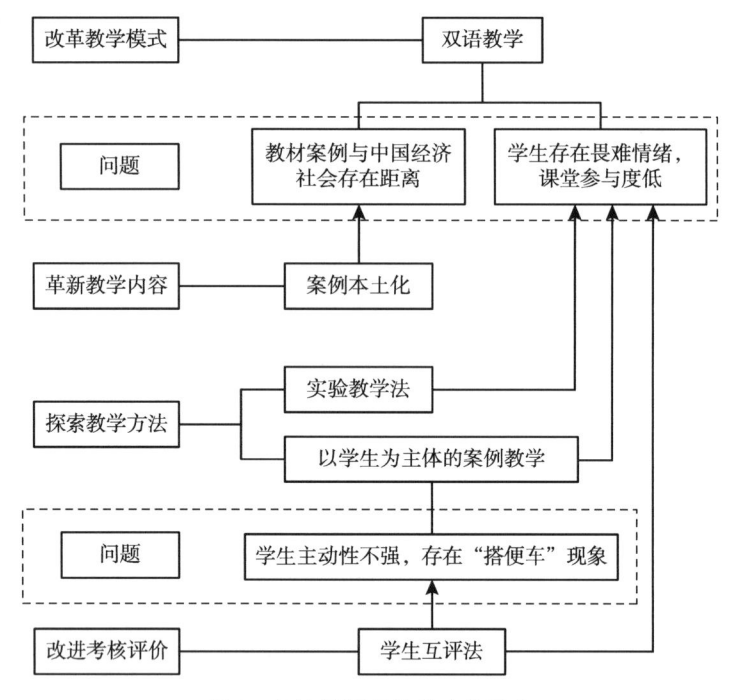

图1 经济学课程教学改革思路

非语言类课程的教学，使学生在掌握专业知识的基础上，提高外语的水平。2001年教育部提出"本科教育要创造条件使用英语等外语进行公共课和专业课教学"，国内高校开始在本科教育中广泛开展双语教学。

经济学的起源和发展均在西方，大多数经典教材均是国外经济学家撰写，非常适宜采用英文版教材进行中英文双语教学。从"985""211"等重点高校，到地方院校乃至高职院校，经济学课程成了目前双语教学实施范围最广的课程之一。利用英文版教材和双语教学的好处在于可以让学生知道经济学概念和原理的原始表述，这种表述比翻译后的表述更加准确，也便于学生以后阅读国外文献，同时在学习经济学的过程中也可以加强对英语的学习，拓展国际视野。

在近年来常见的几种经济学原版教材中，哈佛大学经济学教授格里高利·曼昆（N. Gregory Mankiw）的《经济学原理》（*Principle of Economics*）比较受欢迎。这部当今世界上最畅销经济学基础教材的主要特色是文字通俗易懂，趣味性强，作为入门教材，容易让学生很快喜欢上经济学；另一特色是教学辅助资源十分丰富，包括即问即答、内容提要、案例研究、新闻摘录、参考资料和学习工具等，与教材内容有机地融合在一起。目前笔者使用的是高等教育出版社根据该教材第 6 版改编的《微观经济学原理》和《宏观经济学原理》英文版教材，改编教材对原书作了适当删减，更适合中国学生使用。

在经济学课程中双语教学的具体方式上，笔者采用的是英文版教材、英文课件、英文作业和试题，课堂授课语言中英文结合，根据学生的接受能力，先以中文为主，逐步增加英文授课。实施双语教学的目的是希望让学生在使用国外优秀原版教材学习专业知识的同时，还能提高外语水平，但在双语教学实践中也发现了两方面问题：

其一，原版教材中的不少案例与中国经济社会有较大差异，学生理解起来有一定难度。国外原版教材擅长用案例激发学生的兴趣，对于原版教材上案例的学习，还可以拓展学生的视野，帮助他们了解西方国家的社会文化。但从另一个角度来看，社会文化背景的差异使得原版教材中的不少案例难以贴近中国的经济社会，在很大程度上削弱了案例学习的效果。

其二，面对英文原版教材，学生往往产生畏难情绪，学习兴趣和积极性受挫，课堂参与度低。经济学课程作为学科基础课，通常从大学一年级就开始开设，学生英语基础还不够扎实，且长期习惯于应试教育，自学意愿和能力较弱，不少学生陷入"听不懂——自学耗时多——不想看——更听不懂"的恶性循环。

要解决这两个问题，需要教师在教学内容、教学方法以及考核评价等方面采取了相应的改进措施。

二、革新教学内容：案例本土化

国外高校非常注重对学生知识运用能力的培养，所以原版教材虽然涉及知识难度并不大，但涉及内容却十分广泛，而且运用大量的案例分析对内容进行阐述，这是原版教材的一大特色。比如曼昆《经济学原理》中的"新闻摘录"部分大多选自《纽约时报》《华尔街日报》等美国主流报刊中的新闻报道，由于美国的政治制度、法律规范和社会风俗均与我国有较大差异，这部分内容不仅由于教材出版周期较长而时效性不强，而且由于学生通常缺乏背景知识也并不容易理解。从而产生上述第一个问题，削弱了案例学习的效果。

针对这一问题，教师应该革新教学内容，在教学过程中对教材中的案例分析和阅读材料进行适当的取舍，并从报刊、网络上选取大量与课程内容相关的时事资料和发生在身边的本土案例，激发学生的兴趣，引导学生去观察、思考身边的经济活动，把原版教材中的理论应用到中国经济现实的分析中。由于这些本土化材料与当前的社会热点话题结合紧密，学生普遍具有浓厚兴趣并乐于结合所学知识进行分析，从而能有效地培养学生的知识运用能力和独立思考能力。

笔者在2015年第二届全国高校微课教学比赛湖北赛区获奖作品《房价的均衡变动分析——以"国五条"为例》就是一个典型的本土案例。该案例以房价、"国五条"等学生感兴趣的社会热点问题作为案例切入，运用供求模型分析房价波动的原因和"国五条"对房价的影响，包括限购令和增加商品房用地供给等政策对供求曲线的影响，以及二手房交易所得20%个人所得税对二手房和新建商品房价格的影响，不仅可以帮助学生更好地掌握供求模型中关于"曲线的移动"和分析均衡变动的"三个步骤"方法以及弹性如何影响税收归宿等知识点，还向学生提供了一个分析现实经济问题的框架和思路，使抽象的理论贴近现实，引导学生关注身边的经济现象，理论联系实际，学会"像经济学家一样思考"。

教学内容的本土化不仅体现在教学案例的选择上，还可以在作业中反映。比如在宏观经济学课程的作业中，通过"中国GDP相关数据的查阅及中美支出法GDP构成比例的对比分析""中美失业统计方法、口径及近10年失业数据的对比分析""2008~2009年经济下行原因及政府应对政策——中美比较分析"等题目，引导学生关注中国宏观经济问题，将原版教材上的内容跟身边的经济现实紧密结合起来。

三、探索教学方法：实验教学和以学生为主体的案例教学

针对上述在双语教学中面临的第二个问题，学生学习兴趣和课堂参与度低，教师则应积极探索教学方法，可以通过实验教学和以学生为主体的案例教

学提高学生的学习兴趣和课堂参与度。

(一) 实验教学

经济学课程虽然难以像自然科学领域的课程一样通过严格控制下的实验去开展教学，但也可以通过精心设计的实验来模拟现实世界中的经济活动或经济主体的行为，以此检验经济学的相关假设和结论，引导、鼓励学生自己解释现象，总结规律，得出结论，加深对相关概念和原理的理解。

比如在介绍供求模型时，笔者曾参考曼昆《经济学原理》教师手册中"饼干市场"的课堂实验，购置果冻、巧克力等零食，在课堂上模拟市场活动，帮助学生更好地理解个人需求与市场需求的关系以及均衡价格的决定，加深学生对相关概念和原理的理解。实验过程中的互动能有效拉近师生间距离，活跃课堂气氛，消除学生对双语课程的畏难情绪，激发学生的积极性。

以"果冻市场"的课堂实验为例，笔者事先准备好一袋果冻（内含20个果冻），邀请4位学生自愿参与果冻的购买活动。这些学生分别给出在不同的价格下他们愿意购买的果冻数量（这里需要跟学生强调是真实交易，并给他们修改数字的机会，以免给出随意的数字影响实验的有效开展）。笔者根据这些信息在黑板上画出每个学生的需求表和相应的需求曲线，并通过对个人需求表和需求曲线的加总得到整个市场的需求表和需求曲线，然后在数量为20个果冻处画出一条垂直的供给曲线（假设供给量固定在20个），在供求曲线的交点处便可得到果冻的市场均衡价格，同时也可以确定每个学生购得果冻的数量。在此基础上引导学生讨论，得出以下两点结论：第一，向下倾斜的个人需求曲线反映了价格和需求量之间的反向关系，这与边际效用递减以及与之相应的买者支付意愿下降有关；第二，市场需求是所有个人需求的总和，在图形中市场需求曲线由所有个人需求曲线在水平方向相加得到。

在该实验的最后环节笔者还增加两点变化，进一步延伸到供求曲线的移动和均衡价格的变化等相关知识点：其一，通过忽略其中1位学生的个人需求，反映当市场中买者数量减少时，市场需求曲线左移，导致均衡价格降低；其二，把出售果冻的数量由20个减少为15个，以此表现供给曲线的左移对均衡价格的影响，并引申出石油输出国组织（OPEC）"限产保价"的案例分析。

这样的实验把抽象枯燥的经济学概念、定律和原理转化为眼前生动的事实，并让学生亲自参与其中，在加深学生对微观经济学理论理解的同时可以很好地激发他们的学习兴趣和热情，活跃课堂气氛，改善教学效果。

(二) 以学生为主体的案例教学

在案例教学中以教师为主导，学生为主体。学生以团队学习的方式开展案例分析和讨论，以案例分析书面报告和案例分析发言的形式展示学习成果。通过组织学生完成案例分析，使他们从被动接受到主动参与，较好地调动了学生的学习积极性，充分培养和开发学生的潜能，将传统教学老师台上讲、学生台下听的模式转变为学生主动去思考、探讨并参与到课堂中的方式，将课堂由教师的舞台转变成学生的舞台。

在以学生为主体的案例教学中，学生按3~4人的规模分组，结合课程内容自由选题，在组内充分讨论和大量查阅文献资料的基础上分工协作，撰写案例分析材料或小论文，制作课件并在课堂上进行8~10分钟的发言。

在微观经济学课程中，让每个小组的学生根据自己的兴趣选择某一行业，比如电信、石油、汽车、奶制品、运动鞋等，结合课程内容和进度先后进行该行业的市场供求分析、产品供求弹性分析、成本结构与规模经济分析、市场结构与厂商行为分析等主题的案例分析；在宏观经济学课程中，各小组可以选择与中国现实宏观经济问题相关的主题展开讨论，选题范围包括中国的经济增长、周期波动、宏观调控、通货膨胀、失业等方面。

通过这种以学生为主体、以现实经济问题为主题的案例教学，不仅可以使学生更多地关注、了解中国经济，更好地实现课程目标，同时对提升学生的表达能力、论文写作能力以及团队合作意识也有一定的帮助。

四、改进考核评价：学生互评

上述以学生为主体的案例教学能否取得理想效果，在很大程度上取决于学生参与热情的高低。如果学生的参与度较低，往往会带来以下三个方面的问题：第一，学生投入的时间和精力较少，导致案例分析材料撰写、课件制作乃至发言的质量都不高；第二，案例分析课堂发言的现场氛围不好，台上一人讲，台下各忙各的，不认真听其他小组的发言；第三，小组学习中团队合作不强，缺少分工协作，存在"搭便车"现象。

要解决这些问题，提高学生在案例教学中的参与度，除了需要正面引导、激发学生的学习兴趣和热情外，还应该在考核评价方面上做一些改进。比如对案例分析材料和发言的考核采用教师评分和学生互评相结合的方式。其中学生互评包括分析材料写作的交叉互评、对小组发言的组间互评。另外再通过组内互评确定每个小组成员的贡献系数，最终确定每个学生的成绩。

笔者借鉴在国外高校进修时所学经验，设计了互评表（见表1），在学生的案例分析发言环节实施学生互评，并将互评结果以匿名的方式向学生反馈。

表1　　　　　　　　　　　　学生互评

发言人：_____ 主题：_____ 评价人：_____

	评价项目	评价结果
内容	所选择的主题和内容是否能引起你的兴趣？	□出色 □较好 □一般 □较差
	内容组织是否有清晰的思路和逻辑并突出重点？	□出色 □较好 □一般 □较差
	使用的资料和例子是否紧扣主题并形成良好支撑？	□出色 □较好 □一般 □较差
	课件中的文字、图表等能否有效地传递信息？	□出色 □较好 □一般 □较差
	篇幅大小是否让发言符合时间要求？	□出色 □较好 □一般 □较差
表达	发言者情绪是否饱满？仪态是否大方得体？	□出色 □较好 □一般 □较差
	有没有通过眼神接触、幽默等保持听众的注意力？	□出色 □较好 □一般 □较差
	对发言内容是否熟悉？是否过多依赖笔记或屏幕？	□出色 □较好 □一般 □较差
	语言是否流畅？有没有较多的口头禅？	□出色 □较好 □一般 □较差
	英文发音是否标准？吐词是否清晰？	□出色 □较好 □一般 □较差
总体印象（按百分制打分）		

哪方面做得最出色？_____
哪方面还有待提高？_____

从对学生互评的问卷调查结果来看，这种新颖的考核评价方法得到了学生的广泛欢迎。"互评，可以让自己知道不足，并改正。而且在进行互评时，可以看到别人的优缺点而进行反思自省，学习别人做得好的地方，同时提高参与度"；"学生互评的环节让我们更了解在发言过程中应该关注的一些细节，着

卓越人才的培养

重于发言内容的安排与演讲过程中的表达,也能够让听众更加细致地去听发言者的演讲,在评价之余,通过这一形式反观自己能够有什么改进,达到共赢的效果。"实践证明,通过学生之间对于学习成果的相互评价,能有效强化学生的学习动机和对学习任务的责任感,提高学生在团队作业和课堂中的参与度,减少"搭便车"现象,并让学生在评价他人学习成果的同时明晰自身的学习目标,从而促进学生学习。

综上所述,通过教学模式、教学内容、教学方法及考核评价等方面的改革,在经济学课程教学中实施双语教学、课堂实验、案例教学以及学生互评等,可以活跃课堂气氛,激发学生的学习兴趣和热情,促进学生学习的自主性和参与度,从而有效提高经济学课程的教学质量。

参考文献

[1] Topping K. Peer Assessment between students in colleges and universities [J]. Review of Educational Research,1998,68(3):249-276.

[2] N. Gregory Mankiw. 微观经济学原理(英文版第6版)[M]. 高等教育出版社,2014.

[3] N. Gregory Mankiw. 宏观经济学原理(英文版第6版)[M]. 高等教育出版社,2014.

[4] 张健威,李文新. 微观经济学双语课程教学方法探讨[J]. 学习月刊,2014(7).

[5] 姚清铁.《经济学原理》双语教学目标评价与因素分析——以南京财经大学为例[J]. 江苏社会科学,2012(12).

认知学习理论对高校会计教学的启示

张旺峰

(湖北工业大学经济与管理学院,湖北武汉 430068)

【摘　要】 认知学习论对学生学习的规律进行了科学地分析和总结,本文认为,在高校会计教学中,教师可以充分借鉴其相关理论,来促进学生对知识的掌握以及创新性思维的培养,从而提高教学的效果和效率。

【关键词】 认知学习;先行组织者;意义学习;发现学习

学习是人类生活的永恒主题,理想的人生就是不断学习的一生。作为一名教师,其主要任务就是帮助学生更有效率地学习,以便在较短的时间内学到更多的知识。因此,掌握学生学习的规律和特点对教师组织教学工作无疑有着很大的帮助。

一、认知学习的概念及内涵

学习是一种十分复杂的心理现象,它的内涵也非常丰富。广义的学习是指人和动物在生活过程中,凭借经验而产生的行为或行为潜能的相对持久的变化,这也是最被人们认同的关于学习的定义。次广义的学习是指人类的学习,

---

[基金项目] 本文是湖北工业大学2015年度教学研究项目"721"人才培养模式的路径选择与实践——基于学生成就目标定向和元认知能力的研究(项目编号:校2015031)的阶段性研究成果。

[作者简介] 张旺峰(1976.6~　),女,湖北工业大学经济与管理学院讲师,管理学博士,中国注册会计师,主要研究方向:会计理论与教学。

卓越人才的培养

我国著名的心理学家潘菽先生把人类的学习定义为"在社会生活实践中，以语言为中介，自觉地、积极主动地掌握社会和个体经验的过程"。狭义的学习专指学生的学习，这是人类学习中的一种特殊形式，是指学生在教师的指导下，有目的、有计划、有组织地进行的，在较短时间内接受前人所积累的科学文化知识，并以此来充实自己的过程。本文所讨论的学习主要指的是这种狭义的学生的学习。

对人类学习的解释存在着两大理论取向，经验主义者将学习视为个体受环境条件支配而被动形成的行为改变；理性主义者则将学习视为个体对环境认识后的主动选择。这种哲学上的经验主义和理性主义，后来分别演化成学习心理学上的联结学习论和认知学习论。联结学习论认为，一切学习都是通过条件作用，在刺激和反应之间建立起直接联结的过程，这种理论对于解释人类日常生活中的一些习得行为，是有一定的说服力；但对于复杂行为而言，联结学习论则过于简单化了。认知学习论则认为学习是学习者主动地在头脑内部构造认知结构的一个过程，它主要依赖于人类记忆中现有的认知结构与当前的刺激环境，学习主要受学习主体的预期所引导，而不是仅受习惯所支配。因此，对于高校学生的专业学习来说，认知学习的相关理论无疑有着更强的解释力和指导价值。

二、认知学习理论的主要流派及其基本观点

关于认知学习论的理论学派非常多，其中，较有影响力的主要有以下两种：一种是布鲁纳提出的认知——结构学习论；另一种是奥苏伯尔的有意义接受学习论。我认为这两种理论中的相关观点对我们组织高校会计教学很有借鉴意义，下面作一个简要介绍。

1. 布鲁纳的认知——结构学习论

布鲁纳（J. Bruner）是美国著名的认知心理学家和教育改革家。20 世纪 60 年代，面对人才培养难以适应生活需要的现实，以美国和苏联为代表，在教育界掀起了名为"教会学生学习与思维"的教育改革。而布鲁纳提出的结构——学习论则成了此次改革的核心内容。

布鲁纳认为，学习的本质就是主动地形成认知结构，而学生的学习就是在

学生的头脑里形成一定的知识结构（编码系统），这里所讲的知识结构主要由该学科中的基本概念、基本思想和基本原理所构成。而学习任何一门学科的最终目的就是掌握该门学科的结构，并用富有意义的联系方式来理解相关事物。因此，布鲁纳把学科的知识结构放在设计课程教学和编写教材的中心地位。他认为，学生理解学科的知识结构不仅对于其掌握整个学科的具体内容，记忆该学科的知识起着至关重要的作用，而且还能促进智力和创造力的发展，并提高学习兴趣。

此外，布鲁纳还提出了认知发现学习理论，他认为发现学习是一种最佳的学习方法。布鲁纳这里所说的发现，并不限于发现人类尚未发现的事物，还包括用自己的头脑亲自获得知识的一切方法。因此他提倡学生自己独立阅读和学习，发现教材的结构、规律，并且像科学家一样思考、探索，从而达到对知识的理解和掌握。他在《教学理论探讨》一书中写道："我们教一门课程，并非希望学生成为该科目的一个图书馆……而是要教学生参与使获取知识成为可能的过程，而不是结果。"

2. 奥苏伯尔的有意义接受学习论

奥苏伯尔（David Paul Ausubal），美国现代著名教育心理学家，他运用认知理论的观点直接研究人们在实际教育环境中有意义的言语学习活动，取得了令人瞩目的成就。

首先，奥苏伯尔根据学习材料与学习者原有知识结构的关系把学习分为机械学习和意义学习；所谓意义学习，奥苏伯尔认为就是将符号所代表的新知识与学习者认知结构中已有的观念建立起非人为的和实质性的联系。相反，如果学习者并未理解符号所代表的知识，只是根据字面上的联系，记住某些符号的词句或组合，则是一种死记硬背的机械学习。为了促进学生进行有意义的学习，奥苏伯尔认为教师在课堂教学中应遵循两个基本原则：一是逐渐分化原则，即先让学生先学习最一般的、包摄性最广的概念（上位概念），然后再让学生学习较特殊的、较具体的概念和细节（下位概念），以便使学生能将下位观念类属于原有的上位观念，这样不但使新知识获得意义，而且原认知结构也得到改造。二是整合协调原则，这一原则要求课程和教材的安排和组织应注意观点、原理及内容的衔接和包融，以便使学生弄清楚它们之间联系和区别，从而对学生已有认知结构中的要素进行重新整合，并在新的层次上形成对新旧知识的进一步认知和理解。

奥苏伯尔还根据学生学习进行的方式把学习分为接受学习和发现学习，并认为学生的学习应该是有意义的接受学习（这似乎与布鲁纳的观点有所矛盾，如上文所述，布鲁纳认为发现学习是一种最佳的学习方法，这个问题将在下文中进行讨论）。所谓接受学习，是指在教师的指导下，学习者接受事物意义的学习，接受学习同时也是一个概念同化的过程。

从以上对有意义接受学习的过程分析中可以看出，影响接受学习的关键因素就是找到原有认知结构中能起固定点作用的观念。为此，奥苏伯尔提出了"先行组织者"的教学策略。所谓先行组织者，就是先于学习任务本身呈现的一种引导性材料，它的抽象、概括和综合水平高于或等于学习任务，并且能与认知结构中原有的观念和新的学习任务相关联。其目的是为新的学习任务提供观念上的固着点，增加新旧知识之间的可辨别性，以促进学习和学习迁移的进行。

三、认知学习论对高校会计专业教学的启示

目前，我国很多高校都开设了会计学专业，主干课程的设置也基本上是大同小异，即在会计学原理的基础上，开设财务会计以及其他各门专业会计课程，然后，再开设高级会计学。这种传统的课程设计模式无疑是比较科学的，那么，随着时代的发展和进步，教师在教学过程中能否借鉴一些先进的教学理论，来促使学生更好地学习呢？笔者认为，答案也应该是肯定的。

1. 引入符合学生认知结构的"先行组织者"

会计这门学科的专业性很强，其中的一些基本概念（比如借贷记账、账户、科目等）对于初学者来说非常陌生，且不好理解，也就是说在他们的认知结构中缺乏与这些新知识进行联系和沟通的经验。这时候，教师如果强行灌输，学生很可能只是记住了某些符号或规则的组合，而陷入了死记硬背的机械学习。为了促进有意义学习的产生，教师可以采用"先行组织者"的教学策略。例如，会计账户、会计科目这两个概念，可以说是会计这门学科的"门槛"，按照教材的定义："会计科目对会计要素的内容进行具体分类的项目"，而"账户则是按照会计科目设置的具有一定结构、用来记录经济业务的簿记形

式。"这对学生来说非常抽象，因为这个新知识在其原有的认知结构中找不到附着点。这时候，教师可以设计一些真实或人为案例来帮助学生建立起新知识与其原有知识的非人为的、实质性联系。举个简单的例子，每个学生来校上学，家长都会给一笔生活费。为了用好这笔钱，假设有个学生在每次花钱之后都会在本子上作一个记录，如果更细一点，他还想知道这些钱都花在哪些方面，如衣食住行各是多少，这时他可以分开来记，即在本子的某一页来记录某一项开支。至此，问题就解决了，这里的本子的某一页就是一个账户，相应的"衣食住行"就是会计要素。这种实质性的联系一旦建立，相关知识也就掌握了。

2. 基本理论、基本原则及课程的基本结构的讲授应成为教学的中心内容

会计也是一门应用性很强的学科，动手能力的培养在会计教学理应占有相当重要的地位；此外，目前学生普遍面临着就业压力，因此，为了迎合社会上对技能型人才的短期需求，很多学校出于对学生毕业后就业的考虑，纷纷提出了应用型教学的理念。这种理念有它积极的一面，但是它的消极作用也是不容忽视的。因为这种观点在某种程度上导致了教师在教学中重实务，轻理论，片面强调学生对具体会计业务处理的掌握，而忽视了对基本概念、基本原则等理论性知识的传授，结果使得学生对会计知识的理解只能停留在感性阶段，当具体环境发生变化，这些知识马上就会过时。众所周知，在过去的近二十年里，我国的会计制度经历罕见的大规模的变迁，对具体会计业务的处理方法也是一变再变，比如说对非货币性交易的处理，开始在准则中规定是采用公允价值法，可准则刚实施不到半年，就发现很多企业纷纷钻准则的空子，利用与关联方的非货币性交易来操纵利润，马上就对准则进行了修订，转而采用账面价值法，然而，在2006年新颁布的会计准则中，又逐步过渡到了公允价值法。这样的例子还有很多，以至于使一些从事会计工作多年的会计工作者都无所适从；再加上随着经济社会的进步，新兴会计业务的出现层出不穷，有些业务的处理可能在准则或教科书上根本就找不到答案，但又是学生在毕业后的实际工作中经常遇到的，比如说近年来发展迅猛的电子商务、衍生金融工具等。在这种情况下，如果教师还只一味强调学生书本知识的记忆，对具体业务操作和处理的掌握，而忽视了对基本概念、基本原则等理论性知识的传授，把大学课堂等同为社会上的会计短训班。这无疑是一种急功近利的表现，也是对学生未来长远发展一种不负责任的做法。

笔者认为，布鲁纳所提出的结构教学法对于我们的基础会计教学来说是很有借鉴意义的。万变不离其宗，古人也云："授人以鱼，不如授人以渔。"学生如果掌握了会计核算的基本原理、基本原则（这才是这门学科的精髓），那么不管会计制度如何变化，不管新兴业务如何层出不穷，都将能够从容应对。正如美国会计教育改革委员会在1990年9月美国会计教育发展状况公告第1号《会计教育的目标》中强调的那样："学校会计教学的目的不在于训练学生毕业时即成为一个专业人员，而在于培养他们未来成为一个专业人员应有的素质。"

3. 在专业会计教学中应贯彻整合协调的原则

奥苏伯尔针对有意义学习的特点，提出了整合协调的教学原则，我认为这一原则在各门专业会计课程的教学中应得到体现。由于工业企业的会计核算最具代表性，应用范围也最广，所以一般学校都开设了针对工业企业会计核算的财务会计课以及相应的模拟实习，安排的课时也非常多，这是非常合理的。因为大部分学生毕业后的工作单位都在企业。但如果仅仅达到这个目的，笔者认为还是有点过于狭隘。在介绍企业财务会计时，教师应逐渐培养学生对会计核算以及会计这门学科的一个宏观或整体的概念，要使学生了解到，不管是工业企业、商业企业、金融企业还是非营利组织的会计工作，它们所遵循的核算前提、核算原则、核算方法都有着共同之处。所以学生在学完财务会计课程以后，对于预算会计、金融企业会计的教学，教师完全不必要再逐一介绍所有类型的会计业务的处理，只要将其与财务会计不同的业务或不同的处理方法进行重点讲授就可以了。这不仅可以减轻学生各专业会计学习的负担，还可以加深他们对财务会计相关知识的理解和掌握。可谓是事半功倍，一箭双雕。

4. 适当引导高年级学生进行发现学习

奥苏伯尔指出学生的学习应该是有意义的接受学习，而布鲁纳则认为发现学习才是学生学习的最佳方式。如果仅从概念上看，这两种学习方式似乎是对立的。发现学习是学生通过自己再发现知识的方式而获取知识并发展探索性思维的一种学习方式；与之相对，在接受学习中，学生只需理解老师所传授的知识内容，并将这些内容组织到其现有的知识结构中去就可以了。笔者认为，这两种学习方式并非像理论界讨论的那样，是一种非此即彼的关系，它们分别适用于学生不同的学习阶段以及不同知识内容的学习。

对于低年级学生来讲，他们所要学习的内容大多是已有定论的，如基本的会计核算原理、核算方法，这些知识可以通过教科书或教师的讲授，直接向学生呈现。学生只要接受这些已有的知识，理解它的意义，并与原有的知识融会贯通就可以了。处于这个阶段的学生，接受学习的效率要高于发现学习。

然而，对于高年级的学生或即将走出校门的毕业班学生，他们已经掌握了基本的会计原理以及各专业会计的相关知识，这时候，教师可以结合实际工作，创设一些问题情境，来引导学生进行发现学习。例如，在会计制度中，对于很多会计实务都允许采用不同的会计政策，如固定资产的折旧，发出存货的计价，制度都提供了不同的备选方法。在接受学习中，学生只要这些方法是什么，怎么用就可以了。而对于已经掌握了这些基本知识的学生来说，就可以逐渐引导他们去思考一些深层次的会计理论问题，例如，制度为什么要提供这么多的备选方法？它们的各自都有哪些优缺点？这些不同方法的运用会产生哪些经济后果？它们对会计信息失真这个世界性的会计难题，起着怎样的推波助澜的作用？在这种发现学习中，不仅能够加深学生对书本知识的掌握，最重要的一点就是能够培养学生的批判性和创造性思维，而这才是学生走向社会后取之不尽，受用终身的真正财富。

参考文献

[1] 教育部人事司．高等教育心理学［M］．高等教育出版社，2009．

[2] 刘奇志，谢军．布鲁纳教育心理学思想及其启示［J］．教学研究，2004（5）．

[3] 孙秀萍．刍议奥苏伯尔的有意义学习模式［D］．内蒙古师范大学学报，2003（4）．

[4] 周竹梅．财务会计教学模式的改革［J］．教育理论与实践，2004（7）．

[5] 曾辉华．会计教学模式改革探索［J］．会计研究，2000（8）．

普通高校财经类专业实践教学问题研究

张 英

(湖北工业大学经济与管理学院,湖北 武汉 430068)

【摘 要】 高校财经类专业人才培育的核心目标是为社会培育具有理论知识水平和一定专业实践能力的高级有用人才,在高校教育体系中,实践教学是培育学生基本实践能力、应用能力与创新能力的主要途径。本文根据财经类专业特点,结合我国高校财经类专业实践教学框架构建情况,以本科教学为例,探讨实践教学优化及其实施途径。

【关键词】 高等院校;财经类专业;实践教学;教学体系

实践教学是高校教学的重要组成部分,是培育与提升在校学生的知识运用能力、实践能力、创新能力的重要途径。通过实践教学,学生运用所学的理论知识,借助于一定的技术手段计算分析、完成实务处理过程或验证理论方法或分析问题探寻缓解问题的思路与解决问题的方法措施,或得出实践结论为决策管理提供有效参考信息等;通过实践教学,能够促进学生巩固理论知识、加深知识的理解与实质掌握,建立学生理论联系实际的思维习惯,有序培育学生运用现代科技手段与科学方法去解决问题的动手能力。实践教学是高等教育培育与提升学生实际能力的重要教学过程,是培育学生专业素质、激发学生创新意识与培育创新能力的重要平台。

[作者简介] 张英(1964~)女,武汉人,教授,硕士生导师,主要研究方向为财务金融。

一、财经类专业学科特点与人才培育期望目标

财经类专业一般指经济学和管理学两个一级学科下面的各个专业,包括会计学、财务管理、金融学、国际贸易、信息管理、市场营销等,经济与管理大类学科主要研究社会现象,诠释社会发展规律,探寻人及人际关系演进轨迹,所以,从学科结构特点来看,财经类专业具有边缘性、兼具自然科学和社会科学的双重性质、涉及面较广综合性强、应用性特征突出等特点。

人才培育是实施人才强国战略的重要基础,人才培育目标与社会经济等发展动态要求相匹配的趋势下,社会对高校财经类人才培养目标要求越来越高,要求培养的学生不仅要具备一定的理论知识,更要具备相应的专业技能和技术素养,具备较强的知识运用能力与实际动手能力、具有较强的创新意识,不仅能快速、有效地应对日常工作运转情况,而且还具有创造性地解决工作难题的基本素质,对新技术、新业务有较强的敏感性和较强的适应能力,具备可持续发展的潜力。

二、普通高校财经类专业人才培育目标定位与实践教学现状分析

从 20 世纪八九十年代以来,我国业已有多种类的、多层次的高等院校开办财经类专业,譬如:财经类院校、综合性大学、工科为主型高校,以及国家教育部属高校、地方省市或地区属高校、民营高校等,总体上看,他们在人才培育目标的定位方面大致有三种:一是以就业(如:一线客户服务或业务操作型人才)为导向下,以技能培养型大学或应用型大学为主,培养学生掌握专业岗位所必需的经济管理理论知识和能力,培养模式是成为高端经济管理人才的路途需要自身的不断学习和提高;二是由知识型或研究型大学培养的财经类人才,培养模式注重专业教育和通识教育,不过分注重专业的划分,培养的经济管理人才储备了复合知识,知识面广,基础扎实,素质较高,适宜于管理决策方向发展的高级经济管理人才;三是由知识研究型大学培养,注重相关学科的交叉性,重视经济管理理论知识素质教育和能力教育,注重学生知识体系的精深与广博,培养学生的创新性与开拓性,目标是培养高级研究人才和创新复合

型人才。

普通高等院校在财经类人才教育与培养方面经历了一定的办学历程、积累了一定的办学经验，在我国高等教育从社会精英人才培养转向大众化高等教育的过程中，普通高校在经济管理理论知识教育、理论型人才培育方面做出了较大贡献，取得了显著成绩，但从全局看，高校教育的另一部分——实践教学与实践能力培育不尽如人意，在校学生的知识运用能力、应用技能、创新意识与创新潜能不令人堪忧。主要表现为如下：

（1）一些高校的财经类专业办学中或课程教学中，重视理论教学、轻视实践教学，人才教育与培养过程中，理论教学与实践教学两者的科学联系与有序教学过程或多或少被忽视。

（2）缺乏社会支持、缺乏行业支撑、实习基地建设不足或严重滞后。学校和社会的密切联系，对于人才培育目标确定、人才培育过程与培养终端人才输出等环节都是十分重要的，若没有建立产学研有机联系、正常的合作互助机制，财会学生到企业见不到会计账目参与不了企业会计核算流程处理、金融学生接触不到商业银行信贷实务、信息管理学生进入不了企业局域网的运行与维护的实际操作等，设计的各种专业实习项目难以实质上执行、实习效果难以预期。

（3）实践教学的保障机制与办学条件参差不齐。相对于工科实践教学特点来看财经类专业：学生数量多、需要校内实践教学工作量较大、计算机硬软件与数据库运用需求高、课内课外模拟实验种类复杂，但许多时候，实践教学的激励机制不足，在许多综合型高校的发展战略中，经济管理专业的实践教学建设是弹性变化的，建设投入与建设设计有着较大距离。

三、优化普通高校财经类专业实践教学、强化能力培养的思考

实践能力是人们在现实经济生活中形成的发现问题解决问题的能力，普通高校财经类专业的实践教学是培育与提升经济管理类学生实践能力的重要教育环节，目前，我国普通高校实施实践教学的途径有课内课外、校内校外、学期内学期外等多种途径，不同院校的实践教学正处在探索相适宜的路径、以期逐步形成相匹配的专业特色过程中。本文作者基于过去经济管理专业教学研究经

历，尝试性探讨财经类实践教学优化与学生实践能力提升问题，提出个人认识与改进思路。

（1）关于完善实践教学体系的思考：一是基于学科结构与人才培育目标动态发展，厘清实践教学目标，梳理能力培育目标层次与种类，系统思考基本能力、专业实操与专业知识应用能力、经济管理理论与方法论综合应用能力、创新意识与创新能力等培养目标，规范实践教学的基本程序，清晰简化实践教学的考核机制；二是围绕专业人才培养目标，构架实践教学内容体系，通过合理的课程设置和各个实践教学环节（专业认识实习、学年论文、实验实习与实训、课程设计、毕业设计、社会实践等）的合理配置，建立与理论教学体系相辅相成的教学内容体系，对现有实践教学状况，注重专业课程学习作业练习与专业模拟实习之间、不同专业课程实践教学之间及不同能力培育目标之间的实践教学相衔接与有序推进；三是对于"重要实践能力培育项目、核心专业课程的实训与关键实务操作"等内容的实践教学节奏适度放慢、考核方式规范化。

（2）探索有效培育双师型教师的路径，不断壮大既能从事理论教学，又能进行具体实践指导的教师队伍，给老师提供多种社会实践、专业课题调研、双师培养与考试等机会，开展国内外财经类专业教育、实践教学研讨，鼓励教师与企业单位、事业单位、研究机构的合作；除专业课程授课老师外，安排研究生等为本科实验课程的兼职人员，充实经济管理院系实验室人员、计算机维护与数据库应用专职指导人员，不断形成符合实践教学发展需要的专业化的实验队伍。

（3）增加投入、加强实践教学保障条件建设。正视我国财经类人才培育与社会经济发展需要的现实距离，从国家到各类办学高校，增加实际投入，加强财经类专业实践教学的硬件软件设施建设，普遍建设基础实验室、实验中心和专业实验室、实验中心，并将实验室的信息系统与相应行业联系、与资本市场、货币市场等方面相关联，在全国、全省、全市不同区域范围内，建立实践教学条件共享机制、财经类信息群、产学研互通信息群等，为实践教学实质进行、为高校人才培育有序培育提供物质保障基础。

参考文献

[1] 常维亚，邢鹏，赵莉，赵新林. 研究型实践教学体系的构建与实施 [J]. 中国高

卓越人才的培养

等教育，2010（7）：26–28.

[2] 周瑞琴. 国内财经类院校创业教育研究 [J]. 财会研究，2016（1）：27.

[3] 董桂才. 基于用人单位需求的财经类专业毕业生从业能力研究 [J]. 内蒙古财经大学学报，2016（5）：74–78.

[4] 于化东. 加强实践教学环节提高大学生创新实践能力 [J]. 中国高等教育，2010（7）：23–25.

[5] 任启瑞. 浅谈我国高校实践教学体系的构建 [J]. 哈尔滨学院学报，2007（5）：139–140.

[6] 吴瑾瑾，李斌，梁秀梅. 财经类高校实践教学问题探讨 [J]. 高等教育研究，2008（6）：34–37.

[7] 鲍丽娜. 以实践技能大赛为平台的实践教学改革与研究——以财经类专业实践教学改革为例 [J]. 东北财经大学学报，2010（11）：125–127.

[8] 郑春龙，邵红艳. 以创新实践能力培养为目标的高校实践教学体系的构建与实施 [J]. 中国高教研究，2007（4）：85–86.

对分课堂大班教学初步实践

周 颉

(湖北工业大学经济与管理学院,湖北武汉 430068)

【摘　要】 针对当前高校课堂,特别是大班教学中存在互动不足等问题,结合讲授式教学与讨论式教学的特色,使用了复旦大学推广的"对分课堂"的课堂教学改革新模式。这种模式主要是把一半课堂时间作为教师讲授部分,而另一半是组织学生讨论来完成。其中把讲授和讨论时间错开,通过学生课后自主学习,进行课堂讨论吸收。经过一个学期两门课程的教学实践,明显增强了学生学习的主动性,教学效果良好。

【关键词】 对分课堂;小组讨论;学习主动性

一、大班教学的普遍问题

自1999年开始高考扩招以后,中国高等教育逐渐走向了大众教育的模式。然而,相对于庞大的生源,各高校在师资力量、教学设施以及教学资源方面存在着明显不足。这种情况下,很多高校开始出现更多大班教学情况,从必修课到选修课无一例外地推行大班上课。吴艳(2009)对大班课堂涉及的师生关系、课堂管理、教学效果、教学组织和教学方法五个方面进行了问卷调查。调查发现,由于缺乏人性化教学,很多教师和学生之间沟通较少,造成课堂环境并不和谐,教师很难有效控制课堂纪律,甚至对坐后排的学生管理处于盲点。

[作者简介] 周颉(1975~),女,浙江杭州人,博士,湖北工业大学经济与管理学院副教授,研究方向为财务管理、公司治理。

这就造成部分学生上课玩手机、看电脑，不认真听课的情况。大班教学中组织课堂讨论有一定困难，使得学生缺乏课堂参与机会，所学内容无法有效消化。

在大班教学中教学方式不够灵活，教师大多采用讲授式教学（冒广军，2012），以一种单向灌输式教学方法来传授知识。由于学生处于一种被动吸收的状态，久而久之，对知识失去主动探寻的动力，造成课堂气氛沉闷，学习动机下降。

此外，传统的教学方法侧重严谨和系统性，但相对于网络信息渠道，在多样化、趣味性方面是无法比拟的。目前大学课堂常常连续两节或三节，对于成长在信息碎片化时代的学生，长时间保持对课堂的专注度是很困难。同时，对于教师，特别是青年教师由于讲课能力不足的问题。在某种程度上高校重科研轻教学，教师对教学缺乏动力，时间精力不够，更无法短时间实现一种幽默风趣讲授风格来吸引学生。枯燥与沉闷的大班课堂是无法避免的情况。

针对传统教学，有部分学者提出采用讨论式教学。讨论式教学（杨绪华，2010）是指学生在教师的指导下，就课程中的理论和疑难问题，先进行独立钻研，然后共同进行讨论、辩论的教学组织形式。它通常包括教师讲授、学生讨论和教师总结三个环节。讨论式教学中需要分组，教师对小组讨论要深度参与，最后得到认知上的共鸣升华。而这显然也不太适合大班教学。并且，如果教师按教材内容去引导，学生的自主性学习就被偏移为实质上的教师教学路径了。同时，学生每学期选课多，分配到每门课的时间有限，课前查找和阅读资料会构成较大负担，加上规避冲突或搭便车等心理作用，都会影响讨论效果。

总体来说，目前大班的传统教学，不能使教师课堂讲授和学生自主学习有机结合，教师教授单调，学生被动接受，难以培养独立思考能力和探索精神。然而如果大部分时间用于讨论式教学，尽管能引发学生主动学习，提升学习积极性，但在具体实施方面有不能很好地适用于中国教学现实。

二、对分课堂理念

结合传统课堂讲授式教学与讨论式教学的特点，复旦大学心理系张学新教授（2014）率先提出了一个新的课堂教学模式，称为"对分课堂"。对分课堂的核心理念是把一半课堂时间分配给教师进行讲授，另一半分配给学生以讨论的形式进行交互式学习。类似传统课堂，对分课堂强调先教后学，教师讲授在先，学生学习在后。类似讨论式课堂，对分课堂强调学生间、师生间互动，鼓励自主性学习。对分课堂的关键创新在于把讲授和讨论时间错开，让学生在课后有一段时间（如一周）自主安排学习，进行个性化的内化吸收。此外，在考核方法上，对分课堂强调过程性评价，并关注不同的学习需求，让学生能够根据其个人的学习目标确定对课程的投入。对分课堂把教学分为在时间上清晰分置成三个过程，分别为讲授（presentation）、内化吸收（assimilation）和讨论（discussion），因此对分课堂也可简称为 PAD 课堂。

三、对分课堂实践

笔者在 2016 年秋季通过本校教师培训中心讲座初次接触到了对分课堂这一全新理念，进而在 2016 年秋季学期，在两门本科生课程中进行了对分课堂的初步尝试，取得了一定效果，具体情况描述如下。

在 2014 年春季学期湖北工业大学会计系大学四年级高级财务管理专业基础课中，首次针对大班学生使用了对分课堂教学。该班学生共 150 人，采用英文原版教材中译本，每周上课两次，连续 2 节，每节 45 分钟。实际上课 10 周，共 40 学时。鉴于笔者接触到是在秋季学期开始后，所以没能在该课程开始初期就进行对分课堂教学实验，而是从第五周开始尝试。但同时，笔者在同一学期第 9 周开始的会计系大学三年级金融衍生工具专业选修课中也尝试了对分课堂。该班学生 114 人，采用英文原版教材，每周上课两次，连续 2 节，每节 45 分钟。实际上课 8 周，共 32 学时。

为了让学生能充分了解这种新型教学模式，笔者将"对分课堂"模式及其相应的授课平台内容、实施步骤以及关键点告知学生，让大家有一个初步的认识。具体教学设计与安排如下所示教学设计：

（1）整体流程。笔者按教学计划安排课堂讲授各个章节基本理论框架和重点内容后，由学生课后独立学习，阅读相关教材（相关学习资料也可以从"对分易"教学平台自助下载），完成每章作业（即读书笔记），同时准备下次课堂小组交流的测试题。下次课第一节课学生进行随机分组交流讨论、分享学习笔记，互相解答问题，最后全班随机发言、教师总结，第二节课教师讲授下一章节内容。在教师与学生互动讨论，教师要对学生存在的疑难进行解答，并在最后展示、点评优秀读书笔记。以此类推。

（2）作业要求。作业主要是以每章的读书笔记来呈现，要求学生根据教师讲授的课程内容框架在课后进行自主学习，并把学习过程中理解的章节内容，要点，难点以读书笔记的书面方式书写下来，强调是手写作业，并在对分易平台上建立作业提交平台，而作业本身也可以作为学生最后准备期末考试时的复习资料。学生应在规定时间内提交作业的照片或扫描件，教师也可以在下节分组讨论前，提前对学生作业有一个直观的体会，有效地参与到之后的小组讨论中。在作业内容方面，教师会鼓励学生进行独立分析和思考，罗列出学习过程中不清楚、不明白的问题在小组讨论时求助小组其他人员，通过交流的方式互助学习，加深印象。

（3）讨论内容。教师要求在各小组讨论中能回顾重要概念，表述个人观点，提出问题，互相交流，互相讨论，互相启发，深入理解，共同掌握重点和难点。在分组中，也尝试通过"对分易"微信平台随机分组。在小组讨论中还会要求合作完成一些案例分析或习题，体现团队合作精神。

（4）考核方式。整个考查过程基于鼓励学生参与课堂相关活动，因此参与行为是评分的关键，而对各小组发言结果的评分不占主要部分，实施所谓"重过程轻结果"的评分理念。此外，学生需完成2次作业的提交，每次作业满分为5分，共计10分。作业批改只需粗略分级，简单反馈，花费时间并不多，但会对优秀作业进行展示和点评。其次，整个考核对平时考勤没有具体计分，而是把它转化为小组讨论，也无形是对考勤的真实记录。最后小组讨论中，小组各成员分享案例分析和习题解答相同成果，满分为5分，为鼓励积极发言，对小组发言人多加1分。共计20分。总的来说，平时分占40%，期末分占60%。

四、对分课堂教学模式的效果自我体会和评价

事实上，在决定采用对分课堂实践时，笔者有一定的顾虑，担心学生积极性不高，导致参与度不够，使对分课堂留于表面形式。但通过对分课堂的一个学期具体实践后，发现学生对这一新颖的授课模式有一定的认同度，并且也愿意配合教师进行授课模式的改革，这也让笔者备受鼓舞。在两门课程末期都做

了问卷调查，笔者就各个教学环节和总体效果收集学生的反馈和评价，主要问询学生对这种教学模式认可度和教学效果实际达成度。比如，主要分为四大部分：①课堂内容是否丰富、结构是否清晰、教材是否合适，小组讨论是否有一定难度？②对分课堂通过教师讲授，可以帮助学生熟悉章节内容，理解重点、难点。你是否认同这个教学方式？③对分课堂试图通过读书笔记作业，促进学生对章节内容的认真学习，为分组讨论做好准备。你是否认同这个方式？效果如何？④对分课堂试图通过分组讨论，使学生互相促进、化解疑难，达到对章节内容的深入理解。你是否认同这个方式？效果如何？

通过问卷结果分析可知，学生对"对分课堂"教学效果总体评价是比较满意，对所列问题的认同度和效果的评分为良好。对使用对分易平台进行教学交流感到新颖而有趣。也有同学体会到，对分课堂和其他课堂相比，自己承担的学习负担还是比较重的，有一定压力。但同时也觉得对分课堂更能督促自己学习，调动自己学习的积极性。特别是在分组讨论中，看到其他组员认真地读书做笔记时，感触也颇深，更加有动力去自主学习。与传统课堂相比，86.4%的学生认为对分课堂很好或较好。

但在问卷调查中，笔者也意识到，由于授课对象不同，产生的授课效果也存在差异。比如，在对大学四年级学生授课时，部分学生感到参与对分课堂心有余而力不足。他们当中有面临考研，升学或求职的压力，所以要让他们在课后认真学习一门专业课程，时间上难免紧迫。另外，大四的学生已经养成了一定的学习习惯，新授课方式虽有吸引力，但在寻求契合点时还是有一定困难。相反，在对大学三年级学生对分课堂授课时，大部分学生都愿意参与对分课堂，在课后能够积极主动去学习，按时完成读书笔记。

五、关于对分课堂实践的思考

通过与传统课堂的对比，笔者认为对分课堂有一定的优势，主要体现在以下五个方面：

（一）激发学生学习主动性

在传统课堂上，教师讲授单方面讲解，学生处于被动思维状态，无法激发

卓越人才的培养

其学习兴趣。而在对分课堂上，教师的讲解的基本框架，内容不再是完整详尽，而是给学生留有一定的探索空间。学生通过课堂上获得基本框架，理解重点、难点，大大降低了课后自主学习难度，有利于知识的理解和掌握。最后，学生要带着作业参加讨论，有同行压力，活跃了课堂气氛，学习主动性被激发到较高水平。课下学习会更认真、主动。

（二）提高教师的综合能力

对分课堂教学对教师提出了更高的要求，教师必须透彻理解所涉及的焦点问题，教师讲授的内容都是知识的最难理解的地方，就学生可能提出的问题，要能进行有目的的引导。同时还必须把握问题所涉及的一系列理论基础，并由此得出结论，并在课堂讨论结束后进行全面总结和点评。

（三）增加学生间、师生间互动交流

采用对分课堂后，把原先难以实现的学生间、师生间互动交流在课堂这一重要场所中固定下来。学生因为课堂互动交流，相互协作共同作答，产生强烈的参与愿望，教师看到学生的倾情投入而不断提高课堂质量，形成良性循环。学生在讨论中锻炼表达能力，学会借鉴他人视角，互相启发、促进，深化理解，同学间增进了解，加深友谊。作为教师也要随时参与小组的讨论，在讨论中也是自己不断地学习、积累、反思、创新的过程。进而把课堂变成激发学生的学习兴趣的催化剂，使学生不管是在课内还是在课外都对学习充满兴趣。最后，使得学生间和师生间互动机会大大增加，也增进了彼此的了解，关系也更为融洽。

六、结论

对分课堂究其根本是利用启发式教学思想，引导学生学习的过程，在这个过程中能使学生经过独立思考，掌握知识，提高分析、理解和解决问题。而教师在教学过程中依据学习过程的客观规律，引导学生主动、积极、自觉地掌握知识的教学方法。为了让学生主动参与其中，教师必须把部分课堂时间交给学生，从而形成师生"对分"课堂的格局。

在对分课堂模式的创新点在于，教师讲授章节内容是为了让学生能形成基本理论框架，理解其中的重点、难点，为课后自主学习奠定基础。而课后怎么学，何时学的主动权在于学生，根据个人学习计划自主安排，以读书笔记的形式达到对学习内容的基本理解，最后在讨论时有备而来，能够互助交流，对知识有深入的内化吸收。

对分课堂保留教师讲授这一传统教学的精华，保证了知识传递的系统性、准确性和有效性。但由于教学模式的改变，在考核方式也做相应的调整，即增加了平时学习过程考核的比例，改变学生应试的学习习惯。由于学校相关规定，目前对开放性考核的空间还不是很大，所以这也是笔者下一阶段努力的内容。

参考文献

[1] 吴艳. 大班课堂教学的现状调查与思考 [J]. 安庆师范学院学报，2009，28(9)：111-114.

[2] 闫广军. 传统讲授式教学的利弊及改进 [J]. 中国教育技术装备，2012，12(270)：73-75.

[3] 杨绪华. 浅谈常用几种课堂教学模式及其优缺点和功能 [J]. 消费导报，2010(4)：190-191.

[4] 张学新. 对分课堂：大学课堂教学改革的新探索 [J]. 复旦教育论坛，2014，12(5)：5-10.

基于 ERP 沙盘模拟的管理会计实践教学设计

周 频

(湖北工业大学经济与管理学院,湖北武汉 430068)

【摘 要】当前管理会计教学普遍存在脱离企业实际、难以满足学生就业和职业发展需求等缺陷。ERP 沙盘模拟将理论教学和实践教学有机结合起来,通过模拟真实情境将诸多教学目标融于一体,促进学生的独立思考和个性化发展,对于改进《管理会计》实践教学,提高学生学习积极性有着重要的教育价值。本文阐述了管理会计 ERP 沙盘模拟教学的组织实施过程,并探讨了 ERP 沙盘模拟教学需注意的若干问题。

【关键词】ERP;沙盘模拟;管理会计;实践教学

人的创新能力是后天获得的,其形成与发展离不开实践活动。学校教育中,实践教学是培养应用型人才不可或缺的重要组成部分,具有比课堂讲授更有利于培养学生创新能力的优势。

《管理会计》是一门应用性和实践性很强的专业课程,它大量吸收了财务会计、经济学、高等数学、数理统计的方法,以信息系统为运行基础,以企业管理当局为服务对象,利用企业财务信息进行预测、决策、控制和考评等活动,为企业内部经营管理和决策服务。其主要实践内容包括:①预测。通过对企业内部、外部理财环境的分析,预测企业发展前景和产品市场前景,并对销量、成本费用和利润合理进行预测。②决策。根据预测选择确定生产产品类别

[作者简介] 周频(1975~),女,副教授,湖北工业大学经济与管理学院,研究方向:管理会计。

和品种组合；确定固定资产的规模、规格和类型。③全面预算。根据决策结果编制业务预算、专门预算和财务预算。④日常控制。根据全面预算进行现金流控制，成本费用控制，财务成果控制等。⑤评价。经营活动结束，分析实际数与预算数的差异，剖析原因，提出改进措施等。

一、目前《管理会计》实践教学存在的弊端

英国科学家迈克尔·波兰尼（Michael Polanyi）认为，知识分为显性知识和隐性知识两种。显性知识指可以言说的即可用文字、符号、语言来表达的知识。隐性知识指的是我们意识不到的、难以用语言传达的，但对我们的行为又存在影响的知识，如：能力、技巧、经验和诀窍、洞察力、直觉、感悟、智慧等。隐性知识主要通过个体的实践操作而获得，在当前《管理会计》课程的教学中，由于各方面条件限制，教学往往偏重教给学生一些显性知识，忽视了至关重要的隐性知识的学习。

（一）课堂讲授法

高校中管理会计教学普遍采用"教师主讲，学生听"的课堂讲授法，教师在课堂上以语言为媒介，主要利用课件给学生讲解、演示，有时虽然会设置一些问题提问学生，但基本是各理论知识点的简单强化，这种单向的信息传递方式，容易使学生思维和学习处于被动状态，学生无法直接体验职场真实的情境，导致学生怀疑自己学的理论性很强的这些知识在企业中有何用处，因而很难提高学习这门课的积极性，学习也就为了应付考试。可见，这种去情境化的教学无疑会使得学生的相关能力无法得到有效培养。

（二）案例教学法

为解决理论与实践的脱节，增强教学趣味性和效用性，目前管理会计课堂尝试采用的实践教学形式主要是案例教学法。其主要做法是教师根据课程内容，一方面参照相关教材中的案例，另一方面通过网络等媒体收集一些典型企业相关资料，然后编成案例，供学生将教材上所学的理论知识运用于企业经营管理决策分析，通过让学生相互讨论、争辩，提高认识，并使其可对所学理论

知识进行验证、巩固和加深。但不管是参考教材中的案例还是收集整理的案例，大都设置了一些假设条件，和企业实际的经营场景有很大偏离，并且设置的讨论问题基本是一些理论和方法的验证性分析，所以学生在分析讨论时仍觉得枯燥、抽象。以抽象的理论来分析抽象的企业场景，学生很难形成必要的感性认识，因此学习兴趣也就很难提高，更难达到提高学生分析问题、解决问题能力的教学目标。此外，这一方法对教师要求颇高，需按期对各大企业、商行进行调研，搞清经济近况和趋势，以使案例教学的内容常新、知识符合社会所需。在教师个人能力、精力，教学设施手段和教学经费的有限条件下，案例教学也有一定的局限性。

（三）企业顶岗实习

企业顶岗实习是实现学生与职业岗位"零"距离对接的重要实践教学平台。但是，很多高校的经管类专业因缺乏稳定的校外实习基地，大部分都是学生自己联系实习单位，实习地点分散且没有企业实习指导老师，这种缺乏职业目标的盲目实践很难达到培养学生职业技能、提高学生职业能力的目的。即使有的学校输送学生到已建立的实习基地，但由于管理会计进行预测、决策、考核评价所依据的财务信息及相关信息属于企业高级商业秘密，并且这些管理活动主要是企业内部管理层的工作，这就使得"局外人"的学生难以深入触及与专业课程相关的实践内容，企业顶岗实习无法做到"货真价实"。

二、ERP沙盘模拟引入管理会计实践教学的效用性

澳大利亚职业教育家单德伯格（Sandber）认为，人的能力只有依托具体情境、在具体对象的探究过程中才能形成。在完成各种任务时，人总是有意识的运用各种以往的经验，并在以往经验和新情境的结合中寻找解决问题的办法。现代教学论也表明，由于情境关注个体与场景的交互作用，能让人身临其境，有助于人们更好地建构意义，因此回归生活世界成为课程改革的一种重要走向。

"沙盘"源于军事作战指挥所用的地形与布防模型。这些沙盘清晰地模拟了真实的地形地貌，使得观察者不必亲临现场，也能对所关注的问题（位置）

了然于胸，从而运筹帷幄，制定决策。

让学生到企业中亲历各个职位的角色有着很大的难度，因此，有必要采取沙盘模拟教学的方式，营造接近企业实际的生产经营状况，让学习与经济生活接壤，让学生体验真实的企业经营管理。

ERP沙盘模拟教学完全不同于传理论教学及案例教学，是以某个企业为对象，模拟该企业运营的关键环节：战略规划、资金筹集、市场营销、产品研发、生产组织、物资采购、设备投资与改造、财务核算与管理等。在模拟过程中，把企业运营所处的内外部环境抽象为一系列规则，由学生组成12个相互竞争的模拟企业，通过模拟企业6年的全面经营管理活动，使学生在分析市场、制定战略、营销策划、组织生产、财务管理等一系列活动中，了解企业管理规律，提升进行企业管理的能力，同时对企业资源管理过程有一个实际的体验。

利用ERP沙盘模拟工具进行《管理会计》课程实践教学，能为学生有效建构自主学习的物理——心理环境，搭建由课堂向职场、由知识向能力的转换平台，使每位学生都能直接参与模拟企业的经营运作，身处仿真、复杂的经营状况中，让他们把所学习的企业经营决策的理论和方法与相关的真实任务情境联系在一起，促使其对知识的准确理解，提升其在实践中的分析与解决问题能力。

三、管理会计ERP沙盘模拟实训教学组织实施

ERP沙盘模拟实践教学是以一套沙盘教具为载体。ERP沙盘教具主要包括：12张代表12个相互竞争的模拟企业的沙盘盘面、若干桶代表现金的钱币模具、若干代表原材料的彩色模具、若干空桶、客户订单、市场预测资料和实验手册等。

在利用沙盘模拟改进管理会计的教学中，教学活动从以"教"为中心转向以"学"为中心。师生角色发生改变，教师从知识的传授者、教学的组织领导者转变成为学习过程中的引导者、咨询者和伙伴，学生从被动的听众转变成为主动的参与者、竞争者和体验者，即学生成为模拟对抗中的"运动员"，教师变成幕后"教练员"，指导学生如何把已学知识运用于实战演练中，激发学生的创造力。因此它能更完整地体现"以能力为本位，以过程和学生为中

卓越人才的培养

心"的教学理念。

（一）课程实践教学情境的构建

1. 组织准备工作

教师首先将参加课程的学生分组，学生可自由组合，每组一般 5~8 人，全部学员组成 12 个相互竞争的经营企业并给以冠名（为简化，可将模拟企业依次命名为 A 组、B 组、C 组……），然后进行每个角色定位，明确企业中各角色的职能和岗位责任，一般具体分工为：总经理 CEO、营销总监 CMO、生产总监 COO，财务总监 CFO、采购总监 CPO 等主要职务，人数较多时，可增设商业间谍、CEO 助理、财务助理等辅助角色。最终以每个经营公司的经营业绩及权益情况参考历年的经营走势决定成败。

2. 基本情况描述

告知学生接手的是一家已运营了若干年的企业。以企业起始年的两张主要财务报表（资产负债表和利润表）描述该企业目前的财务状况和经营成果，并对股东期望、市场占有、产品设计、生产设施等方面进行说明，帮助学生了解即将经营的企业状况。阐述企业生存的基本条件（以收抵支、到期还债）和盈利途径（开源节流）的含义。

3. 市场规则及运营规则介绍

企业在一个开放的市场环境中生存，企业之间的竞争需要遵循一定的规则。综合考虑市场竞争及企业运营各方面，简化为以下几点：市场划分与市场准入；销售会议与订单争取；厂房购买、出售与租赁；生产线购买、维护、转产与出售；原材料采购；产品研发与 ISO 认证；产品生产；融资贷款与贴现。在开课前 1~2 周，发给学生一些介绍企业发展现状及运营规则方面的资料手册，让他们了解竞赛对抗规则等方面的规定。

4. 初始状态设定

教师根据学生实际情况设定初始状态，在模拟经营前，要求每个小组学生交出"企业总体战略规划方案"和"粗略财务预算方案"的书面作业。通过初始状态设定过程，学生将企业运营的基本信息利用教具再现到沙盘盘面上，使学生深刻感知财务数据与企业业务的直接相关性，理解财务数据是对企业运营情况的一种总结提炼，为今后"透过财务看经营"做好观念上的铺垫。

（二）企业经营竞争模拟对抗设计

ERP沙盘模拟是学生首次接触管理会计实务的实践课程，学生没有任何实践基础，因此应遵循由简单到复杂、由专业岗位职能模块模拟实验到综合仿真实践的步骤来进行。

1. 模块化职能岗位模拟实验

在教师指导下，学生分别按照管理会计的基本职能完成专题性角色扮演模拟实验，其目的是让学生通过亲身情景体验，熟悉每个模块的分析方法和流程，将专业知识运用于具体生产经营情境之中，不仅提高其学习兴致，而且提高其综合决策判断能力和解决问题的能力。具体包括：

（1）预测销售、成本、利润和资金需要量。根据市场预测表，让扮演CMO角色的学生运用定量趋势分析法和回归分析法预测各年每个市场每个产品的总体需求量、单价和发展趋势；让扮演CPO角色的学生预测采购量和盈亏平衡点；让扮演COO角色的学生根据销售预测对产品的目标成本进行预测；让扮演CFO角色的学生根据销售预测和产品成本预测进行利润预测和资金需要量预测。

（2）编制全面预算。在前面经营预测的基础上，让扮演CMO角色的学生根据销售预测编制计划年度的销售预算，让扮演COO角色的学生根据销售预算编制生产预算和生产设备购置预算，控制库存。让扮演CPO的学生根据生产预算和存货管理策略编制材料采购预算，让扮演CFO角色的学生根据前面的经营预算编制资产负债表预算、利润表预算和现金预算。

（3）经营绩效分析。模拟经营1年后，模拟公司要对整个经营年度的运营情况进行总结，采用杜邦分析法进行财务分析，写出业绩分析报告，比较实际和预算之间的差异，根据差异原因找出具体改进措施，为改善企业以后年度经营管理提供有利信息。

2. 企业运营仿真实训

主要是让学生独立地将模拟实验的内容运用于仿真企业。在这一阶段，各团队成员要模拟企业高层管理的各个角色，各司其职进行企业经营管理，在CEO的带领下做出所有重要事项的经营决策，决策的结果会从企业经营成果中得到直接体现。仿真实训开始时每个企业的经营状态完全一样，在一个信息对称的市场环境下各企业之间展开竞争,从企业整体战略制定到具体业务策略,从争取订单到采购原料、从投入生产到产品完工销售、从产品研发到设备投资改造,从成本控制到编制分析报表,均仿真企业实际业务流程。虽然各企业起始资金相同,面对的规则相同,但在模拟的6个连续会计年度里,通过采用不同的经营手段和策略,在客户、市场、资源及利润等方面进行一番真正的较量,几个企业经营绩效会产生很大的差异,能使学生体会"决策是如何影响结果的"。

(三) 模拟经营结束后的总结和点评

现场解析是沙盘模拟的精华所在。为了便于评价各小组的成绩,在模拟经营6年结束后,指导教师要及时统计各小组结束时的经营业绩、资源状况及生产能力。例如当前盘面上展示的完成研发并已经销售的产品和市场、资金状况、生产线状况及拥有的厂房等。然后是各小组CEO进行总结发言。各小组CEO要对6年中每年的经营战略、经营策略、资金状况及经营业绩进行剖析,对经营中产生的问题进行总结,对一些问题大家可以各抒己见地展开讨论,这样学生既学有所乐,又学有所成。最后是指导教师进行点评。经过6年的模拟经营,指导教师已对各组的经营战略和业绩很清楚,此时结合沙盘系统中的信息进行综合评价。具体可按经营年度顺序进行点评,点评内容包括各组广告投入、产品研发、生产线构建、资金投入及筹集、市场地位的确立和变迁、财务分析及团队合作等。在此基础上引导学生进行深层次思考,如是否建立企业联盟、是采用专业化还是多元化战略,各种策略的权衡使用等,让学生感悟管理知识与管理实践之间的距离。

(四) 各组学生模拟实训成绩的合理评定

ERP沙盘模拟实验侧重于团队合作、思考领悟、操作实践以及能力提高。学生的最后成绩应包括应以下三点:

(1) 平时成绩,主要包括出勤率、参与度及创新意识等,这部分大约占总成绩的20%。

(2) 综合成绩,即每一组的成绩。以各组六年经营结束时的净资产、资源状况及生产能力等进行评分,这部分大约占总成绩的50%。

（3）实践总结报告成绩。模拟实训结束后，每位学生按照自己的职责分工写出一份针对性的实训报告，根据递交报告的及时性、报告的细致性和深刻性给出每个人的成绩，这部分大约占总成绩的30%。

四、管理会计 ERP 沙盘模拟实训教学中应注意的几个问题

（一）规则的说明和演示

规则是企业运营的基础。课程中，需要学生在较短时间内记忆、理解诸多复杂的规划，挑战学生对新事物的接受和适应能力。这时应强调规则的重要性，指导教师在学生预习资料手册的基础之上，要再次向学生详细讲解一下整个规则体系，尽量减少学生因不熟悉规则而走错"棋"的现象，使其经营思路能够完全体现出来，不打折扣。为了让学生充分理解各项规则，指导教师在讲授时可以动态演示一个经营年度，同时选择一个小组进行模拟对抗。

（二）适当的点拨提醒

指导教师 ERP 沙盘模拟开始时，告知学生接手的是一家已运营了若干年的企业，描述该企业目前的财务状况和经营成果，揭示企业经营管理的目的是生存、发展、盈利，其本质是"赚钱"，指出企业破产的两种主要原因为"资不抵债"或"资金流断裂"。在关键环节做适当的提醒，要积极引导学生用战略的眼光进行运营和决策，根据竞争对手和市场环境的变化灵活运用各种策略。比如：

第一年投入广告时，可以提醒学生首先要思考经营策略，是先入为主的广告策略，还是产能领先胜出策略或其他策略。

第一次竞单时，要提醒学生能否确保按时交货，逾期交货时结算的货款只能是该份订单销售额的75%。

第一次融资时，要提醒学生注意贷款额度的测算与适度使用，长期贷款与短期贷款的时间节点和还款要求与利率。企业随时可以向银行申请高利贷，并与短期借款同样管理。

开拓新市场和研发新产品时，提醒学生注意不同级别的市场开拓成本和开

发期间是不一样的，要考虑资金安排问题。产品研发完成，生产总监及时领取相应产品生产资格证。下一季度起，可以生产该产品。

投建生产线时，提醒学生生产线一旦建成，不得在各厂房间随意移动。

资金出现缺口且不具备贷款条件时，提醒学生可以考虑应收账款贴现。应收款贴现随时可以进行，不考虑账期因素。

第三年可以提醒学生产品质量认证的重要性。

每年经营结束时，要提醒学生对本年的经营进行总结反思，分析企业成败在于何处，竞争对手经营怎么样，要不要调整企业的经营战略。

另外，可以提醒学生要了解竞争对手的经营，对竞争对手的经营情况做一些记录。

企业经营之初，要鼓励学生打开思路，激发其思考各种策略；在学生模拟经营对抗过程中，指导教师要来回到各组"视察"，根据各组整体情况，找出大家普遍困惑的问题，结合案例当场进行剖析，引导学生如何把所学的知识与管理实践对接。

指导教师切记在课程中，本着学生体验在先、教师点评在后的原则，只提供指导意见，不干涉经营决策，不教授具体方法。自己该做哪些事情，不该做哪些事情，什么时间该做什么事情，指导教师要做到心中有数，以轻松灵活地控制课程内容、进度和课程效果。

（三）注重课程组织的灵活性

在课程进行期间，有些情况是可以灵活对待的。例如，当模拟企业面临破产境地时，教师作为"银行"或"风投机构"，可根据其资源状况及未来发展战略判定是否还有东山再起的可能，以便决定继续给他们提供贷款，助其渡过难关，期待扭亏为盈。这样不仅可引导学生积极思考面对不利情况如何调整战略，而且也可增强学生战胜困难的信心和决心。

另外，教师根据需要，可以增加或改进一些规则或环节。例如，教师在沙盘模拟课程中除扮演规定的角色（客户、供应商、股东、银行家等）外，还可担任第三方服务机构（审计、咨询顾问、商务评论家等）。面对激烈的市场竞争，团队成员要同心协力进行经营，但是如果团队对市场规则不很清楚，或者是财务报表很难试算平衡，不得不请教教师，这时教师就是咨询机构，企业只有付费后，教师才提供相应服务。这种改革一方面能够培养学生自主解决实际问题的能力；另一方面，也在很大程度上减轻了教师的负担。

五、总结

把 ERP 沙盘模拟对抗教学法引入管理会计实践教学，开拓了一种全新的实践教学模式。沙盘模拟教学融理论与实践于一体，集角色扮演与岗位体验于一身，可以使学生在参与、体验中完成从知识到技能的转化，以提前适应实际工作单位的各种需要。

参考文献

[1] 韩景倜. ERP 综合实验 [M]. 北京：机械工业出版社，2010.

[2] 周频. ERP 沙盘之我见，杨灿明，等. 实验教学与创新型人才培养 [M]. 武汉：湖北人民出版社，2011.

[3] 宋小萍. 利用沙盘工具改进《管理会计》实践教学的探析 [J]. 商业会计，2013 (1).

[4] 杨英. 以创新能力培养为导向的成本管理会计实践教学方法探索 [J]. 中国市场，2015 (5).

[5] 李红侠. 基于 ERP 沙盘模拟的管理会计实践教学创新 [J]. 商业会计，2014 (2).

行为导向教学法在《培训与开发》课程中的应用

朱平利

(湖北工业大学经济与管理学院,湖北 武汉 430068)

【摘 要】行为导向教学法主要体现教学过程中充分发挥学生的主体作用和教师的主导作用,注重对学生分析问题,解决问题能力的培养,通过在人力资源管理专业课程中《培训与开发》课程中运用行为导向教学法,让学业生掌握了运用问卷调查法进行了培训需求分析,学生进行了培训模拟的演练,锻炼了学生的职业能力与团队精神。

【关键词】行为导向教学法;课程;应用

一、行为导向教学法简介

行为导向教学法真正起源于德国的双元制教学,其核心意图就是提出个体行为能力的培养。个体行为能力由专业能力、社会交往能力和伦理道德反映能力以及思维能力组成。行为导向教学是以"行为导向驱动"为主要形式,在教学过程中充分发挥学生的主体作用和教师的主导作用,注重对学生分析问题,解决问题能力的培养,从完成某一方面的"任务"着手,通过引导学生

[基金项目] 湖北工业大学 2014 年校级教学研究项目"信息化背景下管理类专业课程行为导向教学模式的研究与实践(项目编号:校 2014027)"。
[作者简介] 朱平利(1979~),男,湖北广水市人,博士,湖北工业大学副教授,研究方向:人力资源管理。

完成"任务",从而实现教学目标。从学生接受知识的过程看,知识来源于实践,在实践中得到感性认识,经过反复实践才能上升到理性认识,并回到实践中去。

行为导向教学法的教学步骤:

(1) 课前准备:教师于课前做好充分的准备,如:多媒体课件的准备,教学任务书的准备,学生组内分工的设计,教学设备的准备,学生完成任务所必需的材料等。

(2) 下达任务:教师以简洁的语言陈述这节课的任务,并下发任务书,任务书包括:主题、时间、注意事项等。

(3) 完成任务:这个阶段是行为导向教学法的主体部分。教师引导学生掌握完成任务的基本思路、方法后,按学生的具体学情,化分学习小组,组内分工协作,完成作"任务",形成"作品"。

(4) 展示学生作品,教师引导学生对作品进行讨论,找出规律特点,并对学生作品作出积极的评价。

二、行为导向教学法的具体开展

在12级人力资源管理专业《培训与开发》课程的教学中,我运用行动教学法,对课程教学设计与方法进行了初步的尝试。

(一)《培训与开发》课程的培养目标

通过《培训与开发》课程的学习使学生对培训开发工作有比较系统和全面的认识,了解和掌握培训的有关概念、方法及原理;掌握培训方案设计的方法;熟悉培训开发工作的程序;能够利用所学知识分析培训问题,了解如何通过培训提升企业员工的各项能力,掌握解决现实中企业有关培训开发方面问题的方法;学生毕业后具备组织和从事企业人力资源管理中培训开发工作职能的能力。

(二) 教学内容的设计

行为导向教学法要求以学生是学习过程的中心,教师是学习过程的组织者

卓越人才的培养

与协调人,遵循"资讯、计划、决策、实施、检查、评估"这一完整的"行动"过程序列,在教学中教师与学生互动,让学生通过"独立地获取信息、独立地制订计划、独立地实施计划、独立地评估计划",在自己"动手"的实践中,掌握职业技能、习得专业知识,从而构建属于自己的经验和知识体系。结合本课程学生培养的目标及要求,虚拟构建学生未来培训专员的角色,从问卷的设计、培训课程计划的编制、培训方法探讨、培训培训师的内容要求学生完成一系列作业,以企业培训专员需要掌握的知识及实际工作流程为依据,设计了任务,学生在完成任务后,并进行汇报交流,然后由我进行点评、总结。

行为导向任务设计一:建构主义学习理论归纳

在教材中介绍西方的学习理论中,有一派观点还没有介绍,那就是建构主义学习理论。请你介绍什么是建构主义学习理论,他的代表人物、主要观点,对学习的启示有哪些,有哪些应用,你今后打算如何应用。作业要求:汇报PPT,时间不超过8分钟,采取自愿加随机抽查的方式。要求讲述准备过程以及作业心得。

在这次任务的汇报中,首先严格控制汇报时间,让建立学生有时间观念,特别是注重学生对作业准备过程的心得进行点评,让学生养成爱思考的习惯,通过练习,提高学生的总结能力。

行为导向任务设计二:培训需求的调查

考虑学生实际调查企业的培训需求比较困难,从实际操作的角度讲,我让学生主要调查大学生课外培训需求。作业环节设计如下:

联系大学生成长的过程,请你利用所学的知识来调查一下,你认为在校大学生除了学习专业知识之外,他们还存在哪些额外的培训需要,男生和女生有什么不同,大学各年级学生有什么不同,请将调查结果分析公布给大家分享。

在这个作业中,要求学生从问卷的设计,到调查报告的写作全部完成并且汇报。整个过程历时两周时间,4课时。学生通过交流汇报问卷的设计,通过老师的讲解以及自己的感悟,设计出最终的调查问卷并进行调查。此后,进行问卷的归类整理,并且进行相应的调查报告分析工作。

从完成的过程看,通过这次作业,我们发现的问题:①在编制问卷和访谈提纲时,由于学生还是对老师有着较多的依赖,对网络也有着较多的依赖,在百度找的资料不加以挑选,导致设计的选题较少,不全;②一些选项过于冗杂，导致填写的真实性难以保证（看完过于复杂的选项，往往随意填写）；而且选项过多；③调查和访谈的样本太少，导致调查结果可信度不高。在这次作业过后，进行了讨论分析如何解决这些问题。

学生知识迁移的启发。在实际的培训需求调查中，有了这次调查的基础，让学生把调查对象的人口统计学变量中的年级、专业、性别分别类比为在企事业单位中的工龄、工种（或职业类别）、性别。学生就可以很好的设计出一份实际可用于企事业单位的调查问卷，并且加以分析，写成调查报告。

行为导向任务设计三：员工培训方法的探讨

在企业进行培训与开发的方法中，有各种不同的方法，请介绍该种培训方法的具体操作过程及步骤，最适合于的培训内容，有什么优缺点。作业要求：汇报 PPT，时间不超过 8 分钟，采取自愿加随机抽查的方式。要求讲述准备过程以及作业心得。为了让学生能有更充足的时间讨论教学方法，采用分组的方法进行（具体为 12 人资 1 班学号尾号 1~7 完成讲授法；11~19 完成视听法；20~28 完成研讨法；29~35 完成案例分析法；12 人资 2 班学号尾号 1~7 完成角色扮演法；11~19 完成游戏法；20~29 完成座谈会法；31~32 完成实地参观法）。

通过这次汇报，共用时 3 课时，讨论了 8 种员工培训的方法，学生普遍反映，没想到员工培训的方法可以讨论的这么细，特别是对每种方法的具体操作过程的讨论，让学生更加明确以后在工作中如何恰当地运用这些方法去解决问题。

行为导向任务设计四：培训师培训的模拟

培训师是一个炙手可热的职业，请你认真地想一想，如何才能成为一名优秀的培训师。请以此为主题来讲述（培训师的职业要求，培训师的能力要求，培训师应该掌握的技巧等），请就其中的某一方面来重点讲。作业要求：汇报 PPT，时间不超过 8 分钟，每个人必讲。要求讲述准备过程以及作业心得。

三、学生掌握知识及能力的评价

（1）学生个人知识的掌握及运用能力方面，学生运用了问卷调查法进行培训需求的调查的分析与应用，经过几次反复的修改与反馈，学生基本上掌握了培训需求的问卷的设计技术，同时也掌握了问卷统计的方法，能够按照调查报告的框架写作，能够完成一个企业内部培训课程体系的规划与设计。

（2）考试考核也体现了学生具有良好的团队协助精神，每个小组能够按照要求完成事先的调查任务。

（3）在学生专业能力的强化与模拟方面。本次还进行了培训课程的讲授模拟，在学生汇报的过程中，指出学生在企业培训中的教态、仪表方面需要注意的问题，学生也在这一次培训活动模拟演练中，进行了一次实战学习，为今后进入企业做准备。

四、行为导向教学法的体会

在一个学期的教学过程中收获很多，同时也有许多的心得体会：

（1）要上好课程，让体现以学生为主体，不仅仅要备教材、备教参，而且还要备学生，根据学生的认知能力和心理特点以及具体要实施的教学内容，来设计课堂教学，多思考如何才能用简练的语言，调动学生的思维，充分发挥学生的主体地位；并且在教学过程后，要及时对教学全过程进行反思，找出教学中存在哪些缺点与不足，从中悟出道理，总结经验，以便在以后的工作中能够高屋建瓴地指导自己的工作，做到有所发现，有所创造。

（2）鼓励学生树立自信，自己主动分析问题。现在网络比较发达，学生对网络的依赖程度很高，所以更多的作业都来自于网上，借鉴网络上，学生在初次汇报时有些基本相同，因此，鼓励学生去分析找出最好的回答，以及为什么是最好的答案。同时，也要正视学生的差异，因材施教。比如：在课堂教学中，对于提问以及布置课后作业等环节要兼顾不同层次的学生，根据不同学生，提出相关一些难易不同的问题，让他们基本都能回答上，从而体验一下成功的滋味。

（3）学生兴趣培养非常关键。作业批改中存在的问题都要从层次性出发，提高他们的学习兴趣，尤其对于那些学习困难的学生，提高学习兴趣，培养他们的自信心，这是至关重要的。使他们能够充分参与到教学活动中来，真正体现出他们的主体地位。

五、行为导向教学法在应用存在的问题及改进措施

（一）行为导向教学法在应用中存在的问题

（1）调查报告的方案写作方面，虽然学生掌握了分析的基本框架，按照考核的要求对调查的结果进行了分析，但同学们的分析水平存在着个体差异，体现在方案的表达方式缺少进一步的细致深入，很多标题都以老师提供的标题为主。

（2）在问题调查的实际操作中，有些小组运用网络（问卷星）进行的调查，虽然完成了调查任务，但由于统计的方式不同，问卷星对于非付费用户提供的只是简单的统计结果，没有逐项统计的结果分析，导致学生在下一步分析中缺少交叉分析的数据，有些小组写调查报告分析中不能进一步分析。

（3）在培训大纲及课程体系的设计上，事先让学生根据自己的理解来进行设计这次内容。从考核的结果发现，学生往往断章取义，还缺少解决问题的勇气，部分同学存在着不认真的行为，只考虑把考核完成了，但没考虑完成的好不好的问题。

（二）行为导向教学法在应用改进措施

（1）加强对学生任务过程的管理，特别是调查问题的设计与收集过程，让学生每天写好完成的过程记录，记录完成的调查过程，切实让学生体会调查方法与技巧。另外在汇报过程中，让学生讲述调查心得，共同提高。

（2）解决好团队作业中的搭便车问题。建议由学生自我组建，团队小组长为每个成员按照贡献程度打分排序，实施跟踪团队考核，让学生留下团队成员工作的记录，如照片等。

参考文献

[1] 陈思雯. 外教英语口语课堂运用《行为导向教学法》的启示 [J]. 海外英语, 2016（18）: 61–62.

[2] 魏胜辉. 浅谈行为导向教学法在高校跆拳道教学中的应用 [J]. 体育世界（学术

卓越人才的培养

版),2016(9):160,163.

[3] 王丽. "行为导向教学法"在电工基础课程中的应用[J]. 职业,2016(3):80-81.

[4] 邹玲玲. 高职音乐教学中行为导向教学法应用思考[J]. 企业导报,2016(18):122,124.

中国高等教育对区域经济增长的空间溢出效应研究

——基于中国省际面板数据的实证分析

张甜迪

(湖北工业大学经济与管理学院，湖北　武汉　430068)

【摘　要】结合面板分析与空间模型，在考虑人口流动的情况下，我国高等教育对本地经济发展有一定的促进作用，但对周边区域并没有形成辐射作用，而是中西部地区的高等教育人口跳跃式流向东部地区，支撑东部地区的经济发展。在当前供给侧改革的大背景下，建议引导产业回流，并优惠的户籍政策以及税收政策引导高校毕业生随产业回流，并以高校为中心设立创新园区，增强高等教育的周边空间辐射能力。

【关键词】高等教育；经济增长；空间溢出

一、引言

2015年国务院办公厅发布了《关于深化高等学校创新创业教育改革的实施意》，其提出"深化高等学校创新创业教育改革，是国家实施创新驱动发展战略、促进经济提质增效升级的迫切需要"，其契合我国供给侧改革下寻找新的经济增长点的需要，对高等教育与经济增长的关系以及影响的研究有必要的

［基金项目］湖北省教育厅人文社科项目（16Q112）；校级科研项目（BSQD14056）。
［作者简介］张甜迪，女，汉族，经济学博士，湖北工业大学经济与管理学院讲师。

现实意义。从已有的文献来看，研究我国高等教育对经济增长贡献的实证文章多是基于人力资本理论，生产函数理论，经济增长理论，实证的共性结论是高等教育对经济增长的影响存在区域差异性，如郑鸣和朱怀镇（2007）、杨天平和刘召鑫（2014）等，后续的研究对这种区域差异性用空间计量进行了拓展，提升了结论的可靠性，如高扬、张艳芸和李静晶（2017）、樊星和马树才（2017）、郑浩和张印鹏（2017）等，但已有的实证研究忽略了高等教育人口流动的影响，即当地的高等教育数据并不能反映留在当地的高等教育继续为当地进行贡献，虽然空间计量能通过空间权重矩阵来研究空间周边的关系，但其也无测度跨区域的人口流动的影响。

二、中国高等教育与经济增长的省际面板分析

（一）变量的统计特征

本文选取 2010~2015 年的样本区间，因为在 2010 年之前的高等教育规模有一段急速扩张期，其增速并不能精确的反应高等人力要素的增速，2010 年之后高校的扩张速度进入低速增长的平缓期。

1. 变量的选取统计特征

结合文献以及经济增长理论，本文以人均 GDP 作为经济增长变量，以各省大专以上人数的增量作为高等教育变量，但这部分人口统计部分年鉴采用的是抽样调查方法，各年抽样调查的比例存在一定的超逸，本文为了统一数据口径，对人口统计数据部分先做归一化处理，用个区域占总人数的比例来作为归一化后的人口结构数据。

考虑到上学与就业的城市选择的不一致，本文采用剔除了自然增长率的户籍增长率作为高等教育流动人口的控制变量，以区分本地高等教育发挥作用，还是外地流动人口中受过高等教育的人口对本地经济发挥的作用。

固定资产投资以及金融等因素都会影响经济增长，控制一下其他变量的干扰因素，本文从 2010~2016 年的中国统计年鉴整合出各区域数据，其中包括 gdp、户籍增量 hr、贷款总额 loan、固定资产投资 invest、高等教育 edu。先考察各变量的统计特征（见表 1），需要在建模时考虑这些特征。

表 1 相关变量的统计特征

变量	含义	均值	标准差	最小	50分位	最大	偏度	峰度
gdp	GDP	19228	15271	507	15694	72813	1.47	5.08
loan	信贷	13116	9370	462.7	10989	48312	1.19	4.55
hr	户籍增量	322.6	215.4	25.07	292	793.5	0.57	2.39
invest	固定资产投资	13165	9372	462.7	10989	48312	1.18	4.53
edu	高等教育	322.6	189.1	4.66	278.7	1041	0.75	3.51

从均值和中位数的比较来看，各变量的偏差都较大，其意味着个体的差异性是比较大的，有必要分区制来检验与拟合。从均值与标准差的比较来看，GDP、信贷、固定资产投资、户籍增量的波动都大于高等教育，其从另外的角度示意高教对经济增长的影响与传统因素对经济的影响是不一样的。从偏度与峰度的测度值看，正态分布的偏度和峰度分别为0、3，只有户籍增量与高等教育类正态分布，其他变量的分布状态存在一定的尖峰厚尾，同波动率比较的结果一致，高等教育的变化和传统因素存在差异性，且发挥着间接的作用。

2. 核心变量的面板散点图

在这个区间内，先通过可视化来考察一下样本的分布特征，如图1所示，左边是高等教育人口分布的3D图，其具有明显的个体效应；图1右边是高等教育人口与经济增长的面板散点图，其有明显的趋势性，结合两个可视化的特征，后文用线性和非线性两类模型来拟合。

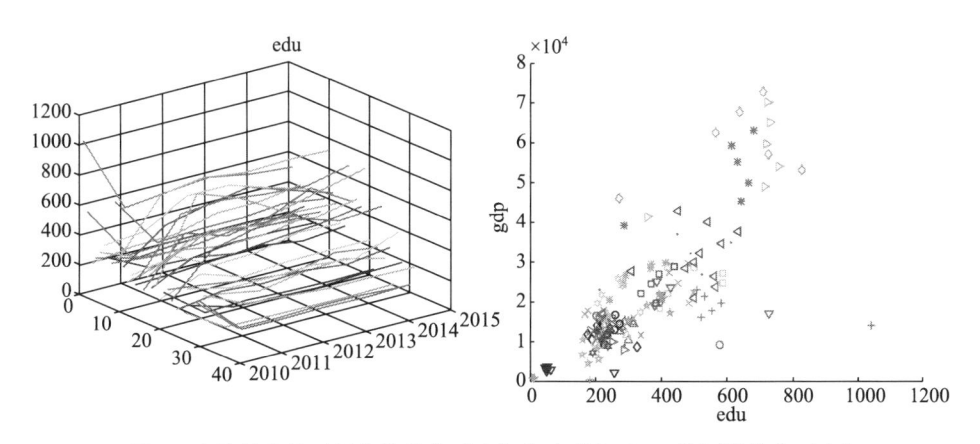

图1 高等教育的时间个体分布（左）和高教与GPD的面板散点（右）

(二) 面板模型设定

样本数据的时间跨度为 2010~2015 年，包含 31 个个体，由于中国高等教育数据的样本长度受限，此面板数据属于宽面板数据，这里暂不考虑动态效应，即不设定动态面板模型，根据统计特征、空间示意图、散点图等来看，需要考虑其区域特征。为了更好地拟合面板散点图中显示的高等教育与经济增长的关系，这里设定两类模型来估计，第一类模型以线性思维拟合，反映整体趋势，采用面板数据回归模型；第二类模型为以非线性思维拟合，以变系数模型来考察区制的个体特征差异。

通过 F 检验、BP 检验及 Hausman 检验对面板回归采取的效应模型进行选择，表 2 列出了效应选择检验的相关结果。

表 2　　　　　　　　　　模型效应的选择

效应比较	固定效应与混合效应	随机效应与混合效应	固定效应与随机效应
检验方法	F	Breusch Pagan 检验	Hausman 检验
统计量	219.01 (0.0000)	237.79 (0.0000)	6.94 (0.3217)

注：括号内数值为相关统计量对应的 P 值。

$F = 219.01$，面板模型设定为固定效应要优于混合效应。Breusch 和 Pagan 随机效应检验 chibar2 (01) = 237.79，Prob > chibar2 = 0.00，随机效应要优于混合效应。Hausman 检验，chi2 (2) = 6.94，Prob > chi2 = 0.3217，因此面板回归模型选择建立随机效应回归模型 (1)，但同时也对固定效应模型 (2) 进行回归比较，方程如下：

$$gdp_{it} = u + \alpha_1 edu_{it} + \alpha_2 loan_{it} + \alpha_3 hr_{it} + \alpha_4 invest_{it} + e_{it} \quad (1)$$

$$gdp_{it} = u_i + \alpha_1 edu_{it} + \alpha_2 loan_{it} + \alpha_3 hr_{it} + \alpha_4 invest_{it} + e_{it} \quad (2)$$

进一步考虑区域差异性特征，按东、中、西部化为三个区制，设定虚拟变量 D，D = 1 为东部，D = 2 为中部，D3 为西部。分别考虑高等教育、户籍增量两个变量的变系数模型：

$$gdp_{it} = u + \sum_{j=1}^{3} D_j \times \beta_j edu_{it} + \alpha_2 loan_{it} + \alpha_3 hr_{it} + \alpha_4 invest_{it} + e_{it} \quad (3)$$

$$gdp_{it} = u + \sum_{j=1}^{3} D_j \times \beta_j hr_{it} + \alpha_2 loan_{it} + \alpha_3 edu_{it} + \alpha_4 invest_{it} + e_{it} \quad (4)$$

（三）中国高等教育与经济增长实证结果

模型（1）~模型（4）的实证结果见表3，被解释变量为人均GDP，解释变量为户籍增量hr、贷款总额loan、固定资产投资invest、高等教育edu。fe_ols为固定效应面板，re_ols为随机效应面板，s3为高等教育乘以哑变量的变系数模型，x3为户籍增量乘以哑变量的变系数模型，各模型的系数以及对应的t统计变量详见表3。

表3　　　　　　　　中国高等教育与区域经济增长实证结果

VARIABLES		fe_ols gdp	re_ols gdp	s3 gdp	x3 gdp
edu1	东部高教			5.167*** (2.870)	
edu2	中部高教			-7.518** (-1.998)	
edu3	西部高教			-0.719 (-0.227)	
loan	信贷	2.538** (2.533)	2.503** (2.326)	2.657** (2.367)	2.184** (-.040)
hr	户籍增量	11.64 (0.866)	17.31*** (3.674)	18.53*** (4.467)	
ivest	固定资产投资	3.456*** (3.395)	3.428*** (3.135)	3.593*** (3.149)	3.090*** (2.840)
edu	高教	0.831 (0.567)	2 (1.430)		2.412 (1.575)

卓越人才的培养

续表

VARIABLES		fe_ols gdp	re_ols gdp	s3 gdp	x3 gdp
hr1	东部户籍增量				29.48*** (6.851)
hr2	中部户籍增量				4.937 (1.092)
hr3	西部户籍增量				1.273 (0.211)
Constant		2986 (0.679)	629.3 (0.344)	676.5 (0.428)	2160 (1.466)
Observations		186	186	186	186
R-squared		0.853		0.741	0.698
Number		31	31	31	31

注：t-statistics in brackets *** $p<0.01$，** $p<0.05$，* $p<0.1$。

从整体上看，高等教育对经济增长的正向影响在三类模型中都不显著，传统的影响因素，如信贷、固定资产投资都呈现显著的正向相关，户籍增量在两类模型中也呈现出正向相关，因此，就全国整体来看，除了传统经济发展动力外，各区域也受到外部流入高教人口的促进作用。

从分区制来看，影响经济增长的传统因素的系数与显著性没有发生什么变化，其作用是稳健的，但东、中、西部的差异性便非常明显地体现出来，东部的高等教育存在显著的经济促进作用，而中部的高等教育与经济增长存在显著的负相关，西部的高等教育与经济增长的关系不显著，可以理解为暂时没有发挥作用。户籍变动是剔除了本地的自然增长率，能够反应外来增量，从户籍增量与经济增长的分区制模型中可见，除了东部存在显著的正向相关外，中部和西部地区户籍增量对经济增长的影响都不显著。结合高等教育与户籍增量在东中西部之间的实证结果来看，中西的高等教育资源并没有为中西部做出显著的经济贡献，而基本上都以人才流出输入到东部，促进东部区域的经济发展。

三、中国高等教育与经济增长的空间计量分析

从上述传统的面板数据分析来看,高等教育人口存在一种流转现象,因此下面引入空间自相关性来考量这种特征。首先根据省际的经纬度来测度空间权重矩阵,并在此基础上进一步检验各变量的空间效应。经纬度数据来自于国家地理信息中心。

(一)空间自相关检验

判断空间自相关性,目前运用较为广泛的方法是构建莫兰指数(moran's I),来描述地理位置相近的聚类效应。莫兰指数考虑空间序列 $\{X_i\}_{i=1}^n$,具体表达形式为:

$$I = \frac{\sum_{i=1}^{n}\sum_{j=1}^{n} w_{ij}(x_i - \bar{x})(x_j - \bar{x})}{S^2 \sum_{i=1}^{n}\sum_{j=1}^{n} w_{ij}} \quad (5)$$

其中,w_{ij} 为相邻空间权重矩阵中的特定元素,$S^2 = \frac{1}{n}\sum_{i=1}^{n}(x_i - \bar{x})^2$,$\bar{x} = \frac{1}{n}\sum_{i=1}^{n} x_i$。莫兰指数 I 的取值为 (-1, 1),大于 0 表示正自相关,小于 0 表示负自相关。测度空间自相关的另一常用指标为"吉尔里指数"(Gear's C):

$$C = \frac{(n-1)\sum_{i=1}^{n}\sum_{j=1}^{n} w_{ij}(x_i - x_j)^2}{2(\sum_{i=1}^{n}\sum_{j=1}^{n} w_{ij})[\sum_{i=1}^{n}(x_i - \bar{x})^2]} \quad (6)$$

Gear's C 的取值范围为 (0, 2),该指数小于 1 时表示正相关,大于 1 表示负相关,等于 1 表示不相关。但 Moran's I 和 Geary's C 不能区分是高值的空间集聚还是低值的空间集聚,有可能掩盖不同的空间集聚类型。Getis – Ord General G 统计量则可以识别这两种不同情形的空间集聚(Getis and Ord, 1992;O'Sullivan and Unwin, 2003)。

$$G(d) = \frac{\sum\sum w_{ij}(d) x_i x_j}{\sum\sum x_i x_j} \quad (7)$$

式中,$w_{ij}(d)$ 是根据距离规则定义的空间权重;x_i 和 x_j 为空间序列 $\{x_i\}_{i=1}^n$。

对 General G 的统计检验采用下式：

$$Z = \frac{G - E(G)}{\sqrt{Var(G)}} \quad (8)$$

为了比较时间维度上空间辐射的变化，分别检验 2010 年及 2015 年各指标的空间自相关性，对式（5）～式（8）进行了计算，结果如表 4 所示。整体上看，无论是 Moran's I、Geary's C 还是 General G 都显示出各指标都存在明显的自相关性，且 Geary's C 显著小于 1，即各变量存在正向相关；General G 统计值显示正向相关是高值的空间集聚，即省际存在一定的携带发展现象，不存在相互"拖累"的状态。

表 4　　　　2010 年、2015 年省际各指标的 Moran's I 统计值

指标	2010 年 Moran's I	2010 年 Geary's C	2010 年 Getis & Ord's G	2015 年 Moran's I	2015 年 Geary's C	2015 年 Getis & Ord's G
gdp	0.197*** (2.201)	0.745 (-1.465)	0.185* (1.844)	0.199** (2.216)	0.734 (-1.516)	0.185* (1.919)
loan	0.289*** (3.008)	0.613** (-2.498)	0.195*** (2.844)	0.308*** (3.196)	0.595** (-2.572)	0.201*** (3.330)
hr	0.224*** (2.366)	0.754* (-1.781)	0.204*** (3.471)	0.228** (2.400)	0.760* (-1.728)	0.203*** (3.423)
invest	0.289*** (3.008)	0.613** (-2.498)	0.195*** (2.844)	0.308*** (3.196)	0.595** (-2.572)	0.201*** (3.330)
edu	0.168*** (2.234)	0.383** (-2.352)	0.129 (-1.638)	0.156*** (1.744)	0.737* (-1.829)	0.174* (1.883)

注：Z-statistics in brackets ***$p<0.01$，**$p<0.05$，*$p<0.1$。

（二）空间状态变化

将各省高等教育的 moran 指数可视化，转化为 moran 散点图，如图 2 所示，以对比 2010 年与 2015 年的前后变化，从整体来看，散点图两个时间截面

的分布都是集中在一、三象限，整体上依然是"高－高"、"低－低"的空间区制，类似呈现出强者恒强，弱者恒弱的局面，且 2015 年的散点图更加分散，其意味着两极分化的趋势更大，且在二、四象限出现了散点，如同在 2010 年存在两个分化的圈子，但各自对各自的领域还是起到正向的溢出作用，但经历 2010～2015 年这个过程中，两个圈子不仅开始分化，还出现了分裂，随着部分地区的高等教育人才流出，原有的支撑作用减弱，甚而成为副作用。

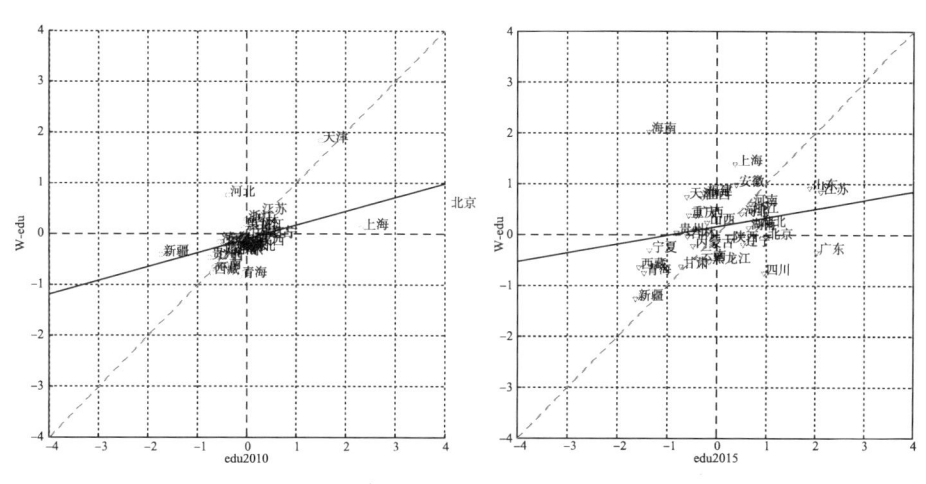

图 2　高教分布的 Moran's I 散点

（三）空间模型设定

根据 moran 散点图的特征以及综合样本在空间与时间上的二维特征，本文设立构建了面板空间滞后模型（SLPDM）、面板空间误差模型（SEPDM），以及面板空间杜宾模型（SDPDM）。

此时采用 Wald 统计量和 LR 检验空间杜宾模型是否可以转化为空间滞后模型或空间误差模型。若两个假设同时拒绝，则表明构建空间杜宾模型更合理；否则需参照 LM 检验结果，最终选择恰当的空间自相关路径。

根据上述的空间集聚特征，分别构建重庆市传统金融与高等教育与经济增长的空间滞后面板数据模型（SLPDM）（式 9）、空间误差面板数据模型（SEPDM）（式 10）和空间杜宾面板数据模型（SDPDM）（式 11），并同时给出普通面板检验结果以作为参照。

卓越人才的培养

$$gdp_{it} = \rho \sum_{j=1}^{31} w_{ij} edu_{jt} + \beta_1 loan_{it} + \beta_2 hr_{it} + \beta_3 invest_{it} + a_i + \gamma_t + u_{it} \quad (9)$$

$$gdp_{it} = \beta_0 edu_{it} + \beta_1 loan_{it} + \beta_2 hr_{it} + \beta_3 invest_{it} + a_i + \gamma_t + v_{it}$$
$$v_{it} = \lambda \sum_{j=1}^{31} w_{ij} v_{jt} + u_{it} \quad (10)$$

$$gdp_{it} = \rho \sum_{j=1}^{31} w_{ij} edu_{jt} + \beta_1 loan_{it} + \beta_2 hr_{it} + \beta_3 invest_{it}$$
$$+ \theta_1 \sum_{j=1}^{31} w_{ij} Inn_{it} + a_i + \gamma_t + u_{it} \quad (11)$$

根据 LM 检验、Wald 检验与 Hausman 检验结果（见表 5），空间滞后模型是可行的，且需进一步建立空间杜宾模型进行对比。Hausman 检验结果显示接受原假设，因此可以判定随机效应明显优于固定效应。

表 5　　LM 检验、Wald 检验与 Hausman 检验统计值及相应概率值

检验	统计量	P 值	检验	统计量	P 值
LMlag	34.7475***	0.000	Wald spatial lag	66.6274***	0.000
R - LMlag	3.4179*	0.064	Wald spatial error	51.5251***	0.000
LMerr	62.6144***	0.000	LR_spatial_lag	47.6811***	0.000
R - Lmerr	31.2848***	0.000	LR_spatial_error	37.1692***	0.000
Hausman	38.2185	0.0001			

（四）空间模型估计结果

对比 SLPDM、SEPDM、SDPDM 和普通面板随机效应估计结果（见表 6）可以看出，空间面板模型 SDPDM 的 R^2 为 0.69，高于普通面板，说明将空间自相关性纳入影响因素进行分析的优势。整体上，四类模型的相关系数正负方向上是一致的，这点可以增加模型的稳健性。

表 6　　高等教育对经济增长影响的空间效应

变量	SLPDM	SEPDM	SDPDM	Re
Loan	1.947**	2.216**	0.788	2.503**
	(2.207)	(2.099)	(0.523)	(2.326)

· 320 ·

续表

变量	SLPDM	SEPDM	SDPDM	Re
hr	8.87	7.516	11.34	17.31***
	(0.761)	(0.647)	(0.975)	(3.674)
invest	2.729***	3.117***	1.549	3.428***
	(3.020)	(2.902)	(1.010)	(3.135)
edu	2.389*	1.204	3.019**	2.216
	(1.789)	(0.900)	(2.107)	(1.430)
w×loan			1.43	
			(0.901)	
w×hr			27.43	
			(1.581)	
w×invest			1.445	
			(0.891)	
w×edu			-1.43	
			(-0.901)	
ρ/λ	0.161***	0.210***	0.176**	
	(3.749)	(2.656)	(2.198)	
R-square	0.781	0.779	0.69	0.432
Number	31	31	31	31

注：z-statistics in brackets ***$p<0.01$，**$p<0.05$，*$p<0.1$。

同样，在考虑空间自相关的情况下，影响经济增长的传统变量的系数的正向显著性依然存在，略有不同的是高等教育对周边区域的经济增长并没有起到什么作用，只对本地的经济增长存在促进作用，且户籍增量对周边的经济也没有起到正向的促进直接作用，在表7中，户籍增量只存在少许的间接影响。各变量在乘以空间权重矩阵之后的相关系数都变得不太显著。这里并不是证伪高等教育的空间溢出效应，结合面板的分区制变系数模型的结果来看，这是因为高等教育的人才流动是跨区制流动的，其空间辐射随人口流动更广，集中到东部地区。

卓越人才的培养

表7　　　　　　　各变量的直接影响和间接溢出效应检验结果

	直接影响	溢出效应	总体
Loan	-0.853	2.03	2.883**
	(-0.584)	(1.135)	(2.328)
hr	11.37	34.50*	45.87**
	(1.145)	(1.804)	(1.988)
invest	1.624	2.204	3.829***
	(1.098)	(1.222)	(3.056)
edu	3.027*	-1.333	1.693
	(1.948)	(-0.615)	(0.686)

注：z-statistics in brackets *** $p<0.01$, ** $p<0.05$, * $p<0.1$。

四、结论与政策建议

在考虑人口流动性的情况下，我国高等教育对经济增长的空间溢出效应呈现出跨区域的辐射特点，即本地的高等教育对本地经济发展有一定的促进作用，但对周边区域并没有形成辐射作用，而是中西部地区的高等教育人口跳跃式流向东部地区，支撑东部地区的经济发展。显然这种状态是经济的发展模式决定的，当前供给侧改革的大背景下，建议引导产业回流，并结合优惠的户籍政策以及税收政策，激励高校毕业生随产业回流，并以高校为中心设立创新园区，增强高等教育的周边空间辐射能力。

参考文献

[1] 郑鸣，朱怀镇. 高等教育与区域经济增长——基于中国省际面板数据的实证研究 [J]. 清华大学教育研究，2007 (4): 76-81.

[2] 杨天平，刘召鑫. 中国高等教育对经济增长贡献率的分析比较 [J/OL]. 高校教育管理，2014，8 (3): 7-16.

[3] 高杨，张艳芸，李静晶. 中国高校数量规模对经济增长的空间溢出效应研究 [J]. 中国高教研究，2017 (8): 61-67.

[4] 樊星,马树才.中国区域高等教育对经济增长贡献率的时空特征研究——基于中国省域面板数据的实证分析[J].中国高教研究,2017(8):74-79,84.

[5] 郑浩,张印鹏.中国高校数量规模对经济发展影响的实证研究[J].中国高教研究,2017(8).

校企"双导师制"国际贸易创新创业型人才培养模式研究

白孝忠

(湖北工业大学经济与管理学院,湖北 武汉 430068)

【摘 要】 校企合作是高等教育高素质人才培养的重要抓手,其中"双导师制"是校企合作的一种常见模式,科学的"双导师制"能有效地加强学生理论知识的实际应用,提高学生的创新创业意识和分析解决问题等能力。本文基于我国高校国际贸易专业"双导师制"实施必要性的分析,探讨该模式的具体内容及注意事项。

【关键词】 校企合作;双导师制;人才培养

导师制最早源于英国牛津大学为培养精英人才而设计的一种教学模式,影响力比较大的是德国的"双元制"职业教育模式,该模式以国家职业教学法为保障,由企业和学校来分别实施。经过几十年的探索与发展,德国"双元制"职业教育体系已经相当成熟,为德国企业培养了大量的有知识、有技术的"工匠",特别是为德国制造业的发展提供了重要的人才支持。我国高校"双导师制"产生于20世纪90年代,近20年的探索有效地促进了各高校的教学改革和人才培养模式的转变,但在实施过程中,各高校因培养目标不同,具体

[基金项目]湖北工业大学教研项目《校企"双导师制"国际贸易创新型人才培养模式及实践研究》(编号:2013035)。

[作者简介]白孝忠(1971~),男,湖北洪湖人,经济学硕士,湖北工业大学经济与管理学院副教授,研究方向:国际贸易。

的模式也不一样。本文探讨国际经济与贸易专业校企"双导师制"的实施，旨在进一步完善该模式的运作及合作机制。

一、创新创业型国际贸易人才培养引入"双导师制"的必要性

国务院于2015年5月引发了《关于深化高等学校创新创业教育改革的实施意见》，全面部署深化高校创新创业教育改革工作。创新创业教育以推进素质教育为主题，以提高人才培养质量为核心，以完善条件和政策保障为支撑，促进高等教育与经济、科技、社会紧密结合，加快培养规模宏大、富有创新精神、勇于投身实践的创新创业人才队伍。随着"一带一路"战略的提出，以及跨境电商的蓬勃发展，《意见》的提出为创新创业驱动较强的国际贸易专业提供了前所未有的机遇，企业走出国门更直接参与国际竞争的步伐加快，国际贸易人才的需求越来越大，同时也提出了更高的要求。实践操作技能熟练，外语应用能力较强，专业基础知识深厚，敏锐的市场嗅觉，熟悉跨文化商务谈判并具有创新创业能力和意识的国际贸易应用型人才是当前高校培养人才的重要目标。借鉴德国"双元制"职业教育模式，加强校企"双导师制"是提高国际贸易专业应用型人才培养质量的有效途径。

校企"双导师制"是基于社会需求和用人单位人才培养建议，实行"学校+用人单位""校内理论型导师+校外实务型导师"的一种教学模式。国际贸易是可操作性很强的专业，在专业课学习和学生职业素养培养过程中，由学校专任老师和用人单位特聘专家共同承担课程教学，创新教学模式和体制，可以规避高校"重理论、轻实践"的传统教学模式，使学生的专业理论与实践应用能力同时加强。当前在我国高校国际贸易专业采取高起点、高标准的校企"双导师制"有重要的现实意义。

第一，有利于专业教育与创新创业教育的融合。专业教育与创新创业教育的高度融合是未来我国高校人才培养的方向，而实践能力的大幅提升是学生创新创业意识加强的基础，学生缺乏实践能力，则创新创业能力也不能得以发展。校企"双导师制"教学模式的实施，正是适应了我国高等教育改革人才培养模式的趋势。

第二，有利于专业师资队伍的建设。近年来，高校国际贸易专业的师资队

伍结构严重制约高素质人才的培养，专业教师队伍大多理论知识扎实而生产实践经验缺乏，实施校企"双导师制"后，国际贸易专业的师资队伍结构将发生质的变化，有创业经验，实践丰富的校外实务型导师为培养优秀的国际贸易应用型人才奠定了良好的基础。

第三，有利于全面提高学生的专业能力和素质。基于企业对人才的需求，与企业共同制定培养目标和人才培养方案，为学生参与国际贸易模块式实践提供了良好的机会，学生实践能力得到提升的同时，也会促使学生如何处理人际关系，特别是与外商沟通中，如何尽快适应跨文化沟通与交流，从而提高学生的就业竞争力。

二、当前国际贸易专业校企"双导师制"实施存在的问题

校企"双导师制"是基于社会需求和用人单位人才培养建议，实行"学校＋用人单位""校内理论型导师＋校外实务型导师"的一种教学模式。国际贸易是可操作性很强的专业，很多高校于20世纪90年代就开始尝试推行该教学模式，有效促进了我国高素质国际贸易人才的培养。但在新型外贸交易模式层出不穷的大环境下，该教学模式存在一些问题亟待解决。

第一，校企合作的法律法规不健全，缺少地方政府的支持。"双元制"教学模式在德国成功的实施，离不开一些保障措施的建立，其中完备的职业教育法律体系是德国职业教育成功的关键因素。目前我国职业教育校企合作，工学结合及顶岗实习的法律法规缺失，政府出面制定人才培养规划，统筹对接校企合作的作用缺位，导致实施过程中难以建立真正的校企合作运行机制、体制和模式。"双导师制"教学模式下，企业因缺乏当地政府的支持和法律法规的保障，往往校外导师参与积极性不高，导师资源匮乏。

第二，高校适应外贸企业需求的能力不强。在"互联网＋"的大背景下，传统外贸模式转型升级已不可避免，早在2015年6月，李克强总理在国务院常务会议上部署了用"互联网＋外贸"实现优进优出的战略安排。但是很多高校国际贸易专业的课程设置、培养方式和教学过程按照传统的教学模式追求理论的系统性和完整性，缺乏针对性、实践性和职业特色，学生所学习的知识和技能与现代企业要求甚远，人才培养方案严重滞后于行业企业的要求。目

前,很多高校校企合作"双导师制"仅仅停留在接受学生实习的浅层次合作,校外导师更多给予学生的是外贸交易感性认知,没有进行深层次、实质性的外贸流程指导和教学。

第三,企业参与校企合作的动力不足,合作热情不高。在校企合作实施过程中,由于双方的资源不对称,企业拥有更多的话语权,在没有相应激励政策和法规约束的机制下,如企业短期内不能获得更多的经济利益,企业参与的积极性不高,不愿意自己的业务骨干花很多时间用来指导学生的操作技能和职业素养。同时,由于外贸岗位的特殊性,校外导师为了防止客户的流失和商业机密的泄露,不会让学生参与真实业务,校外教学难以达到预期的效果。

三、校企"双导师制"教学模式的具体内容

当前,各高校国际贸易专业培养高素质的创新创业人才,在课程体系构建方面存在一系列问题,新形势下建立和实施校企"双导师制"并有效运作的具体内容,体现以下五个方面:

1. 合作机构和导师的遴选

校企合作的根本目的在于学校和企业的合作,实现资源共享,优势互补,共赢发展。校企合作既是一种职业教育的人才培养行为,从某种意义上说也是一种商业行为。要保证合作关系的健康发展,合作方必须有强烈的人力资源开发意愿,且具备完善的报关、储运、单证、跨境电商等业务管理部门。遴选校内外导师是校企"双导师制"非常关键的一环,校内导师负责学生理论知识的传授及人文素养的提升,师生比 1:16~1:18 比较合理,校外导师必须是企业的业务骨干,有强烈的责任心及丰富的实践经验,主要负责学生的实践操作能力培养,师生比略低于理论型导师师生比。

2. 完备的校企"双导师制"管理体系

管理体系是否规范是校企"双导师制"教学模式顺利实施的保障。因此,学校应积极成立校企合作领导小组,搭建健全完备的"双导师制"管理平台。引进行业企业专家受聘担任本专业建设指导委员会,参与制定专业发展规划、人才培养方案,共建专业建设管理平台;建立符合"双导师制"的教学管理制度,以及较为健全的评价和反馈系统,构建"双导师制"教学管理平台;

校企合作共建"外贸精英人才订单班""速卖通"外贸平台工作室,参与各种形式的创新创业项目及学科竞赛,优化实训基地管理平台。

3. 成立教学指导委员会,共建课程教学体系

基于国际贸易创新创业人才的培养,校方和企业应成立教学指导委员会,共同负责制定一套符合市场需求的人才培养目标课程体系、培养标准及培养方案,改革教学方法,打通学分互换,提高学生参与实践创业的积极性。近年来,随着跨境电商的快速发展,"订单式培养制度"在各高校国际贸易专业普遍采用,依据工作流程设计模块式教学,校内导师负责理论教学部分,讲解每个模块的操作流程及实施原理,校外导师负责每个模块的实践指导,为了取得理想的实施效果,理论型和实务型导师在教学内容及进度上要及时沟通。

4. 改进课程考核方式,重视创新创业能力的评价

课程考试既是对老师教学效果的评价,也是对学生学习结果的检验,传统的以封闭式课堂闭卷为主,偏重知识掌握程度的考核方式不利于学生分析、发现、解决问题能力的培养,也妨碍了学生创新精神、创业意识及创业创新能力的培育。"双导师制"教学模式的考核重点应由重知识掌握转变到重知识应用,重分析问题及解决问题能力上来,鼓励学生参与校外导师业务,如学生在顶岗实习期间,通过跨境电商平台为企业获得了订单和业绩,以学生业绩的多少来量化学分,加大校外学分考核,以此调动学生实践创业的积极性。

四、实施校企"双导师制"应注意的事项

1. 教育观念的转变

随着电子信息技术和经济全球化的迅猛发展,新型外贸交易模式层出不穷,传统外贸人才已不能适应企业用人需求。因此,现阶段国际贸易人才培养,高校应转变教育观点,积极寻求与企业的多元化合作。在实施校企"双导师制"教学模式前,学校领导和老师应统一思想,达成共识,通过校外实践,从过去教师让学生学的形式转变为学生主动学的模式。

2. 注重教学资源和教学场地的建设

校企"双导师制"教学模式的实施离不开优质的教辅材料,足够数量和质量的校外实务型导师以及功能齐全的教学场所。教辅材料在内容和形式的编

排需强化对学生创新、创业实践的个性化指导,包括国际贸易案例教学、国际商务策划指导手册、习题等。实训实习基地的建设和扩展是校外导师资源的保障,校企双方应拓宽双方合作的内容,确保该模式的顺利实施。此外,校企双方应配备必要的用于小组讨论、创业与国际商务调研、国际商务谈判等功能的教学场所,增强学生学习的效率和氛围。

3. 完善的校企"双导师制"保障机制

校企"双导师制"保障机制是合作主体为充分发挥自己的优势和功能,保证该模式的可持续发展而通过制定相关的制度和措施而形成的机制体系。首先,校企双方应成立专门的校企合作主管部门,主要职能是搭建校企合作平台,校内外导师的遴选与任命,教学质量的评价与监控等。其次,应建立适合该模式的服务体系。校内外教学活动的开展需要一定的资金及管理服务,主管部门应每年从预算中列出专项资金来保证该模式的顺利实施。最后,建立校企合作利益保障机制。如保障企业可以依托学校资源,在员工培训、技能提升、科技成果转化孵化等方面提供最优质的教学资源,为企业降低成本。

总之,国际贸易专业实施校企"双导师制"教学模式是培养高素质应用型人才的有效方式。当前,一些高校进行了"双导师制"的有效探索,并起到较为明显的效果,极大促进了学生就业竞争力的提升,但实施中存在一些亟待解决的问题,如考核制度的科学性、校企长效合作机制、合作经费的来源、导师资源等。这些问题的逐步解决将有利于该教学模式的应用和推广,以此促进高素质外贸人才的培养。

参考文献

[1] 戴育琴,欧阳小迅. 校企合作下国际贸易专业人才培养途径探讨论 [J]. 物流工程与管理,2015(12).

[2] 杨敏,贾新民. 校企合作"双创业导师制"探赜 [J]. 职教论坛,2011(10).

[3] 彭虹. 创新创业视角下应用型高校实践教学体系构建及实施 [J]. 宁波教育学院学报,2017(8).

[4] 王雅丽,刘洋. 关于校企合作导师制模式的探讨 [J]. 职教论坛,2011(8).

基于微课的翻转课堂在财务报表分析教学中的应用

韩忠雪　夏文蕾

（湖北工业大学经济与管理学院，湖北　武汉　430068）

【摘　要】 财务报表分析课程作为财务会计专业的核心课程，有着重要的理论阐释和应用作用，本文针对现有财务报表分析课程教学中的固有弊端，提出采用基于微课的翻转课堂方法进行教学实践，着重阐述了微课和翻转课堂的方法来源，提出了财务报表分析讲授的基本原则和课程过程中组织和设计。通过采用这种方法进行讲述，可使该课程教学在弥补固有缺陷的基础上，提高教学效果，增强学生理解和应用能力。

【关键词】 微课；翻转课堂；财务报表分析

《财务报表分析》课程是财务会计专业的核心课程，具有很强的理论和实用性，它不仅反映财务会计专业学生综合应用基础知识的能力，也锻炼学生联系实际和综合分析能力。财务报表分析不仅有助于企业内部财务管理和资金运营，同样，也广泛应用于外部资本市场和国家宏观经济政策等方面，如信贷、投资、税收、审计、监管和国家宏观经济管理的需要等。因此，财务报表分析无论在高校、学术界还是实业界，受到的重视程度远远比其他课程更为重要，正是由于这门课程的特殊性质和重要特性，仅仅依靠教师采用传统讲授的方式，使学生们掌握理论知识是远远不够的，因此，对《财务报表分析》课程的

[作者简介] 韩忠雪，男，湖北工业大学经济与管理学院教授，博士，主要研究方向为公司财务；夏文蕾，湖北工业大学经济与管理学院会计学硕士研究生。研究方向为财务管理。

教学方法进行改革至关重要。基于现有微课的翻转课堂不仅能够多角度开展课程的学习和实践，而且，对于综合性实践能力的培养也至关重要。本文将结合现有的微课、翻转课堂理论和自己的亲身实践对其在财务报表分析课程教学中的使用做一总结分析。

一、微课与翻转课堂的理论阐述

（一）微课起源与相关理论

"微型视频网络课程"简称为"微课"，它是以微型教学视频为主要载体，针对某个学科的知识点（如重点、难点、疑点、考点等）或教学环节（如学习活动、主题、实验、任务等）而设计开发的一种情景化、支持多种学习方式的在线视频课程资源。微课的雏形最早见于美国北爱荷华大学麦克格林（McGrew）教授所提出的60秒课程以及英国纳皮尔大学肯（Kee）提出的一分钟演讲。最早将这个方法用于教学的是美国新墨西哥州圣胡安学院高级教学设计师彭罗斯（Penrose）。彭罗斯教授认为只要在课程讲授过程中在相应的作业与讨论的支持下，微课程就能够达到，甚至超过传统的长时间授课相同的效果，其核心思想是在课程中把教学内容与教学目标紧密地联系起来，以产生一种"更加聚焦的学习体验"。微课作为新型的教学资源，是传统课堂学习的一种重要补充和资源拓展。特别是随着手持移动数码产品和无线网络的普及，基于微课的移动学习、远程学习、在线学习等将会越来越普及。为了使学习者自主学习获得最佳效果，经过精心的信息化教学设计，以流媒体形式展示的围绕某个知识点或教学环节开展的简短、完整的教学活动，有助于达到更好的学习效果和体验。总体来说，微课是基于某课程学科知识点而构建、生成的新型网络课程资源，以"微视频"为核心，包含与教学相配套的"微教案""微练习""微课件""微反思""微点评"等支持性和扩展性资源，从而形成一个半结构化、平台化、开放化、情景化的资源动态生成与交互教学的应用环境。

（二）翻转课堂模式起源及相关应用

翻转课堂起源于美国中学教师的补课视频，美国科罗拉多州落基山的"林地公园"高中化学教师乔纳森·伯尔曼（Jonathan Bergmann）和亚伦·萨姆斯（Aaron Sams）录制了 Power Point 演示文稿的播放和讲课声音，之后将视频上传到网络帮助缺席的学生补课。此后，这两位老师改变传统的"课上教师讲授、课后学生完成作业"的教学方式，让学生课下看教学视频，在课堂上则开展协作学习、实践练习、完成作业等主题学习活动，这种教学模式受到了学生的广泛欢迎。2011 年，萨尔曼·可汗在 TED（technology entertainment design）大会上的演讲报告《用视频重新创造教育》中对"翻转课堂"进行了详细阐述，引起了全球教育者对它的广泛关注。之后，"翻转课堂"教学模式在世界范围内被广泛应用，很多学校成功应用的案例证明了它在提升教学效果方面起到了很好的作用。财务管理教学使用翻转课堂最成功的是美国宾夕法尼亚州立大学，该校财务会计课程授课中，课外学生通过视频自学，课内时间被用于开放讨论、讲座或是解决实际问题，在这一过程中教师与学生助教提供相应的指导。翻转课堂的实施需要信息技术的支持，因为翻转课堂是通过教师制作教学资源，学生在课外学习教学资源的方式，根据学生个人学习能力的强弱，自由控制个人不同的学习进度和学习内容，完成个性化的学习，最后在课堂上通过交流及协作完成知识的内化。

由于微课的兴起，很多教师把微课作为信息技术的一种手段应用到翻转课堂中。微课概念以迅猛的速度在中国教育界掀起了一场"微"热潮，并得到了很多教育界专家及教师的认可。如何引导学生通过微课完成自主学习，利用翻转课堂教学模式，在讨论、协作等轻松活泼的教学形式下结合现有课程开展学习成为新的研究焦点。因此，探究和实践其在财务报表分析课程讲授中的应用也迫在眉睫。

二、基于微课的翻转课堂教学模式构建

（一）财务报表分析课程现有的教学模式

以往，我国高校财务报表分析教学模式多为利用多媒体集中授课为主，学生课下完成作业和自主学习为辅的教学模式。这种教学模式就是教师将自己所要讲的内容制作成多媒体课件，学生在教师的指引下通过观看多媒体课件的展

示内容进行学习。相对于传统的教师讲授的模式而言,这种利用多媒体授课模式的优点在于可将图、文、声、像融为一体,使教与学的活动变得更加丰富多彩,同时寓知识学习、技能训练、智力开发于生动活泼的形象之中,从而激发学生的学习兴趣。但是现行教学模式也存在很多不足之处。

首先,播放多媒体课件只是理论体系、实践案例和梗概的展示,没有明确的、突出的知识点,学生更多地获取整体的、笼统的知识体系,缺乏生动的、自主的探究和实践,使学生有挫败感而逐渐丧失学习的积极性;其次,在有限的课堂教学时间内,学生观看多媒体课件并不能及时地发现问题,只是教师的灌输而学生自己并不能很好地将知识内化,学生的主体地位没有真正得到体现;最后,学生课后的自主学习往往由于学习平台与教材配套的内容不够丰富多样,又缺乏教师的监管和指导而收效甚微,不能真正实现学生个性化学习的要求。因此,要想更有效地利用多媒体,使学生将所学知识内化并真正实现学生学习个性化,需要更为完善、更为科学的教学模式。

(二) 基于微课的翻转课堂建设的资源构建

要改变现有的财务报表分析教学模式,积极利用微课的翻转课堂教学方法,资源的合理、有效、系统的构建是整个微课成功的先决和重要条件。

1. 以课程内容为主,构建分层、系统的理论知识体系

在翻转课堂实施之前,根据每个学生的学习能力,建立一个立体型学习资源库,即根据课程内容的难易程度、课程整体系统性、学习资源类型等三个维度展开,根据课程内容需要来建设微课,这些微课可以是课程中直接包含的知识内容,也可以是课程中相关联的知识内容。分层构建实现个性化设计最重要的是怎样对学生进行个别化的需求分析,探究他们在理解教学内容上的误区,实现学生的个性化教育。在理论知识的微课建设时需要根据学习内容的难易度进行分层建设,以满足不同基础或者不同学习能力学生的个性化学习。学习能力强的可以跨越式学习,学习能力相对较弱的可以逐级递进,深入学习。

2. 以课程内容为主,构建丰富多样的辅助学习资料

微课学习中,建立以微视频为核心的教学资源是提高教学效果、开展教学活动有效开展的先决条件。微课的功能除了有助于教师专业讲授内容体系以外,还应具有帮助学生自主学习的功能。微课不仅仅只是视频,更应该包括其

他的辅助教学资料，如 PPT、Word、图片、动画等多种表现形式，其涉及的内容包括微课学习任务引导单、练习、测试、讲义等，所有的辅助学习材料必须根据知识内容的难易度进行设计，以满足学生个性化学习的需求。

（三）财务报表教学模式研究与设计

财务报表微课和翻转课堂的设计并不是唯一和固定的，它是相对灵活和多变，并针对不同层次的学生、不同学习的内容和不同学习的情境而随时变化的。翻转课堂的教学设计既要发挥教师启发、引导、监控教学过程的主导作用，又要充分体现学生作为个性化学习过程主体的主动性、积极性与创造性。教师首先要为学生尽可能提供足够多的可供选择的学习资源，学生根据自己的学习进度去设计学习重点，教师根据每个人的学习程度分配不同的学习任务。它是由教师的教和学生的学所组成的双边互动过程。因此，在教学模式设计过程中，既要加强教师的讲授、引导、辅助以及答疑等过程，也要加强课程学习过程中的总结和评价环节，在教师充分掌握学生的不同学习状况中，展开不同层面、不同阶段的内容教授和展示。

1. 微课制作——课前准备，初步评价

在课程准备阶段，教师首先要列明财务报表课程某项具体的学习目的和任务，列出详细的任务单，然后，要根据本课程的具体目的和内容录制一段相关的教学视频，这段视频包括内容导引，包括具体案例、名人名言，抑或图片集锦，由此引导学生进入一段奇妙的课程之旅；其次，教师需要为本次课程构建一个内容集合体，即录制一段相关的教学视频，包括教学具体内容、具体案例、疑点难点和相应的任务列示。是其中的教学内容能够融为一体，有理论、有实例，有理论讲述，有案例贯穿，加上由此延展而出的内容问题，形成学生课前预习和准备的知识基础。当然，任务和问题必须根据不同学生学习能力设计多个不同层次的问题，以便教师对学生任务的反馈可以分层归类，在之后的教学中实现个性化研究学习。

再次，在财务报表微课制作中还需要推举和列示出各类不同难易度的相关辅助学习资料，供学生自主选择或以备之后补充学习需要。如果学生对微课中某一部分不能理解，可以查阅教师提供的相关资源来补充，例如，一份文档、一段小视频、一份 PPT 等。如果还是无法解决问题，可以把问题写在课前学习问题表上反馈给教师。在这个环节中，学生除了把无法解决的问题反馈给教师外，还需要把自己的微课学习小结以成果的形式展示给教师，这个展示可以根据自己的特长发挥，比如口述能力强的学生可以把自己的学习心得录制成一段音频或者视频，操作能力强的学生可以通过一些小制作来证明自己对微课的理解，写作能力强的学生可以通过一份电子文稿或者PPT来展示自己所学。通过这种多样性的展示来考核学生，符合学生的个性化学习，可以促进学生创新能力的培养。

最后，教师评价与学习反馈整理：教师首先需要根据学生的小测试和微课学习小结作出评价，作为该学生学习情况的过程性评价之一。其次，根据学生反馈的问题，分类区分不同学习程度的学生，对于同一类问题的学生准备同类的学习材料，或讨论话题，或其他有助于学生学习的素材。

2. 课堂互动——教师引导，师生互动

在财务报表讲述课堂上尽量把时间和空间让位给学生，教师辅助学生学习的开展。可以灵活开展教学过程，可以是一个讨论、一项测试，也可以是一个小活动，根据学生课前学习情况进行分组学习和研讨。对于有些基础理论知识都没有掌握的学生，可以通过给他们看一些资料，或者视频课等，布置一个小测试以确认他们对课程内容的掌握程度；如果某些学生基本掌握该课程知识，只是对某个重点和难点有共同的疑问，可以组建若干讨论小组，教师参与引导学生讨论或者解释相关难点。对于已经很好掌握课程知识的学生，可以安排他们进行实际案例的讨论和实践操作，或者进入下一学习步骤。在该课程教学期间教师需要不断、灵活地进行辅导、指点、解答，并需要记录该课程过程性评价和反馈，可以是学生互评或者教师观察后评价。最后，在课程结束前，教师将和学生共同展示不同的学习成果和问题反馈，并针对不同层次和不同形式的学生进行相应的点评和总结，包括观看视频当中存在的问题，对自己理解内容的自评，对他人问题的点评，以及在本次课堂互动中的收获和存在的不足。

3. 课后延伸——结合评价，学生延伸

针对不同学习层次的学生，提高不同的反馈清单和微课内容，对学习内容掌握不好的学生，教师需要额外提供一份补充学习内容和具体视频介绍，建议学生课余查阅一些资料或者观看一些学习视频或者做一些练习，只有通过教师评价确认学生对知识的掌握后才可以进行下一个阶段的学习。对于基本掌握课程知识内容的学生，提供一份延伸学习单，借助微课继续学习，主要是为了更好地衔接不同章节内容、保持学习的整体性，保证他们更好地、全面地学习整个课程体系。在这个学习过程中，突出以学生为中心，借助微课，在教师的辅助下，学生完成课程后相应的作业任务学习，提高学生的自主学习能力。整个学习过程学生可以根据自己的学习进度进行课程学习，并根据自己的特长进行个性化展示，提升学生的创新能力。整个学习过程都贯穿微课学习，利用微课进行学习补充，使整个课程的学习基础知识更扎实、专业知识更加系统全面。虽然整个学习过程以学生为中心，但是翻转课堂对教师提出了新的挑战，教师的角色与能力是翻转课堂成功的关键。当然，学生学习和接受程度存在个体差异，视频中的课程要点学生可以在课后反复进行观摩和学习，这对他们知识的巩固将起到重要的作用。更重要的是，这完全是自主的个人的行为，没有相互之间的比较，绝对不会影响到学生的自信。同时，课上答疑和讨论互动结束后，在翻转课堂配套的网络平台上，学生和教师也可以进行课后的交流和探讨，并借助网络平台进行交流，提高自己的写作水平。

总之，综上所述，基于微课的"翻转课堂"教学模式通过丰富的微课内容、课上课下的预习和衍生、课堂讲授的灵活多样和分层评价体系的反馈引用，使得学生能够自主掌控学习、互动中相互提高和极大增强自信心等，使其更符合现代大学课程内容的传授和讲解，尤其对于财务报表这门兼具理论和实践高度结合的课程更有着重要的推广意义。

参考文献

[1] 杨满福，桑新民. 对MOOCs浪潮中微课的深度思考 [J]. 教育发展研究，2013 (23)：1-5.

[2] 卢海燕. 基于微课的"翻转课堂"模式在大学英语教学中应用的可行性分析 [J]. 外语电化教学，2014 (7)：33-36.

[3] 周贤波，等. 基于微课的翻转课堂在项目课程中的教学模式研究 [J]. 电化教育研究，2016 (1)：97-102.

[4] 苏小兵，等. 微课概念辨析及其教学应用研究 [J]. 中国电化教育，2014 (7)：94-99.

美国、印度高校拔尖人才培养模式对我国的启示

黄 涛 胡 渊

（湖北工业大学经济与管理学院，湖北 武汉 430072）

【摘 要】在当今世界发展格局中，各国综合国力的竞争已经逐渐转化为人才的竞争，人力资源开发在国家发展战略中的地位日渐凸显。本文分析了美国、印度拔尖人才教育中的荣誉学院模式，并对中国高校拔尖人才的培养模式提出了改进措施。

【关键词】拔尖人才；高等教育；模式创新

中国在2010年推出的"人才培养方案"，有利于在不远的将来能够为在国民经济和社会发展方面培养一大批拔尖人才。《国家中长期教育改革和发展规划纲要（2010~2020年）》中也多次提到要培养"信念执着、品德优良、知识丰富、本领过硬的高素质专门人才和拔尖创新人才"，在人才培养方面做出全国性的总体规划，因此学习国外先进经验对于培养我们的拔尖人才是必要的。本文从高校人才培养模式的典型的印度、美国高校的人才培养模式，总结其中的有益经验，以供国内大学的人才培养提供借鉴。

[基金项目] 本文是湖北工业大学教研项目《校企"双导师制"：国际贸易创新型人才培养模式及实践研究》（2013035）和《Seminar教学模式在经管类创新性人才培养中的应用研究》（2014089）的阶段性成果。

[作者简介] 黄涛（1979~ ），男，陕西西安人，湖北工业大学经济与管理学院，副教授、博士。胡渊（1980~ ），女，湖北仙桃人，湖北工业大学经济与管理学院，副教授、博士。

卓越人才的培养

一、高校拔尖人才培养的现实意义

（1）拔尖人才可以满足经济和社会的发展需要。人才是最重要的社会资源，可以对社会经济发展贡献强大的力量。社会是人类实践发展的必然结果，人员培训直接影响发展水平和社会经济发展的质量水平。世界的全球化，经济一体化发展，对我国高校人才培养质量提出了新的要求。当然，大学为主体的人才培训基地，输送大量的应用型、学术型和社会的复合型人才，提供知识和社会经济可持续发展的智力支持，但整体社会经济迅速发展的今天，人才的造就不仅是好的学习成绩培养，也必须发展综合素质高，具备系统而全面的知识结构，杰出的创新能力和优秀的专业人才队伍，不断注入新鲜血液。

（2）人才培养质量评价的关键是拔尖人才。一个大学的根本任务是培养人才，以适应社会发展的需要。质量是高校人才培养的综合因素体现的结果，主要体现在两个方面：毕业生和学生的综合素质和就业情况。中国的高等教育进入大众化阶段的发展在一定程度上大学扩招后，充分发挥教育教学中的作用，培养大批人才，但大多数的毕业生就业形势不容乐观，而不是失业者找工作，不适合工作不久也失业了。高校毕业生的就业问题面临着发展多年来，它实际上是高校人才培养的质量，加强人才培养是高校的一项重要任务。人才的培养不仅可以缓解高校毕业生的就业形势，拓宽就业渠道，提高就业质量和就业水平，还可以提高训练质量和教学水平。

（3）拔尖人才是国家核心竞争力提升的重要体现。在当代社会中，国家间的竞争越来越激烈，其中的一个重要方面就是对于人才的竞争，如发达国家对发展中国家人才的争夺。大学教学的主要任务是培养各种高素质人才，创新实践技能，专业培养一流的可持续发展的人力资源保障。许许多多的能适应不同的工作要求的高级人才，能够冲破固有模式在各行各业中有所创新，其突出表现就是能国际市场上有立足之地，大幅度提高国家创新能力和综合水平。

二、印度拔尖人才培养概况

目前，印度的经济发展取得了显著的发展，由于经济改革始于1991年，印度的 GDP 一直呈现稳定增长，经济有了很大的发展。印度的经济发展，与大学文化和优秀人才，培养高水平的科学研究是分不开的。印度有高等教育系统是巨大的。德里大学、印度理工学院、尼赫鲁大学和其他大学的教学质量和学生科研能力的培养发挥了重大的作用，获得国际赞誉，培养了很多人才，促进印度经济发展。印度精英大学的办学特色的分析，可以总结如下几个方面：

（1）培养目标。印度理工学院的目标是开发一个世界级的工程师团队，而不是一般的工程师，但"成为创造性的工程师或科学家"。"创新"不是靠课堂教学可以培养的，但需要在日常生活中学习，敢于挑战权威的教师提出了自己的观点，充分地挖掘和发挥他们的潜力，具体的培养目标和教学计划的发展方向，以更好地指导学校人才培养工作。

（2）严格的入学选拔制度和淘汰系统。2003年，印度有108000名候选人参加的本科入学考试，只有3750名学生被印度理工学院录取，录取率小于2%，同年，该校的研究生入学率仅为2%。严格的选拔制度作为保障奠定学生的素质和人才的培养奠定了良好的基础。然而，即使学生被高校录取，也不能放松，因为在印度理工学院是严格的淘汰制度的实施，在非常严格的期末考试中，因为无法承受的高标准、无情地淘汰学生比例很高（约20%的淘汰率）。相比之下，国内大学的毕业就显得容易多了。通过高考进入大学时的优秀学生，入学后很轻松，很容易通过课程，教师的要求也不高，因此逃学，玩游戏，做兼职而浪费大把时间的学生非常多，但是高达95%的毕业率和印度相比还是很高。鉴于此，创新人才培养的问题，可以很大程度上归咎于宽松的管理与教学模式的评价。

（3）在课程设置的内容上，学科的核心课程的重要性与人文社会科学是同等重要的。印度高校应重视培养学生的人文科学，印度理工学院，科技大学，人文科学和工程也关注仍然。不仅在大学课程的相关规定对人文学科的状态，各高校还开发了各人文类的分布。在最基本的大学学习的学生的不是知识，而是在一个广泛的思维方式的知识获取，以提高整体素质，培养健全的人格。教学计划的首要组成部分是核心课程，是造就高素质人才的根本保证。专业学科坚实的基础是拔尖人才的基本点，是科学研究和创新的基础；没有专业知识的基础做保障，很难开展学术研究，更不用说与创新研究。

（4）对社区服务活动的重视，服务学习和学术课程相融合，社区服务培

卓越人才的培养

养完美的人格。印度大学不仅注重学习，强调学生通过参加社区服务活动的参与获得广泛的社会经验，开阔视野，增长知识和人才，培养社会服务意识的精神。虽然大学课程学习比较紧张，但学生不能总是埋在书里。参与社区服务活动，一方面，让学生课堂学习的知识，真实的生活环境，提高学生的课堂知识，知识的理解，提高学生的学习动机；另一方面，通过对志愿服务的社区，学生可以体验真正的社会生活，他们将在学校知识的学习和实践，提高学生的交际能力，应变能力，组织能力，帮助学生形成健全的人格，培养他们的合作精神。对生活充满激情。

三、美国高等教育拔尖人才培养概况

在当今世界发展格局中，各国综合国力的竞争已经逐渐转化为人才的竞争，人力资源开发在国家发展战略中的地位日渐凸显，各国对拔尖创新人才在促进经济发展和提高科研能力等方面的作用已经达成共识。美国高校拔尖人才培养形式主要是荣誉教育，它是为优秀本科生设计的个性化教学形式。荣誉教育是美国高校进入高等教育大众化教育时代之后，鉴于国家经济社会的发展需要，专门为具有高水平高能力优秀本科生制定的个性化教育模式。美国荣誉学院的办学特色主要有以下几个方面：

（1）申请条件和选拔标准。荣誉学院招生的主要对象是即将入学的新生，要求成绩排名在高中毕业所在班级里的前5%；ACT（american college testing）总分超过30分，或SAT（seholastie assessment test）总分至少1360分，以及一份ACT或SAT的写作部分作为选拔参考。荣誉学院招生委员会对申请者的综合素质进行排名，并对那些具有特殊才能的学生略微降低要求。新生入学之后如果第一学期的GPA（grade point average）排在各学院的前10%，也可以再次申请进入荣誉学院。

（2）课程培养方案。荣誉学院课程一般包括通识课程、荣誉课程和研讨课程。本科生的通识教育课程包括书面写作、人文和艺术类课程、自然科学和社会科学课程。但是荣誉学院的学生可以在导师的指导下，根据自己的兴趣选修研究生课程来替代通识课程学习，由荣誉学院学术专家审核之后记录在学生的学术进度计划（the academic progress plan）中。

（3）导师制。由于荣誉学院的培养计划和课程设置都体现了个性化培养要求，所以学生必须在导师的指导下才能更好地开展学习。荣誉学院导师由27名荣誉学院专职工作人员和来自各学院的200多名导师构成，荣誉学院的专职工作人员中有四位专职学术导师主要为学生的学业提供相关建议，并帮助尚未确定专业方向的学生明确自己的兴趣和未来发展方向，选择合适的专业。已选择专业方向的荣誉学生则在一名学院的导师指导下学习，包括选修课程、制订学习计划等，充分发挥荣誉学院个性化培养的优势。

（4）服务学习。服务学习强调将社区服务和理论教学相结合，在实践中培养学生的创造性以及为社会服务的责任感。荣誉学院认为荣誉教育的重要一部分就是教导学生要以所学回报社会，所有的荣誉学院学生都可以根据自己学术研究方向，自由的选择一项与科研相关的社区服务，完成后可以获得荣誉选项（h-ptions）中的非课程类荣誉学分。学生要先询问导师是否愿意监督自己这项社区服务活动的进行情况。导师在确认这项社区服务活动可以计入学生所在学院规定的学习计划和课程学分之后，同意学生的建议并帮助学生制定一个相对完善的实施计划。如果这项社区服务活动规模较大，学生也可以组成团队协力合作。在学期结束时，导师为圆满完成计划的学生填写一份活动表现评价表，在得到部门主席、提供课程的学院院长助理、荣誉学院院长批准之后，学生可以获得学分。美国越来越多大学的荣誉学院已经接受服务学习。宾夕法尼亚州立大学新成立的Schreyer荣誉学院（sHC）作为一个研究案例，证明有效的、制度化的服务学习是复杂的。仅有理论知识是不够的，还需要更多的志愿服务机会让学生参与并得到锻炼。服务学习在不久的将来将成为荣誉学院的一门课程。

（5）培养学生国际化视野。荣誉学院学生可在每年的3月1日前和10月15日前申请去与荣誉学院有合作协议的其他大学学习并获得奖学金资助，这些大学分布在全球各地，比如浙江大学、英国剑桥大学、加拿大拉瓦尔大学等。天才教育（gifted and talented education）是荣誉学院的一个部门，它为这部分学生设置了多项海外学习项目，包括中国探险（china adventure）、探秘非洲（explore africa）密西根 - 志贺交换学习（michig-shiga exchange）等。其中中国探险项目为期3周，是对中国文化及语言的一种浓缩体验，学生先有一周时间在MSU校园学习中国的语言、历史和当代文化等课程；然后前往中国的北京、济南、西安、苏州、成都和上海进行为期 14 天的旅程。这项计划要求申请人应持开放态度，愿意接受新的挑战，并对中国文化具有强烈兴趣。

四、国内高校拔尖人才培养模式特点

目前，国内一些高水平大学已经在拔尖创新人才培养方面进行了积极的探索和实践，如浙江大学的竺可桢学院、南京大学的匡亚明学院、北京大学的元培学院等，他们在拔尖人才培养上进行了许多有益的探索和实践，积累了诸多成功的经验和做法。它们在培养模式上具有以下特点：

（1）选拔程序严格，实行动态管理。国内大学通常采用笔试与面试相结合的方式选拔拔尖人才，笔试注重科学基础考察，面试注重考察学生的综合能力，科学地看待和选拔"偏""怪才""创新性人才"，其中特别优秀的学生可通过国际、国内大师面试后入选。为切实选拔出最优秀的拔尖人才，国内高校在培养过程中均实行多次选拔、动态进出机制，进行分流和择优递补，将最优秀的学生选入计划进行培养，使他们保持"领跑"状态，并将不适应拔尖创新人才培养模式的学生分流回原录取院系学习。

（2）强化通识教育，专业选择自由度高。国内高校在拔尖人才培养中通常打破狭隘的专业界限，注重培养学生的适应能力和发展潜力，强调实施本科低年级基础教育和通识教育、高年级专业教育的培养模式，并以此为基础设立具有特色的课程体系。北京大学元培学院按文理两大类招生，学生入学不分专业，在低年级学习通识课程和宽口径基础课程，根据自己的志趣于第二学期末提出专业选择意向，一般在第三学期末最后确定专业。浙江大学竺可桢学院第一、二学年不分专业，先在文、理、工三大类平台上进行通识课程和基础课程的前期培养，扎实掌握基本理论和基础知识，强化英语、计算机应用能力、数理（人文社科）基础的培养。在第二学年，学生在修读相应大类课程的基础上，根据自己的兴趣、特长自主确认主修专业，并进入后期培养阶段。

（3）灵活设计培养方案，实行个性化培养。各高校均强调设计个性化培养方案，鼓励学生制订适合自己的个性化学习计划，以提供学生自主选择的空间，最大限度地发挥学生的学习能力；采取个性化教学模式，以激发学生的学习兴趣，发挥学生科研上的巨大潜力，培养学生优秀的学术素养。北京大学元培学院鼓励学生在满足教学计划的前提下，根据自身的条件制订个性化的学习计划，鼓励学生依照自己的能力和发展意向选择不同层次和要求的基础课程，还可根据实际情况调整自己的选课计划。

(4) 配备一流师资，营造良好学习环境。国内高校均重视师资配备，配备最优秀的师资队伍，聘请知名学者和国际一流大学知名教授授课。如清华大学聘请学术造诣深厚、教学经验丰富、具有国际视野的院士、长江学者等担任首席教授。首席教授负责主持制订培养方案，组织协调项目实施。聘请教学名师、知名教授担任项目主任，配合首席教授全面负责学生培养和项目管理，在掌握学生特点的基础上，切实做到因材施教。同时学校提供最先进的硬件设施，为学生营造良好的学习环境。

五、我国高校拔尖人才培养的模式创新探析

(一) 高校拔尖人才培养观念创新

首先，高校务必把教书育人作为根本任务。办学的首要任务是为国家培养有用人才，优秀的道德品质和较高的科学素质和创新能力，给我国社会主义现代化建设的不断培养了大量的新鲜血液。培养拔尖人才，提高学生的全面发展和社会的综合素质需要结合科学的人才培养标准，树立正确的人才培养观念。其次，建立以学生为中心的理念。高校人才培养必须在教学内容方面，为学生的创新，培养学生自主学习能力的教学方法。人才的培养是授人以渔，教师的工作不是简单地知识传递而是让学生在指导下，不断探索和创新，成为学习的主人。

(二) 高校拔尖人才培养教学载体创新

教学载体作为一种教学信息的携带的东西，是教师为实现教学目标的教育培养高素质人才的工具。教学载体的合理设置，最大限度地提高教学活动的有效性。在现代经济社会对人才素质的要求越来越严格，根据人才培养的基本条件，教学载体需要创新型人才的培养，实现人才培养目标。高校必须使用有效的资源整合、教师培训和教育的优秀平台团队，加强校企合作使拔尖人才能够

卓越人才的培养

合理利用学校内部和外部的资源。

（三）高校拔尖人才培养教学文化创新

良好的校园文化和学术氛围和拔尖人才的培养是分不开的，世界名校的宽松人文环境和严格的管理制度让全世界的拔尖人才趋之若鹜。为了给拔尖人才培育打下良好的基础，我国高校要不断推出好的教学管理模式，培育创新的学术氛围，打造优美而有特色的校园环境。

（四）重视国际化培养

全球化已经成为世界发展的趋势，只有放眼国际才能获得更开阔的视野。人才培养不能局限于国内，只有加强国际交流合作办学，才能培养出高水平的拔尖创新人才。国内高校可以通过如下途径提高国际化培养水平：一是参照国际一流大学相关学科专业制定培养计划，选用国际一流大学优秀教材；二是通过聘请国际知名学者讲学、授课以及任职，以及举办国际学术会议等途径营造国际化与多元化文化的校园氛围，从而为学生提供接触国际学术动态、与国际学术大师交流的机会；三是通过联合培养、交换生项目、海外研习、暑期学校等方式，分期、分批选派学生到国外一流大学学习、交流，拓展国际视野，了解学科领域前沿。鼓励学生利用国外条件开展研究工作，尽快融入国际一流学术群体。

（五）改革教师评价体系

目前国内高校的教师评价中普遍存在"重科研、轻教学"的现象，这在很大程度上制约了拔尖人才的培养。我们要借鉴美国高校的有益经验，改变现有的教师评价考核制度。从制度上解决名师上讲台问题，对教师的考核要区别对待，如担任拔尖学生培养工作的导师，不要刻意要求他们在课题经费、科研项目、发表论文数方面与其他教师一样"达标"，去除他们的后顾之忧，确保把主要精力放在指导生身上。

参考文献

[1] 张秀萍. 拔尖创新人才的培养与大学教育创新 [J]. 大连理工大学学报（社会科

学版），2013（6）．

［2］徐晓媛．史代敏．拔尖创新人才培养模式的调研与思考［J］．国家教育行政学院学报，2014（4）．

［3］王树国．关于一流大学拔尖人才培养模式的思考［J］．中国高等教育，2012（2）．

［4］王小利，李虹蓉，徐峰，张小林．提高教学质量，培养创新人才［J］．中国大学教学，2014（12）．

工商管理课程教学中红色管理案例的功能分析

李克勤

(湖北工业大学经济与管理学院,湖北 武汉 430068)

【摘 要】 红色管理案例具有除了工商管理教育所需要的基本专业教育功能外,还具有独特的思想政治教育功能。使用红色管理案例在工商能够管理教学中,具有功能上的比较优势,更容易使得专业课达到"与思想政治理论课同向同行,形成协同效应"的要求。

【关键词】 工商管理课程教学;红色管理案例;思政教育;比较优势

案例教学法作为一种有效的教学形式随着MBA教育的引入,在工商管理课程教学中成为普遍的教学方法。但是,作为教学内容的管理案例本身的教育功能,在今天显得越来越是个问题。笔者在15年的工商管理教学实践中感到,红色管理案例具有独特的功能。红色管理案例具有除了来自国内外管理案例的功能,即工商管理教育所需要的基本专业教育功能外,还具有独特的思想政治教育功能。这就是说从功能上分析具有比较优势,使用红色管理案例在工商能够管理教学中,更容易使得专业课达到"与思想政治理论课同向同行,形成协同效应"的要求。

[作者简介] 李克勤,男,湖北工业大学经济与管理学院教师,1984年华中工学院工学学士,1999年武汉大学工商管理硕士(MBA),武汉大学MBA理事会理事,曾任武汉市著名民营企业CEO,企业家道器变通理论创始人,2014年光明网精英博主,李克勤新华博客获2014年湖北省高校网络文化十佳博客之一。本文系湖北工业大学党委宣传部委托研究项目《红色微博育人功能提升研究》的阶段性成果。

一、红色管理案例的工商管理专业教育功能

什么叫功能？功能就是对象能够满足某种需求的一种属性。凡是满足使用者需求的任何一种属性都属于功能的范畴。红色管理案例作为教学内容无疑具有满足教师从事工商管理教学需求的属性。

红色管理是以毛泽东为代表的几代中国共产党人，继承传统文化的精华，用马克思主义加以改造，在治党、治军、治国的成功实践中总结提炼出来的管理理论。简言之，就是中国共产党的管理理论。红色管理案例当然就是与这个理论密切联系在一起的案例了。

红色管理案例涉及面广，涵盖了管理的所有领域，管理哲学、管理思想、管理理论和管理方法的方方面面都能够轻而易举找到相应的案例。红色管理案例背景是红色文化，主要的是以毛泽东为代表的中国共产党人在物质、精神和制度层面所体现出来的文化，我称之为毛泽东文化。毛泽东文化吸收了中国优秀传统文化的精髓，同时又结合马克思主义普遍原理，使得红色管理具有无与伦比的优越性。

从管理先进性上讲，红色管理案例库，是一个系统的庞大的信息库，各个案例之间具有内在的逻辑关系，其中许多有大量像"鞍钢宪法"这样即使在今天也处于管理先进水平的案例，"鞍钢宪法"就被学者称为后福特主义的杰作；从广泛性上讲，在当今中国著名企业家里几乎个个都是读毛主席著作的高手，向毛泽东学管理，向解放军学管理，已经成为中国企业的普遍现象。

红色管理案例还具有一个独特的优势——兼容开放。红色管理虽与西方主流管理思想有所不同，却可兼容互补，同时始终在发展，吸纳了改革开放以来管理实践和理论研究的大量新成果。

因此，红色管理案例完全具有工商管理案例教学的基本功能，符合工商管理专业教育的基本要求。

二、红色管理案例的思想政治教育功能

红色管理案例本身就属于红色文化范畴，理所当然可以作为思想政治教育

卓越人才的培养

的内容来使用，这作为一般的教书育人功能来定位，无疑是说得通的，同时红色管理案例还具有提供做好思想政治教育方法的功能，这也说得过去。问题是，这能够反映红色管理案例的独特优势吗？好像还不能。因为许多其他的管理案例，同样也具有这样的功能。

那么，红色管理案例在思想政治教育中的独特功能优势是什么呢？我认为应该是悟道，并在此基础上的"明道、信道"。例如关于中国共产党的宗旨——为人民服务，为什么要加上"全心全意"，我思考过很久。我的顿悟来自一个红色管理案例。

在给本科生和 MBA 上专业课时，我多次使用《从巴纳德组织理论看红旗渠建设的协作管理》这个案例。作为教师，案例中红旗渠建设的直接指挥者杨贵与一位记者的对话，对我进行案例教学有极大的启发意义。

下面请看案例中的这一段。

记者：我在展览上看到"红旗渠精神"的"定义"是"敢想敢干，实事求是，自力更生，艰苦奋斗"。可看过展览，我觉得"红旗渠精神"还有更深的主题。例如展览中所展示的党和人民群众的那种血肉联系、共产党员全心全意为人民服务的干劲，就让我激动不已。

杨贵：你说得太对了。我们原先完整的说法是："为了人民，依靠人民，敢想敢干，实事求是，自力更生，艰苦奋斗。"这原本是我们总结出来的修渠经验，不想中央领导去了一看，说："好，这就是你们的精神，是红旗渠精神。"由此就这样叫开了。我认为，"敢想敢干，实事求是，自力更生，艰苦奋斗"这 4 句话是对的，但最重要的还是前面的两句话，那就是"为了人民，依靠人民"，特别是"为了人民"，堪称是整个"红旗渠精神"的灵魂。我最深刻的体会，就是你必须要在自己内心的深处，完全树立起全心全意为人民服务的思想，人民才会跟着领导去艰苦奋斗地干，否则，你往往是无法坚持下去的。为啥哩？因为你有时面对的不仅是自然困难，还会有领导的不理解，甚至是反对，还会有少数人的阴谋陷害和攻击，假如你心里装的不是人民，想的不是要解救群众于水火之中，你还坚持得了吗？有些干部，干工作光看领导的脸色，领导说不行，他就不会再干了。这哪行？领导有时也是不太了解情况的，你得敢于去为群众说话啊。当年修红旗渠，我要是不敢坚持，也修不成红旗渠，因为地委一位副书记就公开地反对我，县里个别人反对修建红旗渠，把匿名信寄到中央，说"红旗渠是假的"，说我"不顾群众的死活"。而基层干部中也有一些害怕吃苦的干部反对我，说我不是林县人，不是在为林县着想，所干的事情是"挑着干粮屙远屎，屙下的屎都肥不了咱林县的田"（注：红旗渠总干渠是在山西境内）。结果闹得省委、中央都派人去调查，差点撤了我的职。所以说，想为人民服务的事也难啊，你必须要有全心全意为人民服务的思想，把个人的杂念抛光，你才能真正地做到为人民服务。

杨贵的这番话对我触动极大，让我入脑入心。我们一般地认为"敢想敢干，实事求是，自力更生，艰苦奋斗"，已经都是高境界的创业精神了，但这还不能完全代表共产党之道，还不能体现中国共产党的本质特征。中国共产党党员的基本要求同时也是其至高境界的外在表现应该而且只能是"为了人民，依靠人民"。只有这样理解，才算悟道了。也只有如此悟道，才能准确理解什么叫作道？道，不是简单理解成一个理念，一个宗旨。共产党之道，我们只有去用心感悟，才能理解。这就要找到确实拥有共产党之道的载体（器）——包括人以及由这样的人做的事，做出来的东西，我们才能从中感悟到。关于这一点马克思在《政治经济学批判·序言》有一段话，对我们有启发意义，他说："我的研究得出这样一个结果：法的关系正像国家的形式一样，既不能从它们本身来理解，也不能从所谓人类精神的一般发展来理解，相反，它们根源于物质的生活关系"。道是无形的，而道的器化物，是有形的。我们当然只能从有形的东西，去感悟其背后那个无形的道了。如果单纯地从道本身从精神本身来悟道，来理解精神，那肯定是想不通，也说不通，当然也就是行不通的。

所以，由杨贵这样的人来解读"全心全意为人民服务"，才具有说服力。杨贵他们这些真正的共产党干部，领导林县10多万人民，奋战10年，建成世界级的宏大工程——红旗渠，他们的作为被实践证明是行得通的，让人不得不想得通。

由这个红色管理案例联想到在研究企业家道器变通时，我发现按照中国古代文化的讲法，一项事业的完成需要有一套体系，这个体系就是道器变通。《易·系辞上》曰："是故形而上者谓之道，形而下者谓之器，化而裁之谓之变，推而行之谓之通，举而错（措）之天下之民，谓之事业。"

我就此把"举而措之天下之民，谓之事业"当作为人民服务的文化渊源。

红旗渠建设之道，以及这个道的器化——红旗渠建设过程，其中的

"变"——创新创业——为什么能让人想得通，为什么能够说得通，为什么能够行得通，最核心的要素还是在道层面的红旗渠精神，最关键的要素是这种精神被杨贵这样的一批党在基层的杰出干部所领悟。我们要拿红旗渠建设的案例，来教育学生，首先也得悟道，感悟红旗渠之道，感悟领导中国一切的中国共产党之道，也就是说，我们教师作为"传道者自己首先要明道、信道"，这样才能引导、教育好学生。

如果说一般的管理，对于管理的方法技巧功能，可以完全满足工商管理教学要求，但在道层面，那就不够用了。就道层面的思想意识形态而言，红色管理案例的独特功能优势，是极其明显的，也是别的管理案例所难以企及的。这就是红色管理案例功能上的比较优势。

红色管理案例和别的案例一样，其功能不会自发起作用，要让其功能发挥作用，还得靠教师在教学中使用好案例教学法。这正如一部机器，一旦制造出来了，那么它就具备了其应有的功能，可是要让这些功能发挥作用，还得靠操作者首先感悟这部机器之道，并且融会贯通机器内在的规律，并加以恰当操作，才能让机器的功能正常发挥作用。需要明确的是，红色管理案例的思想政治教育功能，是不可替代的。工商管理教学必须要用案例法，而不同的案例，就如同生产加工的原材料，教师和学生都是加工者。原材料不同，功能自然就不同。比起其他管理案例来，教师作为课堂教学的主导者如果使用得当，学生作为教学的主体作用才能得以正常发挥，从而专业课"与思想政治理论课同向同行，形成协同效应"就可以更容易成为现实，教师就更有可能进入到"坚持教书和育人相统一，坚持言传和身教相统一，坚持潜心问道和关注社会相统一"的境界。

参考文献

[1] 李克勤. MBA 教学的目标、理念、方法及其对工商管理本科教学的启示 [J]. 武汉职业技术学院学报，2005（4）.

[2] 习近平在全国高校思想政治工作会议上强调："把思想政治工作贯穿教育教学全过程，开创我国高等教育事业发展新局面" [N]. 光明日报，2016-12-9.

[3] 李凯城. 红色管理 [M]. 当代中国出版社，2012，8.

[4] 崔之元. 鞍钢宪法与后福特主义 [J]. 读书，1996（3）.

［5］李克勤．从巴纳德组织理论看红旗渠建设的协作管理［J］．中国集体经济，2009（1）上．

［6］李克勤．企业家成就事业的道器变通［J］．经营与管理，2009（2）．

［7］马克思．马克思恩格斯文集（第二卷）［M］．人民出版社，2009，12．

与累加式考核相结合的翻转课堂研究

张玉华

（湖北工业大学经济与管理学院，湖北　武汉　430068）

【摘　要】 翻转课堂在实践过程中存在课前自主学习效果难以认证，学生课堂环节学习习惯重塑的问题。将累加式考核与翻转课堂相结合，将学生课前自主学习、学生课堂环节表现计入学生课程成绩考核，通过多环节、多角度的累加式课程考核方式，可以督促学生重视翻转课堂课前自主学习，可以重塑学生课堂学习习惯，提高翻转课堂的教学效果。

【关键词】 累加式考核；翻转课堂；教学

一、引言

翻转课堂作为一种新的教学模式，有利于提升学生的自学能力、有利于活跃课堂气氛、有利于提高学生理解应用知识的能力。但是该教学模式在应用过程中存在学生线上自主学习效果难以认证、学生课堂环节学习习惯重塑问题。本文从考核方法入手，改变学生成绩的教学评价方式，把累加式考核方式与翻转课堂相结合，以多环节、多元的教学评价方式促使学生重视翻转课堂课前自主学习；促使学生重视课堂讨论、课堂互动、课堂提问和回答，重塑课堂学习习惯，提高翻转课堂的教学效果。

[作者简介] 张玉华（1976~　），女，汉，湖南宁远，湖北工业大学经济与管理学院讲师，研究方向为行政管理。

二、翻转课堂与累加式考核

翻转课堂是网络信息技术与教学方法创新相结合的产物，是指在信息化环境中，学生在上课前完成对教学视频等学习资源的观看和学习，师生在课堂上一起完成作业答疑、协作探究和互动交流等活动的一种新型教学模式。在翻转课堂教学模式中过去的"讲课"通过授课视频由学生自主完成，而课堂变成了老师和学生之间、学生与学生之间互动的场所，包括答疑解惑、知识运用等。累加式考核是一种不同于传统终结性评价的多环节教学考核方式。它将学生在课程进行过程中的努力程度、参与程度与课后作业、期终卷面考试相结合，多角度、多环节对学生学习情况进行考核，以贯穿于授课全过程的考核方式提高学生的学习效果。

三、翻转课堂与累加式考核结合的必要性

（一）有利于监督学生课前自主学习

在"翻转课堂教学模式"下，学生自主在家通过老师的视频和在线辅导完成知识的学习，在课堂通过与老师的互动完成知识的内化。这种教学模式有利于提升学生的自学能力，加强师生的互动和提高学生理解应用知识的能力。但在翻转课堂教学模式下，学生课前自主学习缺乏监督，学习效果难以认证，在翻转课堂教学模式下，课堂教学内容的设计是以学生课前自主学习内容为基础设计的，学生课前自学的情况将影响课堂教学效果，新的教学模式要求建立一种新的课程考核方式。累加式考核将学生课程成绩通过多个环节的得分求和而成，改变了传统单一的以期末考试卷面分数为主的课程学习考核方法，在累加式考核过程中加入对翻转课堂学生自主学习的考核，通过新的考核方式使得学生不仅仅只关注期末考试成绩，也重视课前自主学习，有利于对学生翻转课堂课前自主学习进行监督，避免课前自主学习流于形式。

卓越人才的培养

（二）有利于提升课堂教学效果

翻转课堂包括课前自主学习、课堂教学、课后复习和检测三个环节。课堂教学环节一般由教师以学生课前自主学习内容为依据安排课堂分组讨论、案例分析、提问等课堂活动，教学目的是对课前环节学生自主学习内容进行巩固、强化和内化；是以不同方式从不同角度培养学生理解学科知识、应用学科知识的能力、培养学生互动、合作、言语表达等方面的能力。这种课堂教学方式不同于传统课堂教学方式，其教学目的的达成需要学生改变传统填鸭式的接受式课堂学习习惯，需要学生积极主动参与课堂活动。在目前期末总结性评价方式居多的成绩考核方式下，学生对于多环节的翻转课堂活动积极性和参与性不高，严重影响了翻转课堂课堂教学效果。累加式考试方法改变传统的单一以期末考试卷面分数为主的评价方法，课程成绩由期末笔试、课堂讨论、课程论文等多环节求和而成，这种结合方式将有利于调动学生在翻转课堂课堂教学过程中学生提问、互动、讨论等课程教学活动的学习兴趣和参与性、有利于提升翻转课堂的课堂教学效果。

四、与累加式考核相结合的翻转课堂教学设计

翻转课堂教学与传统课堂教学在教学内容和教学目的方面有很大的区别，这种教学方式不适宜用传统的期末总结性考核方式，把累加式考核与翻转课堂相结合，可以提升翻转课堂的学习效果。与累加式考核相结合的翻转课堂教学设计如图1所示。

（1）课前自学：课前自学主要指学生自主学习教学视频、自主进行课前学习交流等，其教学内容的构成一般有理论知识自主学习、导入问题学习、课前自主学习互动、讨论等，课前学习节约了课堂上基础知识讲授的时间，并为课堂互动、交流等课堂教学奠定基础。课前学习主要依赖学生的自主、自律，但学生自主学习的主动性，学习效果难以认证。通过累加式考核对课前学习环节进行考核可以有效解决这个问题。具体做法为：将课前自主学习内容分为三部分：理论知识自主学习、学习交流、课前学习总结。课前自主学习内容列入累加式考核，占考核总成绩的20%。平时，教师根据学生的表现记录学生课前

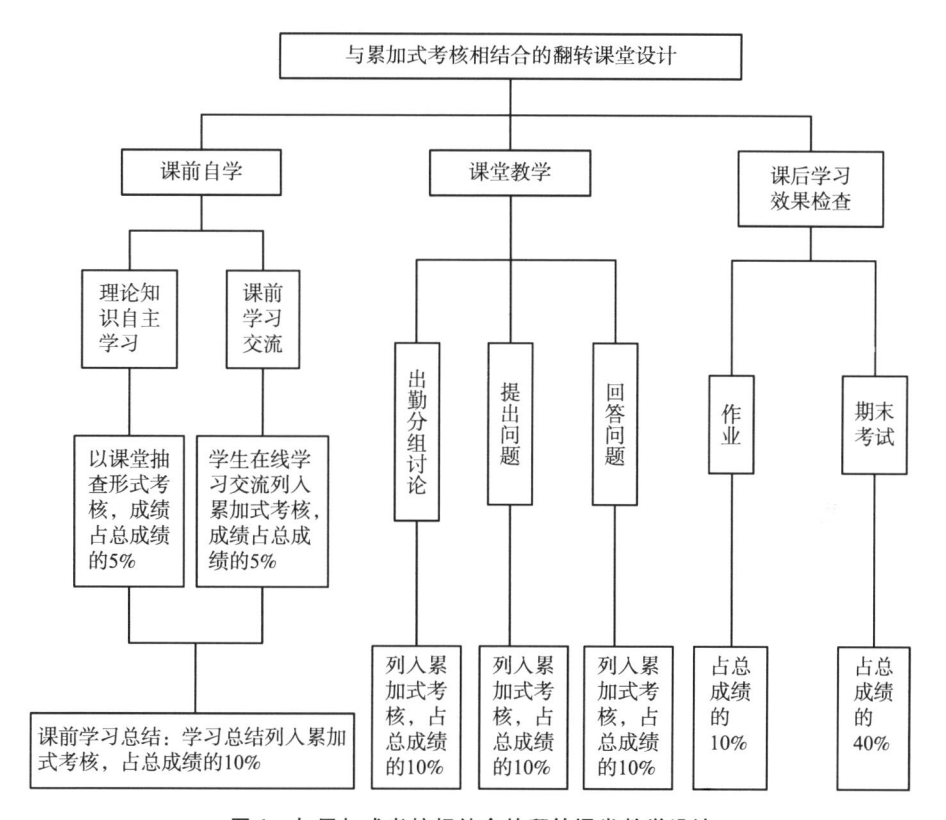

图 1　与累加式考核相结合的翻转课堂教学设计

自主学习各部分的得分，各部分得分比例为：理论知识自主学习情况成绩占总成绩的5%，学生参与课前学习交流、提问、回答问题等表现成绩占总成绩5%，学生课前学习总结表现占总成绩的10%，期末，教师把每位学生自主学习的成绩按比例计入学生课程总成绩。

（2）课堂教学：在课堂引入翻转课程理念之后，学生置于教学的中心位置，课堂知识学习上不再以教师讲授基础知识为主，而是在学生课前自主学习的基础上以分组讨论、提出问题、回答问题等方式在教师的引导下进行学习，并将知识内化。将累加式考核与课堂教学结合的具体方法为：学生课堂教学环节表现列入累加式考核，成绩占总成绩的30%，教师以学期为单位，制作有关学生的情况表，填写他们在课堂上出勤、分组讨论、提出问题、回答问题、互动的表现，每部分考核内容依据表现计入累加式考核计分内容，出勤、分组讨论占总成绩的10%，提出问题占总成绩的10%，回答问题占总成绩的10%，通过课堂教学与累加式考核相结合，有利于调动学生参与课堂教学活动的积极性、有利于培养学生自觉学习的兴趣，有利于通过课堂教学活动考查学生掌握专业知识的情况，有利于从多角度培养学生沟通、表达、交流、应用理论知识分析问题、解决问题等多方面的能力。

（3）课后学习效果检查：把课堂教学和累加式考核加以结合，主要是依据教学目的，教学任务把教学内容设置进翻转课堂的不同环节，再对各环节以累加式考核计分，课后学习效果检查主要是把作业和传统的期末考核也计入累加式考核，用来考核学生对于学习内容的综合把握情况，但是与传统考核方式不同的是在累加式考核和翻转课堂结合方式下，这部分成绩只占总成绩的50%，其中作业占总成绩的10%，期末考试占总成绩的40%。

以上将累加式考核与翻转课堂相结合教学方法设计通过2∶3∶5的比例将翻转课堂不同教学内容计入累加式考核，既可以从不同角度考核学生对于知识巩固、掌握的情况，又分环节培养了学生自主学习、沟通、交流、应用理论知识分析问题、解决问题的能力，能有效地提高翻转课堂的教学效果。

五、与累加式考核相结合的翻转课堂的实施保障

（1）教学管理单位的支持是必要条件。随着先进网络技术的不断发展，传统教学模式将发生很大的改变。将累加式考核与翻转课堂结合是我们结合信息技术优势，考核机制提高教学效果的教学新模式。这种教学模式与传统课堂在教学上的区别为：教学内容加入了课前在线学生自主学习；教学考核由多环节构成。这些变化要求调整教学管理方式，具体表现为：①需要通过教学管理系统的推广让学生、老师认可、支持和接受该教学模式；②需要教学管理单位从资金、技术方面投入，支持教学成绩录入系统的修改等；③需要教学管理单位有效组织和统筹各种技术和资源。在微课视频的设计、制作过程中，教师虽然还是课程内容的主要设计者，但已经不再是课程的唯一建设者了。为了更好地制作微视频为翻转课堂服务，需要整合教师、摄像、平台设计人员等各种资源。因此，教学管理单位的支持是与累加式考核相结合的翻转课堂实施的重要保障。

（2）老师教学理念的改变是有效保障。相比传统授课方式，老师教学理念的改变是与累加式考核相结合的翻转课堂有效实施的保障，具体表现为：①翻转课堂微视频的设计、拍摄和制作周期在授课前需要老师花费很多的时间和精力进行视频的录制和编辑，这需要教师改变传统的备课理念；②在多年的学习中，学生已经习惯了上课听讲、下课完成作业的教学模式。翻转课堂要求学生以课前自主学习内容为基础，在课堂上分组讨论、提出自己的见解、疑问，而教师只是作为协助学生理解、应用知识的角色，这些需要学生敢于提问，能够大胆地表达自己的想法，需要学生重塑主动学习的习惯，这需要教师改变传统的授课模式，要激发学生主动学习、主动提问、积极讨论的热情，一方面要从知识点选择和讲授方式出发，努力激发他们对所学内容的兴趣；另一方面需要教师循序渐进地引导和耐心地鼓励。这些都需要老师根据学生的具体情况提供积极的帮助和引导。因此，老师教学理念的改变是与累加式考核相结合的翻转课堂实施的有效保障。

参考文献

大学英语教学传统课堂与翻转课堂对比研究［J］. 科技资讯，2015（23）：170.

《国际商务》课程教学设计与优化途径研究

田 野

(湖北工业大学,湖北 武汉 430068)

【摘 要】《国际商务》课程培养复合型国际经营管理人才的必修课,具有集理论性、政策性和实践性为一体的特点。任课教师在进行课程教学设计时,要适当加入新的授课内容、增加跨国环境模拟环节、开启互动式教学模式,不断提升教学能力与教学效果。本文还列举了多种《国际商务》课程的教学方法优化途径,包括重视对教师培训、提升教研能力、提高双语教学效果和保证教学方式多样化四个方面。任课教师需要将这些方法进行有机结合,最大限度地发挥教学方法的优化效果,促进《国际商务》课程教学的发展。

【关键词】 国际商务;教学设计;教学方法;优化途径

一、引言

国际商务是根据企业实际经营的需要,超越传统的理论局限,整合了国际贸易、国际营销、跨文化管理、国际投资、企业管理等学科,以企业国际商务这一主线加以提炼、分析、总结而建立的一门综合性新兴课程。《国际商务》课程主要是针对国际商务及国际贸易专业本科学生开设的重要专业课程,是培养复合型国际经营管理人才的必修课。该课程提供有关企业开展《国际商务》的理论方法和运作程序,为学生今后从事国际商务工作打下基础。当前《国际

[作者简介] 田野,男,经济与管理学院国际经济与贸易系讲师,研究方向:国际贸易可持续发展问题。

商务》课程开设时间较晚，发展尚不成熟，因此如何将教学方法进行优化，已经成为国际经济与贸易、国际商务等专业教学中一个亟待解决的问题。

二、《国际商务》课程教学存在的主要问题

（一）教学方法单一，缺乏开放性

由于《国际商务》课程中大部分内容为理论知识，当前高校在《国际商务》课程的教学过程中，教学的核心方式仍为理论知识讲授，难免会形成枯燥乏味的教学印象。另外部分教师不够重视交互式教学，没有尊重学生的课堂主体地位，而多数学生只是在课堂上被动地接受知识，没有进入相关的实践过程。虽然大部分教材里都引入了大量的案例，即便案例材料时效性良好，然而部分教师在进行案例教学时仍缺乏开放性，简单让学生讨论后讲述答案，并不能让学生真正掌握相关知识。

（二）教师与学生的互动程度不足

《国际商务》课程侧重于对理论知识的讲解，抽象性较强，传统的教学中，学生主要是被动学习，学习内容仅限于课堂上教师讲述的方面，学生在课堂上被动地接受知识、很少被教师引导开发自身的思考能力与学习主动性，很少有学生自己课下找资料来拓展知识面，大多数学生只是为了应付考试，完成相应的课程学分。教师与学生之间缺乏交流沟通，很少进行课程授课效果的反馈。师生互动程度不足，使学生无法深刻理解所学的理论知识，教师也无法及时了解学生知识掌握的情况，因而不能及时调整自己的教学计划，只能按部就班的按照原有教学计划进行，教学效果难以得到保证。

（三）任课教师教学能力与课程教学要求并不完全匹配

《国际商务》课程教学内容涵盖了国际贸易理论、国际贸易实务、国际投资学、国际金融学、跨国企业管理、跨文化管理等多门课程的知识，因此对任课教师的教学能力提出了一定的要求，任课教师必须对相关内容有足够的授课经历和能力，才能应对本课程的教学。另外由于当前高校教师大部分以理论研

究为长，而短于社会实践。部分任务教师并没有真正地从事外贸与国际商务工作，就会导致教师在教学过程当中对于理论极为重视，却忽视了将理论和实际进行联系。由于学生在《国际商务》课程的学习过程当中难以了解国际商务的发展现状与趋势，学习的针对性也就无从谈起，造成了学生不清楚国际商务工作的实际情况，这样造成教育资源的浪费，又难以满足社会对国际商务人才的真正需求。

（四）课程考核方法与内容较为片面

学生在课程学习中形成基本素质、养成职业能力，这些都需要通过课程考核来有所反映、即使《国际商务》课程的教学计划里强调了理论和实践的相结合，然而在课程最终的考核方式与内容设计，却仍然显得单一与片面。对于学生能力和技能的考核，在最终考核中仅占据一小部分，笔试形式的期末考试仍然是课程考核的主要方式，而很少采取笔试面试相结合、相关演示考试的形式。闭卷笔试考试能够对学生理论知识的掌握进行重点考查，却很难考查出学生通过课程学习是否能提升或者提升多大的实践能力。

三、《国际商务》课程教学设计整体改革的思路

（一）结合当前国际商务发展形势，适当加入新的授课内容

在《国际商务》课程的设计中，可以结合当前我国自贸区发展背景下跨国公司运作的新特点、新趋势和其发挥的作用，以及新趋势下跨国公司的法律与组织形式，制定新的授课方向。引入自贸区建设等新的授课内容，重点介绍服务行业跨国公司的组织形式与特点，在华自贸区跨国公司的战略管理、投资管理、税收管理策略等情况。使学生对跨国公司在华投资有一个全面整体的认识和把握。

其次可增加关于企业跨文化管理方面的相关授课内容。在国际商务活动中，来自不同国家和地区的商务人员在语言沟通、思维方式、人际关系、谈判组织、决策协议等等方面有着显著的差异，如果不能正确处理这种文化上的差异，往往会使国际商务谈判陷入僵局甚至导致失败。培养具有跨文化素养的国际商务人才已经成为高等院校国际商务课程教学的重要任务。因此在《国际商

务》课程教学设计中，还要注重培养学生的跨文化管理知识，指导他们尊重、学习和吸收世界各地的文化。

（二）增加跨国环境模拟环节，丰富实践教学内容

在《国际商务》课程中开展实践教学环节，有机会让学生接触并了解跨国公司的人员选派与人员的素质要求。在课程体验中增加跨国环境模拟，通过各种手段模拟不同文化环境中工作和生活可能出现的冲突情况，让参与的学生尝试学会处理这些跨文化冲突的问题，并增加跨文化融合思考与行动能力，提高学生的跨文化融合与跨文化经营管理的适应能力。如果有条件，可以组织学生参与一些在华跨国公司、外资或合资企业的实践培训，通过分析文化差异及其对管理人员的思维模式、管理风格、决策方式的影响，使学生在面对跨文化差异与跨国经营管理中遇到问题时，拥有独自解决困难的能力。

（三）以学生为中心，开启互动式教学模式

为提高教学效果，可以将互动式教学模式引入到《国际商务》课堂教学的过程之中。互动式教学模式要求教师必须充分调动学生的积极性，引导学生积极去发现、思考和解决问题。任课教师在进行教学设计时要精心准备互动问题的选择以及与学生互动过程中可能出现的各种情况。比如在进行跨文化管理教学时，可以在国际商务教学中组织全真模拟，由学生扮演不同国家商务谈判角色，在充分考虑各自文化背景情况下真实地再现商务谈判活动。这类教学法在设计时就要求教师不能仅仅只作为模拟环节中的观察者，而是应该有目的的安排文化冲突，使学生在扮演角色过程中获取真实体验。教师不仅作为导演，要策划并逐渐引导剧情的发展，激发矛盾的冲突，还要深入其中，适度进行互动交流、分析与点评，最终达到提高学生应对文化差异能力的教学目的。

四、国际贸易理论课程教学方法的优化途径

（一）加强教师队伍建设，重视对教师的培训工作

针对《国际商务》课程任课教师的教学能力与课程教学要求不完全匹配

问题，可以从两个方面来进行优化。一方面，加大对任课教师的理论知识培训，重点培训教师的理论知识串联能力，满足《国际商务》课程对教师理论知识覆盖面广、知识串联能力强的要求；另一方面，要通过培训，丰富任课教师的实践经历。比如，定期派任课教师去地方企业进行挂职锻炼或短期培训，教师通过亲身的培训和工作可以充分了解当前企业对人才的真正需求，从而及时将培养方案和课程设计内容进行调整。其次，在教学政策允许的前提下，将课时分配权力适当返还给任课教师。教师可以通过自己的人脉关系，邀请部分专家或者企业中优秀从业人员，针对理论和实践联系较为紧密的课程内容，以讲座、座谈、模拟等形式来与学生进行互动性交流，提高教学效果，丰富学生的学习体验。

（二）积极开展教学研究工作，提高教学研究水平

要求任课教师加强《国际商务》课程的教学研究工作，针对教学中存在着教学内容衔接配合不紧密和内容重复的问题，教师在教学计划进行制定的过程中，可以进行集中探讨，即使解决教学问题。针对那些具有重复性的课程内容，比如国际投资与跨国公司管理这两个部分，可以进行合并，或者进行不同方向的讲解。国际投资部分主要侧重于理论教学，从宏观角度解释国际投资理论，分析国际投资现状，而跨国公司企业管理部分主要侧重于案例教学，从微观角度分析跨国企业投资与管理问题。另外，任课教师要将自己的教学资料定期在教学研究过程中进行共享，教师的工作效率得以提高，教师进行课程创新的积极性也可以充分地被激发。

（三）提升学生英语水平，提升双语教学效果

学生对国际商务知识尤其是双语教学课程的学习效果，很大程度上受到自身英语水平的约束，所以应该有目的性地对国际商务或国际贸易专业学生进行提升英语水平的要求。可以让学生在进行专业课教学之前的一到两年内，多读国际商务类的英文文章，积累专业词汇，关注国际经济热点问题，并掌握一定程度的英文数据库检索能力。另外，双语教学任课教师在备课的过程中发挥想象力，提高自身的双语授课水平，在教学方法和授课方式上加以创新，提升双语教学的实际效果。

（四）改进教学内容、保证教学方法的多样化

实践性、理论性和政策性较强是《国际商务》课程的特点，如果仅通过传统的教学方式进行教学，很难完全激发学生的学习兴趣，任课教师教师要适当改进教学内容，在授课过程中保持教学方法的多样化。《国际商务》课程的教学内容要紧跟国际商务发展的潮流，任课教师在进行课程内容准备时，要及时纳入最新的国际商务案例，在进行实践课程内容的教学设计时一定要注意实践教学与锻炼的内容一定要符合市场对国际商务人才需求的最新方向。在教学方法上，除了传统的理论讲授与课堂实践方法以外，还可以采用情感渗透教学法、任务驱动式教学法、情景模拟式教学法等多种教学方法。另外要注重多种教学方法相结合，从而提升教学效果，活跃课堂气氛，提高学生学习的积极性与学习效率。

五、结语

《国际商务》课程的教学宗旨是将越来越多的国际商务人才输送到社会岗位之中，只有不断改革课程教学设计、优化课程教学方法，才可以实现这一教学宗旨。任课教师在进行课程教学设计时，要加入新的授课内容、增加跨国环境模拟环节、开启互动式教学模式，不断提升教学能力与教学效果。本文还列举了多种《国际商务》课程的教学方法优化途径，优化教学方法的途径并不是独立存在的，而是需要任课教师将多种方法进行有机结合，这样才能最大限度地发挥教学方法的优化效果，促进《国际商务》课程教学的发展。

参考文献

[1] 葛秋颖，赵艳莉. 新常态经济形势下国际贸易教学模式的新思考 [J]. 高教学刊，2016（1）：54–57.

[2] 叶笛. 国际商务课程教学设计及人才培养研究 [J]. 人力资源管理，2017（7）：233–234.

[3] 傅婧宸. 关于国际商务专业整体教学思路改革探讨 [J]. 现代经济信息，2015（9）：460.

卓越人才的培养

[4] 孙雅玲.《国际商务》课程教学中跨文化素养的培养 [J]. 经贸实践，2015 (14)：305-307.

[5] 李媛娜. 探究国际贸易理论课程教学方法的优化途径 [J]. 科技展望，2017 (15)：197-198.